Susanna Nocchi - Roberto Tartaglione

KU-686-565

Grammatica avanzata della lingua italiana

con esercizi

2010
Monaco di Baviera
Scifor

ALMA Edizioni - Firenze

Direzione editoriale: **Ciro Massimo Naddeo**

Redazione: **Carlo Guastalla**

Progetto grafico e impaginazione: **Andrea Caponecchia**

Progetto copertina: **Sergio Segoloni**

Disegno copertina: **Thelma Alvarez-Lobos e Sergio Segoloni**

Illustrazioni: **Cristiano Senzaconfini**

Stampa: **la Cittadina,** azienda grafica - Gianico (Bs)

Printed in Italy

ISBN 978-88-8923-728-1

© **2006 Alma Edizioni**

Prima edizione: ottobre 2006
Ultima ristampa: ottobre 2009

Alma Edizioni
Viale dei Cadorna, 44
50129 Firenze
tel +39 055476644
fax +39 055473531
alma@almaedizioni.it
www.almaedizioni.it

I diritti di traduzione, di memorizzazione elettronica,
di riproduzione e di adattamento totale o parziale,
con qualsiasi mezzo (compresi i microfilm
e le copie fotostatiche), sono riservati per tutti i paesi.

L'Editore è a disposizione degli aventi diritto per eventuali
mancanze o inesattezze.

Certificato PEFC

Questo stampato
è realizzato con
materia prima da
foreste gestite in
maniera sostenibile
e da fonti controllate

PEFC/18-31-151   **www.pefc.it**

Indice

Il presente

Quello che succede nel presente si esprime per lo più usando il presente indicativo.

A — Il presente indicativo

■ Generalmente il **presente indicativo** si usa:

▶ per indicare l'**inizio** di un'azione;	*Ora lo **vedo** benissimo.*
▶ per dire quello che accade **proprio in quel determinato momento**;	*In questo momento **scrivo** al computer.*
▶ per indicare **duratività** o **normalità**;	*Vivo in Italia.*
▶ per presentare **regole** scientifiche o verità generali.	*L'area del quadrato **si ottiene** moltiplicando lato per lato.*

■ Il **presente indicativo** si usa anche:

▶ per narrare una storia o un fatto non ben collocato nel tempo, in modo da renderlo "attuale" e provocare l'attenzione dell'ascoltatore. Questa tecnica si usa particolarmente nel racconto di un film o di una barzelletta.	*… a un certo punto il Titanic **comincia** ad affondare e la gente **cerca** disperatamente di salire sulle scialuppe di salvataggio.*

B — Il passato prossimo indicativo

■ Se l'azione espressa dal verbo al momento presente è già **conclusa**, in italiano si preferisce usare il **passato prossimo**, anche se questa conclusione è temporalmente passata solo da pochi secondi.	***Ho capito**, **ho capito**… non c'è bisogno che continui a spiegarmi questa cosa!* *Scusa non **ho capito** l'ultima parola che **hai detto**.*

C — Il futuro semplice indicativo

■ Se voglio manifestare un **dubbio personale** su un fatto presente posso usare diverse strategie:

▶ attenuare il verbo con un **avverbio**;	***Forse** lui è stanco.* ***Probabilmente** lui è stanco.*
▶ costruire la frase col verbo **dovere**;	*Lui **deve** essere stanco.*
▶ usare il **futuro di dubbio**.	*Lui **sarà** stanco.*

■ Il **futuro di dubbio** esprime:

▶ incertezza;	*Saranno le tre.*
▶ timore;	*Sarà contento ora?*
▶ perplessità (anche provocatoria);	*Sarà certamente un bel film, ma...*
▶ attenuazione;	*Certamente lui **sarà** una persona onesta...* *Ti **dirò**... non sono convinto di aver fatto bene.*
▶ possibilità;	*Se lavori da tanto tempo in quell'ufficio, **conoscerai** un sacco di gente.*
▶ supposizione;	*Non **crederai** mica di essere perfetto, vero?*
▶ ammissione.	*Sarò pure ignorante, ma i conti li so fare!*

Attenzione: il futuro di dubbio richiede una certa gestualità e una certa intonazione della voce, tanto più se c'è la possibilità di confonderlo con un futuro "temporale".
La frase *"Lui avrà vent'anni"* può indicare sia un imminente compleanno sia una mia ipotesi sull'età di una determinata persona. Se voglio esprimere un mio dubbio personale, nel parlato dovrò accompagnare questa espressione con una adeguata intonazione dubitativa o con una esplicita espressione del volto. Nello scritto (a meno che il senso non appaia chiarissimo dal contesto) preferirò dire: *"Lui, probabilmente, avrà vent'anni"*.

D Il condizionale semplice

■ Quello che succede nel presente può essere espresso con il **condizionale semplice** nei seguenti casi:

▶ quando si tratta di un **desiderio** non ancora realizzato;	*Andrei in vacanza.* *Mi **piacerebbe** fare qualcosa.* *Tu **faresti** questo per me?*
▶ quando si deve **attenuare una richiesta** o si vuole renderla più cortese;	*Vorrei un caffè.* *Sarebbe così gentile da aprirmi la porta?*
▶ quando si **dà un consiglio**;	*Dovresti ripensare a quello che hai fatto.*
▶ quando si vuole **attenuare un'affermazione**;	*Non mi **comporterei** così al posto tuo!* *Sarebbe ora di decidere.* *Direi che questo è tutto.*
▶ per esprimere la **conseguenza di una ipotesi** teoricamente possibile;	*Tu **mangeresti** anche un elefante. (Se lo avessi a disposizione)*
▶ per riferire **una notizia non verificata** personalmente (uso "giornalistico").	*Quel ministro **sarebbe** corrotto.* *Questa legge **modificherebbe** in meglio la qualità della vita.*

Il presente

E L'imperfetto indicativo

■ Una **richiesta** con il verbo *volere* può essere attenuata sia dall'uso del condizionale *(vorrei)* sia dall'uso **dell'imperfetto indicativo** *(volevo)*.

Vorrei dirti una cosa. - *Volevo* dirti una cosa.
Vorrei parlarti un momento. - *Volevo* parlarti un momento.

■ L'imperfetto indicativo ha valore temporalmente "presente" anche in alcune forme ipotetiche.

Se ***ero*** *arrabbiato non* ***stavo*** *qui a parlare con te!*

F Il condizionale composto

■ Il **condizionale composto** indica un **desiderio** assolutamente irrealizzabile.

Adesso ***avrei*** *proprio* ***mangiato*** *qualcosa, ma vedo che nel frigo non c'è niente.*
Avrei guardato *volentieri il film che comincia ora, ma la mia tv è rotta, purtroppo.*

ESERCIZI

Voglio diventare un ragazzino perbene e voglio essere la consolazione del mio babbo
... Dove sarà il mio povero babbo a quest'ora?

Carlo Collodi, "Pinocchio"

① **(A - C - D) Leggi la descrizione di questo formaggio. L'autore per esprimersi al presente usa il presente indicativo, il futuro indicativo e il condizionale semplice. Inserisci le forme sottolineate nella colonna che ne descrive il significato. Segui l'esempio.**

Questo <u>è</u> un formaggio Dop, a Denominazione d'origine protetta, che <u>deve</u> essere prodotto secondo regole precise, tra cui quelle dell'invecchiamento, naturale, senza sostanze aggiunte. La stagionatura <u>è</u> molto importante per far acquisire a questo formaggio i suoi aromi e la sua struttura. Il periodo minimo di invecchiamento per potersi fregiare del nome <u>è</u> 12 mesi. Per gli esperti, però, questo formaggio, <u>raggiungerebbe</u> il suo massimo quando <u>invecchia</u> per "due estati" (il caldo <u>rende</u> più intensa la stagionatura). Questo formaggio <u>si dice</u> "nuovo" quando è stato prodotto nell'annata corrente, "maturo" tra i 12 e i 18 mesi, "vecchio" quando ha superato due estati e <u>ha</u> un'età dai 18 ai 24 mesi, "stravecchio" quando <u>va</u> oltre. La marchiatura a fuoco <u>viene fatta</u> solo sulle forme prodotte secondo il protocollo. È un formaggio che <u>viene prodotto</u> nella regione Emilia-Romagna e <u>ha</u> delle dimensioni molto grandi. Che formaggio <u>sarà</u>?

Descrizione e/o presentazione di regole generali	Dubbio	Notizia non verificata
è		

Il presente

2 (A - B - C - F) Hai riconosciuto il nome del formaggio dell'esercizio precedente? Completa le frasi con i verbi della lista. Ad ogni verbo è associata una lettera. La sequenza corretta ti darà il nome di quel formaggio. Attenzione: ci sono 4 verbi in più.

> sarei voluta (O) - sto guardando (S) - vivono (M) - sto ascoltando (P) - sono (A) - arriverà (C) - vorrai (A) - avete capito (I) - si troverà (G) - sarà (I) - parlerai (N) - saremo (E) - guardo (R) - andrebbero (I)

1. Al momento _____P_____ la radio. *sto ascoltando*
2. Le dita della mano _____A_____ cinque. *sono*
3. Il mercoledì di solito _____R_____ la partita. *guardo*
4. I miei _____M_____ separati. *vivono*
5. "Quindi la Repubblica italiana è nata nel 1946. _____E_____ ragazzi?" *saremo*
6. Chissà dove _____G_____ Paolo. È partito già più di due ore fa, ma non so che strada abbia deciso di prendere. *si troverà*
7. Quella lì _____sarà (I)_____ anche simpatica, ma è una vera cialtrona sul lavoro!
8. Che stai facendo? Non _____A_____ mica alzare quel divano da solo! È troppo pesante, *vorrai* aspetta che ti do una mano!
9. Beh, dopo 2 anni in Finlandia, _____N_____ certamente bene la lingua. *parlerai*
10. _____O_____ andare a Milano per la Fiera, ma c'è sciopero dei treni. *sarei voluta*

Il formaggio si chiama : *PARMEGIANO*

3 (A - C - D - F) Qual è il significato espresso dai verbi sottolineati nelle frasi? Inserisci ogni frase al posto giusto nella tabella. Segui l'esempio.

1. Dario *va* in vacanza a Taormina ogni estate.
2. Andando in vacanza a Taormina ogni estate, Dario, *conoscerai* tanta gente, no?
3. Dario non è in casa, *sarà* già in vacanza a Taormina?
4. Dario *andrà* anche in vacanza a Taormina ogni estate, ma questo non significa che conosca bene la Sicilia.
5. "Che sta facendo Dario?" "*Parte* per la vacanza a Taormina."
6. Dario *andrebbe* tanto volentieri in vacanza a Taormina!
7. Io non *andrei* mai in vacanza a Taormina se fossi in Dario!
8. Quest'anno Dario *sarebbe andato* in vacanza a Taormina, ma ha problemi di soldi.

desiderio	
normalità	*Dario va in vacanza a Taormina ogni estate.*
consiglio	
incertezza	
desiderio irrealizzabile	
azione che accade proprio in questo momento	
possibilità	
perplessità	

Il presente

4 (D) Leggi questo testo tratto da un codice di comportamento del 1957. Poi cambia il tono del brano e riscrivi i verbi sottolineati al condizionale. Infine inserisci i verbi nella tabella in base al nuovo significato assunto. Segui l'esempio.

In aeroplano

Questo modo di viaggiare non è ancora abbastanza diffuso, sia perché **costa** troppo, e sia perché molti mancano di coraggio. Ma, come comportarsi se si vuole viaggiare in aeroplano? Si <u>deve</u> avere puntualità assoluta, trovandosi sul campo di aviazione un po' prima dell'ora fissata per la partenza. È importante salire e prender posto nell'apparecchio soltanto quando si è autorizzati. I viaggiatori non <u>debbono</u> di propria iniziativa aprire porte e sportelli, né <u>debbono</u> gettare alcun che dai finestrini. Data la delicatezza delle manovre, ciascuno <u>deve</u> attenersi scrupolosamente alle prescrizioni, evitando specialmente ciò che possa provocare scosse improvvise o troppo forti all'apparecchio. Per l'acconciatura e per il vestiario, <u>è</u> d'uopo evitare tutto ciò che possa offrir presa al vento.
E se dovessero verificarsi inconvenienti di stomaco, <u>bisogna</u> tener presenti le raccomandazioni per i viaggi per mare, servendosi, secondo le prescrizioni, dello speciale ricettacolo.

(adattato da Giuseppe Bortone, "Il Codice della Cortesia Italiana", 1957)

In aeroplano

Questo modo di viaggiare non è ancora abbastanza diffuso, sia perché **costerebbe** *troppo ...*

Significato espresso dalla frase	Frase
Consiglio	
Conseguenza di un'ipotesi	***costerebbe*** *troppo*

5 (F) Scegli per ognuno di questi personaggi la frase che meglio ne descrive la situazione. Completa le frasi con i verbi al condizionale composto.

a. 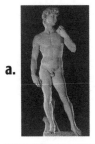 b.  c.  d.  e.

1. Il servizio in questo bar è terribile! *(Prendersi)* _____ volentieri un caffè macchiato, ma il cameriere è sparito.
Non ci metterò più piede!

2. Queste nuove tecnologie non mi convincono! Oggi *(usare)* _____ _____ il computer ma non sono riuscito a farlo funzionare. Meglio i vecchi rimedi.

3. *(Volere)* _____ mettermi un paio di jeans, ma ho tutto in lavanderia!

4. Non è possibile! *(Dormire)* _____ senza problemi fino a tardi, ma quel maledetto gallo canta sempre alle 5 di mattina! Domani si mangia pollo arrosto!

5. Che peccato! *(Volere)* _____ _____ tanto incontrare Sara, ma è in forte ritardo e io devo andare.

6 (D) Quale informazione nelle seguenti notizie è verificata e quale non lo è? Il tempo del verbo ti aiuterà nella scelta. Segui l'esempio.

1

Catanzaro - Due giovani sono stati arrestati per spaccio di stupefacenti.
I due ragazzi avrebbero avuto con sé uno spinello di circa un grammo di hashish.

2

Rifiuti, traffico e rumori. 4 grandi città a confronto.
Fra Roma, Milano, Torino e Napoli la capitale sarebbe quella che offre una migliore qualità di vita.

3

Milano - Le nuove imprese multietniche.
Sono 18.247 le ditte individuali con titolare di nazionalità extracomunitaria nella provincia di Milano nel 2005. L'11,5 per cento di tutte le imprese individuali della provincia.

4

Stati Uniti - Video giochi vs. parchi naturali.
Secondo una ricerca dell'Università dell'Illinois il fatto che i giovani non amino più passare il tempo all'aria aperta sarebbe legato anche all'aumentare della passione per i video giochi.

5

Effetto Mozart. Cosa c'è di vero?
Alcune ricerche dimostrano che la musica di Mozart ha effetti benefici su diverse patologie: balbuzie, epilessia, ecc.
La maggior parte del materiale invece sarebbe solo aneddotica.

Informazione verificata	Informazione non verificata
Due giovani sono stati arrestati	*... avrebbero avuto con sé uno spinello ...*

7 (A - C - D) Leggi l'articolo e sottolinea nel testo le forme verbali che hanno un significato presente. Segui l'esempio.

Se è per sempre sarà uno sguardo a dirlo

Sarà solo una breve relazione o qualcosa di più? Secondo alcuni ricercatori le donne lo capirebbero alla prima occhiata.

Alcuni scienziati dell'università della California a Santa Barbara affermano che se una donna cerca una relazione duratura sarà maggiormente attratta da qualcuno che - potenzialmente - può aiutarla ad accudire i figli e, quindi, da uomini che hanno un interesse per i bambini.

Ma come riesce a capirlo? Semplicemente glielo leggerebbe in faccia.

Il biologo Dario Maestripieri ha analizzato il livello di testosterone in 39 volontari maschi tra i 18 e i 33 anni, valutando anche il loro grado di interesse verso i bambini con una serie di test.

Dopo aver raccolto tutte queste informazioni, gli scienziati hanno mostrato le foto degli uomini a 29 donne chiedendo loro di indicare chi sceglierebbero per una semplice avventura, chi per una relazione duratura e di individuare quelli a cui piacevano di più i bambini.

Il presente

Gli uomini dai tratti più virili sono stati considerati potenzialmente ottimi partner sessuali per una breve relazione. Ma, sorprendentemente, nella maggior parte dei casi le donne hanno capito quali erano gli uomini più interessati ai bimbi soltanto con uno sguardo al volto.

Non c'è alcun legame dimostrato tra i livelli di testosterone e l'interesse per i bambini ma gli uomini con la faccia allegra e meno virile (quindi con il livello di ormone più basso) erano anche quelli a cui piacevano di più i bambini e che le volontarie avrebbero scelto per una relazione più duratura. Intuito femminile? Sarà …

Secondo Maestripieri non si tratterebbe di una specie di sesto senso del gentil sesso, ma di un'abilità che le donne hanno sviluppato nel tempo: la capacità di usare ogni informazione per prendere delle decisioni sull'accoppiamento e le relazioni sentimentali.

(adattato da www.focus.it)

8 **(C) Completa i dialoghi con la forma corretta del verbo e collega ogni dialogo al disegno giusto. Fa' bene attenzione alle espressioni facciali delle persone e/o ai loro gesti.**

1. *Lui:* Cara, sai dove sono le chiavi della macchina?

   Lei: (Essere) _____ nel cruscotto, come al solito!

a.

b.

2. *Lei:* Sai caro, ho visto un bellissimo appartamento a Portofino. È un affare!

   Lui: Amore, *(essere)* _____ anche benestante, ma non sono mica Bill Gates!

c.

3. *Lei:* Ma guarda che bella borsa. E come costa poco!

   Lei: (Essere) _____

   … ma a me non sembra di vera pelle.

Il presente

9 (E) Inserisci nel dialogo l'imperfetto in quei casi in cui può sostituire il condizionale. Segui l'esempio.

In classe

volevo

Insegnante: Ragazzi buongiorno, oggi (vorrei) interrogare sull'ultima parte del programma di storia. Vediamo … Gori, potresti venire tu? Non ti ho ancora sentito.

Marco Gori: Professoressa, vorrei chiederLe se potrebbe esentarmi dall'interrogazione oggi, ultimamente ho avuto così tanti problemi in casa che non ho potuto finire di studiare il programma.

Insegnante: Guarda Gori che ho bisogno di interrogarti, se non lo faccio oggi dovrò farlo il prossimo martedì. Non hai un voto per questo quadrimestre, sei sicuro che ce la faresti a preparare tutto per la prossima settimana?

Marco Gori: Certo professoressa! Vorrei proprio chiedere oggi alla Rossi se mi aiuta a ripassare durante il fine settimana.

Insegnante: Rossi, sei disposta a dare una mano a Gori?

Antonella Rossi: Certo professoressa! Anzi, vorrei chiederLe se mi interrogherebbe oggi, così mi tolgo il pensiero.

Insegnante: Bene Rossi. Vieni alla cattedra. Che mi sapresti dire della situazione politica italiana durante gli "anni di piombo"*?

Note: *__anni di piombo:__ periodo della storia italiana che va dal 1969 al 1980, caratterizzato dal fenomeno del terrorismo.*

ı Il presente

Il passato

Quello che è avvenuto nel passato si esprime in italiano in molti modi diversi.

A Il passato prossimo e il passato remoto indicativo

■ Il **passato prossimo** e il **passato remoto** sono due tempi che esprimono, dal punto di vista temporale, lo stesso senso: un'azione fatta e conclusa nel passato.

▶ Il **passato remoto**, rispetto al passato prossimo, ha la caratteristica di essere più utilizzato nella lingua scritta. Per quanto riguarda il parlato la sua diffusione è piuttosto alta nel sud, scarsa nel centro Italia (a parte la Toscana) e praticamente nulla nell'Italia del nord.

*Cappuccetto Rosso **andò** nel bosco.*
*Romeo **si innamorò** di Giulietta.*
*Gli operai **fecero** uno sciopero.*
*I romani **dichiararono** guerra ai cartaginesi.*

▶ Il **passato prossimo**, che si può comodamente usare sia per parlare di un avvenimento successo qualche giorno fa sia di un avvenimento successo un milione di anni fa, rende il racconto più "informativo", in qualche modo collegato con la realtà presente.

*Mia sorella è **andata** nel bosco.*
*Mio nonno **si è innamorato** di mia nonna.*
*I bancari **hanno fatto** uno sciopero.*
*Gli Stati Uniti **hanno dichiarato** guerra all'Iraq.*

Al di là delle sue caratteristiche stilistiche e geografiche il **passato remoto** rende un discorso lontano non tanto nel tempo quanto nella sua percezione psicologica: una favola, una novella, un racconto, anche il testo di una canzone o di una ballata, al passato remoto collocano la narrazione in una dimensione epica, lontana dalla realtà di tutti i giorni.

B Il presente indicativo

■ Il **presente indicativo** può essere usato in funzione di passato in una narrazione storica (**presente storico**) per attualizzare un episodio accaduto tempo fa, per renderlo più vicino a chi ascolta.

*Gesù Cristo **nasce** in Palestina e **vive** sempre nell'area dell'attuale Medio Oriente.*
*Quando Hitler **muore**, **finisce** per il mondo intero l'incubo del nazismo.*
*Ieri **vado** al ristorante con un'amica e chi **incontro**? Mia moglie!*

C Il trapassato prossimo indicativo

■ Il **trapassato prossimo** segnala un'azione compiuta prima di un'altra azione che è avvenuta nel passato (e espressa quindi al

*Siamo andati in quel ristorante perché ci **avevano detto** che era ottimo.*
*Siccome **aveva studiato** le lingue decise un giorno*

passato prossimo, al passato remoto, all'imperfetto o attraverso il "presente storico").

di cominciare a viaggiare.
*Usava spesso l'aereo, ma non **aveva** mai **superato** la sua paura di volare.*
***Era uscito** di casa, **aveva preso** la macchina, **era arrivato** al parcheggio e improvvisamente ecco arrivare un'idea geniale.*

■ Il trapassato prossimo provoca (grammaticalmente) l'**attesa di un verbo al passato**. Si utilizza molto all'inizio di una narrazione per creare un po' di "suspense".

***Aveva mantenuto** il suo segreto per anni, ma un giorno, completamente ubriaco parlò con un poliziotto.*

■ Nello stesso tempo l'azione al passato può anche non essere espressa quando è chiaro che sia accaduta o è facilmente intuibile.

*Eh, io te l'**avevo detto**!*
*Ma tu non **avevi capito** tutto?*

■ Il trapassato prossimo si può usare anche in modo "**assoluto**" in una narrazione, quasi come fosse tutta una premessa della conclusione (che prevedibilmente sarà al passato prossimo o al passato remoto; e in una favola la conclusione sarà, prevedibilmente "e tutti vissero felici e contenti").

*L'uomo **era partito** con la sua valigia. **Aveva viaggiato** in treno per molte ore ed **era arrivato** verso sera alla stazione di Milano. Dopo aver bevuto un caffè al bar **aveva cercato** un albergo, ecc.*
*Cappuccetto Rosso **era uscita** di casa, **aveva attraversato** il bosco ed **era arrivata** a casa della nonna.*

■ Se la narrazione si svolge al presente storico è possibile che al posto del trapassato prossimo troviamo un semplice **passato prossimo**.

*Nel 1990 un giorno apro un giornale e leggo che mio fratello **è stato arrestato**.*

D Il trapassato remoto indicativo

■ Il **trapassato remoto** è il tempo dell'indicativo meno usato in italiano: infatti - in determinate condizioni - esprime un'azione accaduta prima di un'altra che è espressa al passato remoto.

*Appena **ebbe avuto** questa informazione decise di partire.*
*Non alzò gli occhi da quel libro finché non **ebbe finito** di leggerlo.*
*Dopo che **si fu seduto** si accese un grosso sigaro.*

Il **trapassato remoto** è di gran lunga il tempo verbale meno usato in italiano perché sono scarse le possibilità che si creino le condizioni necessarie al suo impiego. Per usare il trapassato remoto dobbiamo infatti avere una frase dipendente da un'altra che sia retta da un verbo al passato remoto. E inoltre questa frase dipendente deve essere introdotta da una congiunzione temporale come *dopo che*, *quando*, *appena*. Troppe condizioni per un tempo verbale.
Quasi inesistente poi il trapassato remoto nella forma passiva.

2 Il passato

■ L'**imperfetto** è certamente il tempo/modo più ricco di possibilità nel sistema verbale italiano. Per quanto riguarda la sua utilizzazione per parlare del passato elenchiamo questi casi:

▶ descrizioni di azioni o fatti senza margini temporali rilevanti;	*Era una bella giornata.*
▶ descrizione di sentimenti;	*Aveva paura di essere scoperto.* *Avevamo fame.* *Amavamo la musica americana.*
▶ descrizione di abitudini;	*La mattina si svegliava alle sei.* *Si vestiva regolarmente di grigio.* *Fumava parecchio.*
▶ descrizione di caratteristiche fisiche e psicologiche;	*Era alto, aveva gli occhi azzurri.* *Era nervoso, aveva un brutto carattere.*
▶ ripetizioni;	*Da giovane andavo al cinema tutte le domeniche.*
▶ nella narrazione di un sogno;	*Ho fatto un sogno: andavo in montagna e arrivavo su una vetta…*
▶ per esprimere fantasia (nei giochi dei bambini);	*Facciamo che io ero un cow boy e tu eri un indiano.*
▶ per esprimere qualcosa che poteva accadere ma non è accaduto;	*Quasi morivo di paura.* *Ero lì lì per svenire.* *Per poco avevo un incidente.* *A momenti perdevo il treno.*
▶ per esprimere un'ipotesi e la conseguenza di un'ipotesi irrealizzata e irrealizzabile;	*Se mi parlavi potevo anche cambiare idea.* *Se lo sapevo te lo dicevo.*
▶ nel discorso indiretto introdotto da un passato;	*Ha detto che lavorava in una fabbrica.*
▶ in una narrazione in stile "verbale di polizia";	*Il sospettato rientrava in casa alle 18.45.*
▶ in una narrazione in stile "poetico" e lontano dalla realtà;	*Il re nasceva in una fredda giornata d'inverno.*
▶ per riferirsi a un momento che ha uno stretto collegamento col suo passato e col suo futuro (effetto "fotogramma di film");	*Nel 1998 era papa Giovanni Paolo II.*
▶ al posto del condizionale composto per esprimere un'azione successiva a un'altra passata (proprio di un parlato informale).	*Giorni fa mi ha detto che veniva (sarebbe venuto).* *Sapevo che arrivavi (saresti arrivato) in tempo.*

2 Il passato

F Il futuro anteriore indicativo

■ Il **futuro anteriore** esprime:

▶ un dubbio;	*Quando sono arrivato **saranno state** le tre.*
▶ un'incertezza;	***Avrà capito** quello che gli ho detto?*
▶ una perplessità;	***Avrai** pure **guadagnato** un bel po', ma non ti invidio.*
▶ un'eventualità/una possibilità;	*Se hai lavorato in quell'ufficio **avrai conosciuto** un sacco di gente.*
▶ un'ammissione su un fatto del passato.	***Sarò** pure **stato** arrogante, ma non mi pento di quello che ho detto!*

G Il futuro semplice indicativo

■ Il **futuro semplice** (così come il condizionale composto) si può usare per creare un effetto stilistico efficace in una narrazione. Ci si colloca in un momento del passato e si vede come futuro tutto quello che succede dopo.

*Napoleone nacque in una piccola città. Proprio lui **diventerà** poi il padrone dell'Europa.*
*Da giovani loro frequentavano la chiesa. Poi **diventeranno** i più feroci terroristi della storia.*

H Il condizionale composto

■ Il **condizionale composto** si usa per:

▶ esprimere un desiderio del passato (ma anche del presente e del futuro) non realizzato o non realizzabile;	***Sarei andato** in vacanza ma non ho potuto.* ***Avrei bevuto** volentieri un caffè.*
▶ esprimere la conseguenza di un'ipotesi non realizzata;	*Gli **avrei dato** tutto (se me lo avesse chiesto).*
▶ riferire una notizia attinta da una determinata fonte e non verificata personalmente;	*Quel ministro **sarebbe stato assassinato** dalla mafia.*
▶ esprimere un'azione successiva a un'altra passata;	*Giorni fa mi ha detto che **sarebbe venuto**.* *Sapevo che **saresti arrivato** in tempo.*
▶ creare un "effetto stilistico" narrativo.	*Napoleone nacque in una piccola città. Proprio lui **sarebbe diventato** poi il padrone dell'Europa.*

2 Il passato

ESERCIZI

Una volta il professor Grammaticus decise di ritirarsi per qualche giorno in montagna a meditare sull'analisi logica.

Gianni Rodari, "Il libro degli errori"

① (A) Scegli dove è preferibile usare il passato prossimo o il passato remoto. Fa' attenzione allo stile della frase.

1. Ieri sera *(mangiare)* _____ troppi funghi.
2. Da bambino mio padre *(bere)* _____ del latte avariato e *(finire)* _____ all'ospedale.
3. Nel 2000, quando ero in vacanza alle Barbados, *(fare)* _____ un corso di sub.
4. Pirandello *(scrivere)* _____ "Il fu Mattia Pascal" nel 1904.
5. C'era una volta un Principe che ritornando dalla caccia *(vedere)* _____ nella polvere, sul margine della via, un bimbo di forse otto anni che dormiva tranquillo. (G. Gozzano - "Nonsò")
6. La Roma *(vincere)* _____ il Campionato di recente.
7. I Romani *(conquistare)* _____ la Gallia.

② (B) Leggi questa leggenda dell'antica Roma. Nella colonna a sinistra puoi leggerne la versione narrata usando i tempi passati. Riscrivi il testo trasformando i verbi al presente storico nella colonna a destra. Segui l'esempio.

La storia di Caio Muzio Scevola

Nel 507 a.C. Roma era assediata dall'esercito del re di Chiusi, *Porsenna*.
Una notte, un giovane romano, *Caio Muzio*, travestito da guerriero etrusco, <u>penetrò</u> nel campo nemico deciso ad uccidere il re. Sbagliò invece tenda ed uccise uno dei suoi ufficiali.
Arrestato e condotto davanti a Porsenna, egli coraggiosamente mise la mano destra su un braciere acceso, e disse:
- Volevo ucciderti per salvare la libertà di Roma. La mia mano ha sbagliato ed io la punisco, ma ricordati, o re, che altri trecento giovani romani sono pronti a ritentare il colpo -.
Porsenna, meravigliato del coraggio del giovane romano, fece pace con Roma e tolse l'assedio.
Fu così che Caio Muzio prese il nome di Scévola, cioè "mancino", e venne considerato eroe dai Romani.

La storia di Caio Muzio Scevola

Nel 507 a.C. Roma era assediata dall'esercito del re di Chiusi, *Porsenna*.
Una notte, un giovane romano, *Caio Muzio*, travestito da guerriero etrusco, **penetra** nel campo nemico deciso ad uccidere il re...

_____
_____
_____
_____
_____
_____
_____
_____
_____
_____
_____
_____
_____
_____

2 Il passato

3 (A - C - E) Trasforma il testo al passato usando il passato remoto, l'imperfetto o il trapassato prossimo. Segui l'esempio.

Il Gattopardo

La famiglia dei Principi di Salina, il cui stemma è rappresentato da un gattopardo rampante, è una famiglia della più alta aristocrazia isolana, descritta in un momento in cui già incalzano i tempi nuovi. Il protagonista, il principe Fabrizio Salina, regna nel suo stupendo palazzo, attorniato da: il gesuita Pirrone, il cane Bendicò, la moglie, le figlie, il figlio Francesco Paolo, mediocre e inerte, e soprattutto il nipote Tancredi, orfano e rimasto senza patrimonio.

Tutti lo trattano con rispetto e venerazione, e lui ama fare il padrone.

Mentre nel regno si prepara l'Unità d'Italia, Tancredi decide di unirsi ai picciotti* filogaribaldini**.

Quando Garibaldi vince e nasce il nuovo Regno d'Italia, il principe Fabrizio resta indifferente e mantiene il suo dominio sulle terre di famiglia e sul contado. Nota il primo segno di cambiamento solo quando il sindaco, don Colangelo Sedara, divenuto ricco quanto lui, si presenta a casa sua come suo pari, e quando Tancredi, rifiutando l'amore di Concetta, si fidanza con la bellissima figlia del sindaco, Angelica.

Solo allora il principe Fabrizio intuisce la propria decadenza e l'avvento di un nuovo mondo.

Dopo la morte del principe la villa dei Salina resta alle tre figlie che sono rimaste zitelle e che sono infine obbligate a liberarsene.

Finisce così la grande dinastia dei Salina.

Note: *picciotto: termine siciliano che significa "giovane", "ragazzo".
**filogaribaldino: che appoggia Garibaldi e i volontari che lo seguirono nelle sue imprese.

La famiglia dei Principi di Salina, il cui stemma è rappresentato da un gattopardo rampante, __era__ *una famiglia della più alta aristocrazia isolana ...*

Giuseppe Tomasi di Lampedusa (1896 - 1957) - Scrittore siciliano noto principalmente per il romanzo *Il Gattopardo*, pubblicato dopo la morte (1958). *Il Gattopardo* è ambientato in Sicilia nell'ottocento, nel periodo di transizione dal regime borbonico all'Italia unita sotto un unico re ed è incentrato sulla figura del principe Fabrizio Salina, rappresentante del vecchio regime. Dal libro è stato tratto un famoso film di Luchino Visconti, con Burt Lancaster, Alain Delon e Claudia Cardinale.

4 (A - E) Completa la barzelletta con i verbi al tempo giusto.

Mistero! Questa mattina alcuni automobilisti *(trovare)*

_____ una macchina dei carabinieri rovesciata.

I carabinieri *(spiegare)* _____ : "*(Essere)*

_____ per svuotare i posacenere!"

5 (C) Definisci il significato delle frasi con il trapassato prossimo. Inserisci ogni frase nello spazio corrispondente al significato giusto. Segui l'esempio.

1. Gianna aveva chiamato il taxi, era una bella giornata di sole per partire, aveva chiuso il gas, acceso la segreteria telefonica ed era uscita.
2. Certo che Petra non è italiana! Non te ne eri accorto?
3. Dario è uscito a comprare le sigarette perché le aveva finite ... o forse no?
4. Nel 1970 decisi di studiare tedesco perché avevo conosciuto un tedesco veramente carino.
5. Paolo aveva sposato Francesca perché pensava che amasse la letteratura, invece in seguito scoprì ...
6. Quell'investimento non era buono! Te l'avevo detto!

Significato della frase	Frase
azione precedente ad un'altra azione già passata	
modo assoluto di una narrazione	*Gianna aveva chiamato il taxi...*
suspense	
azione non espressa perché facilmente intuibile	

6 (A - C - E) In questo brano, tratto da "La coscienza di Zeno" di Italo Svevo, l'autore ricorda un episodio della sua infanzia, in cui venne scoperto dal padre a cercar soldi nel suo panciotto. Completa il testo con i verbi all'imperfetto, al passato remoto o al trapassato prossimo.

Poi ricordo che un giorno mio padre mi *(sorprendere)* _____ col suo panciotto* in mano. Io, con una sfacciataggine che ora non avrei e che ancora adesso mi disgusta (chissà che tale disgusto non abbia una grande importanza nella mia cura) gli *(dire)* _____ che mi *(venire)* _____ la curiosità di contarne i bottoni. Mio padre *(ridere)* _____ delle mie disposizioni alla matematica o alla sartoria e non s'avvide che *(avere)* _____ le dita nel taschino del suo panciotto. A mio onore posso dire che *(bastare)* _____ quel riso rivolto alla mia innocenza quand'essa non *(esistere)* _____ più, per impedirmi per sempre di rubare. Cioè... *(rubare)* _____ ancora, ma senza saperlo. Mio padre *(lasciare)* _____ spesso per la casa dei sigari Virginia fumati a mezzo, in bilico su tavoli e armadi. Io *(credere)* _____ fosse il suo modo di gettarli via e credevo anche di sapere che la nostra vecchia fantesca**, Catina, li buttasse via. *(Andare)* _____ a fumarli di nascosto. Già all'atto d'impadronirmene venivo pervaso da un brivido di ribrezzo sapendo quale malessere m'avrebbero procurato. Poi li *(fumare)* _____ finché la mia fronte non si fosse coperta di sudori freddi e il mio stomaco si contorcesse.

Note: *panciotto: indumento maschile senza maniche, gilè.*
**fantesca: domestica, donna di servizio, donna delle pulizie.*

Italo Svevo, pseudonimo di Aron Hector Schmitz (1861 - 1928) - Uno dei più interessanti scrittori moderni italiani. Nelle sue maggiori opere - *Una vita* (1892), *Senilità* (1898) e *La coscienza di Zeno* (1923) - Svevo elaborò il tema dell'inettitudine alla vita e mostrò una forte tendenza all'analisi introspettiva, risultato del suo interesse per le teorie psicoanalitiche che prendevano piede in quegli anni. *La coscienza di Zeno* è infatti un lungo racconto scritto sotto forma di diario dal protagonista, Zeno, alle prese con la propria autoanalisi.

7 **(A - E) Unisci le frasi alla definizione che spiega la ragione per cui sono stati usati i verbi all'imperfetto. Attenzione: in alcuni casi puoi avere più di una risposta possibile.**

Frase	L'imperfetto è usato:
1. Si fa che io ero la principessa e poi ti condannavo a morte e tu…	a. nel racconto di un sogno.
	b. nella narrazione di fatti senza margini temporali importanti.
2. Il Rossi entrava in casa e si accorgeva dell'effrazione, i ladri erano entrati e…	c. nella narrazione in stile "verbale di polizia".
3. Leopardi passava intere giornate a leggere nello studio.	d. in un discorso indiretto introdotto da un passato.
4. Ha telefonato e ha detto che arrivava questa mattina con il treno delle 7.	e. per esprimere fantasia (nei giochi dei bambini).
5. A momenti cadevo.	f. al posto del condizionale composto per esprimere un'azione successiva a un'altra passata.
6. Ornella era una bambina tranquilla e pensierosa.	g. per esprimere qualcosa che poteva accadere ma non è accaduto.
7. Ho sognato che volavo.	h. per esprimere un'ipotesi e la conseguenza di un' ipotesi irrealizzata e irrealizzabile.
8. Da ragazzino andavo ogni estate al mare con i miei.	i. nella descrizione di sentimenti.
9. Se venivi in tempo potevamo andare al cinema.	l. nella narrazione in stile "poetico" e lontano dalla realtà.
10. Ieri ero davvero depressa.	m. nella descrizione di caratteristiche fisiche e psicologiche.
11. Era una notte buia e tempestosa, la giovane Alba non riusciva a dormire…	n. nella descrizione di un'abitudine o di una ripetizione.
12. Nel 1915 regnava Vittorio Emanuele III.	o. per parlare di un preciso momento storico che ha un collegamento con passato e futuro.
13. Lo sapevo che non mi telefonavi!	

2 Il passato

8 **(A - E - H)** In questo testo abbiamo rielaborato un brano tratto da un libro di Italo Calvino mettendoci nei panni del protagonista, Marcovaldo. Completa il racconto di Marcovaldo scegliendo la forma corretta dei verbi.

Marcovaldo racconta: "Tempo fa vidi sul molo del fiume una bella chiatta* carica di sabbia e decisi di fare delle sabbiature**; ma, mentre ero coperto di sabbia, non so come, la chiatta si staccò dal molo e …
Capii d'essere in mezzo al fiume, in viaggio; nessuno rispondeva: ***sono/ero/fui*** solo, sepolto in un barcone di sabbia alla deriva senza remi né timone. Sapevo che ***avrei dovuto/dovetti/ho dovuto*** alzarmi, cercare di approdare, chiamare aiuto; ma nello stesso tempo il pensiero che le sabbiature ***hanno richiesto/richiedevano/richiesero*** una completa immobilità aveva il sopravvento, mi ***faceva/aveva fatto/ha fatto*** sentire impegnato a star lì fermo più che potevo, per non perdere attimi preziosi alla mia cura. In quel momento ***vedevo/ho visto/vidi*** il ponte e lo ***riconobbi/avevo riconosciuto/ho riconosciuto*** dalle statue e lampioni che lo adornavano, non pensavo d'esser arrivato tanto avanti. E mentre ***sono entrato/entrai/entravo*** nell'opaca regione d'ombra che il ponte proiettava sotto di sé, ***mi ricordavo/mi ricordai/mi sono ricordato*** della rapida. Un centinaio di metri dopo il ponte, il letto del fiume aveva un salto; il barcone sarebbe precipitato giù per la cascata ribaltandosi, e io ***ero/fui/sarei stato*** sommerso dalla sabbia, dall'acqua, dal barcone, senza alcuna speranza d'uscir vivo. Ma ancora, in quel momento, il mio cruccio maggiore era ai benefici effetti della sabbiatura che ***si sono persi/si sarebbero persi/si persero*** all'istante. Sai che mi successe dopo?"

(adattato da I. Calvino, "Marcovaldo", Mondadori)

> **Note:** ***chiatta:*** *barcone a fondo piatto usato per trasportare le merci.*
> ***fare le sabbiature:*** *coprire totalmente di sabbia una parte del corpo come forma di terapia.*

Ìtalo Calvino: (1923 - 1985) - Scrittore e intellettuale dai molteplici interessi. La sua produzione letteraria infatti comprende sia opere neorealistiche che altre più allegoriche e paradossali, con una rappresentazione amara della società e della condizione umana. Calvino fu anche molto attivo nel dibattito culturale e letterario e si interessò attivamente alla raccolta e conservazione dei racconti popolari italiani. Fra le sue opere più famose troviamo: *Il visconte dimezzato* (1952); *Il barone rampante* (1957); *Il cavaliere inesistente* (1959); *Marcovaldo* (1963); *Le cosmicomiche* (1965); *Le città invisibili* (1972); *Se una notte d'inverno un viaggiatore* (1979); *Palomar* (1983).

9 **(A - D)** Completa il testo con i verbi al passato remoto o al trapassato remoto. Cerca poi di indovinare chi è il personaggio di cui parliamo.

1. *(Nascere)* _____ a Roma nel 1593.

2. *(Cominciare)* _____ a dipingere intorno al 1605, dopo che *(vivere)* _____ in un ambiente di artisti per tutta la vita.

3. Per lei non *(essere)* _____ facile inserirsi nell'ambiente degli artisti del tempo, prettamente maschile.

4. Ma non *(smettere)* _____ di provare fino a che non ci riuscì.

5. A 18 anni, dopo che *(subìre)* _____ una violenza carnale, *(decidere)* _____ di denunciare lo stupratore e *(dovere)* _____ subire un processo umiliante.

6. Dopo il processo *(abbandonare)* _____ Roma e *(sposarsi)* _____ a Firenze con un uomo più anziano di lei, in matrimonio riparatore.

Il passato — **2**

7. Non appena *(arrivare)* _____ a Firenze *(cominciare)* _____ a lavorare alla corte di Cosimo II, diventando una pittrice molto apprezzata ed ammirata.

8. Quando finalmente *(inserirsi)* _____ nell'ambiente degli artisti di Firenze, *(lasciare)* _____ il marito e cominciò a vivere una vita indipendente.

10 **(E - F - H) Il cognome dell'artista di cui abbiamo parlato nell'esercizio precedente è Gentileschi, ma ne conosci il nome? Scegli il tempo corretto nelle seguenti frasi, le lettere abbinate alle forme corrette del verbo, ne formeranno il nome.**

1. Non avevo l'orologio, ma, quando Anna è partita, ***sono le due (L) - saranno le due (P) - saranno state le due (A)***.

2. Laura non ha richiamato, ***avrà capito (R) - capisce (A) - capirà (E)*** che era urgente?

3. L'incendio del bosco ***è provocato (S) - sarebbe stato provocato (T) - sarebbe provocato (L)*** da un falò acceso da un gruppo di campeggiatori domenica scorsa.

4. Peccato che Ranieri non me lo abbia mai chiesto .... io lo ***sposavo (T) - avrei sposato (E) - ho sposato (A)***, ero così innamorata!

5. Se hai vissuto 4 anni a Palermo, di sicuro ***impareresti (I) - imparavi (P) - avrai imparato (M)*** anche un po' di dialetto, no?

6. Quel film francese all'Ariston non c'è più. Peccato, lo ***avrei visto (I) - vedrò (A) - ho visto (O)*** volentieri!

7. Da bambina ***andavo (S) - andai (L) - andrei (S)*** a lezione di piano ogni venerdì.

8. ***Si sarà anche laureato (I) - Si laurerebbe (E) - Si laureò (T)*** a Oxford, ma io non riesco a crederci: qualche volta mi sembra proprio poco sveglio!

9. I miei mi avevano detto che mi ***hanno regalato (I) - avrebbero regalato (A) - regaleranno (E)*** il motorino se avessi passato gli esami.

Il nome dell'artista è __ __ __ __ __ __ __ __ Gentileschi

11 **(A - B - E) In questo brano ci tre sono errori nelle forme verbali. Scoprili e correggili.**

Questo pomeriggio, dopo aver lasciato l'ufficio, andai come al solito a prendere la metro... ma, tutto inutile, c'era sciopero dei mezzi pubblici fino alle 8.00 e l'unica scelta possibile era quella di prendere un taxi. Quindi mi sono messo alla ricerca del fantomatico taxi invisibile, quello che, quando lo cerchi, non c'era mai! E, infatti, non ne ho vista nemmeno l'ombra! Per farla breve, devo farmi tutta la strada a piedi, fino a casa, ben 5-6 chilometri! Visto come stanno le cose, sarà meglio che mi compri un motorino ...

Il futuro

Quello che succederà nel futuro si esprime per lo più usando il presente o il futuro indicativo.

A Il presente e il futuro indicativo

■ La **differenza nell'uso del presente o del futuro** consiste soprattutto in un atteggiamento di maggiore o minore probabilità di realizzazione di quanto si afferma.

▶ Nell'esempio a fianco, con l'uso del **presente** voglio trasmettere l'idea che probabilmente c'è già una casa pronta che mi aspetta, che non dovrebbero esserci problemi nel realizzare questo progetto, che - salvo incidenti - questa decisione è presa.

*Fra 10 anni **mi trasferisco** in campagna.*

▶ Nell'esempio a fianco, con l'uso del **futuro** segnalo che il mio è un progetto che potrebbe realizzarsi. Sottolineo tuttavia che è solo un progetto, forse un sogno, e soprattutto che sono consapevole che 10 anni sono lunghi.

*Fra 10 anni **mi trasferirò** in campagna.*

Se una persona suona al citofono di casa rispondo *"Scendo!"*. Se dicessi *"Scenderò"* convincerei l'altra persona che dovrà aspettarmi per ore. Se parlo della fine del mondo dirò certamente che *"Il mondo un giorno finirà"*. Se dicessi che il mondo un giorno *"finisce"* autorizzerei il mio interlocutore a chiedermi la data e l'orario del giudizio universale.

B Il futuro anteriore indicativo

■ Il **futuro anteriore** rende l'idea di un tempo precedente a un altro futuro.

*Uscirò di casa subito dopo che tu mi **avrai telefonato**.*
*Quando **avrà concluso** i suoi studi partirà per la Francia.*

■ Si può usare anche in senso "**assoluto**" quando l'evento futuro - anche se non viene espresso direttamente da un verbo - è comunque chiaro.

*Alle 9:30 **sarò** già **arrivato** a casa da parecchio tempo.*
*Alla fine del corso di informatica lui **avrà** certamente **imparato** molte cose che non sapeva.*

C Il passato prossimo indicativo

■ Il **passato prossimo**, per la sua caratteristica di esprimere un'azione "compiuta", può essere impiegato al posto del futuro anteriore (in particolare se il tempo futuro è espresso da un presente).

*Esco (Uscirò) di casa subito dopo che tu mi **hai telefonato**.*
*Quando **ha concluso** i suoi studi parte (partirà) per la Francia.*
*Alle 9:30 **sono** (sicuramente) già **arrivato** a casa da parecchio tempo.*

D Il condizionale

■ Il **condizionale semplice** esprime un desiderio del presente. Tuttavia, trattandosi di un desiderio, ha una sua caratterizzazione di futuro rispetto al tempo della sua eventuale realizzazione.

Leggerei volentieri il giornale se tu me lo andassi a comprare.
Si è fatto tardi e sono un po' stanco: se non ti dispiace io andrei a casa.

■ Il **condizionale composto** serve a esprimere un desiderio che non si realizzerà nel futuro (come anche nel presente e nel passato).

Accompagnerai tu il nonno dal dottore oggi pomeriggio? Lo avrei fatto io (volentieri).
Hai gia fatto quel lavoro? Grazie, io lo avrei fatto domani (se non lo avessi già fatto tu).

■ Sempre con il condizionale composto si esprime **un tempo successivo a quello passato**:

Ha detto che sarebbe partito.

▶ questo tempo successivo al passato può essere ancora passato per chi sta parlando;

Ha detto 10 giorni fa che sarebbe partito 5 giorni fa.

▶ oppure può essere futuro anche per chi sta parlando;

Ha detto 10 giorni fa che sarebbe partito domani.

▶ in questo caso potremo comunque anche usare un normale futuro semplice.

Ha detto 10 giorni fa che partirà domani.

E L'imperfetto indicativo

■ L'**imperfetto indicativo** è spesso - specialmente nella lingua parlata - alternativo al condizionale composto, sia nel suo uso di "desiderio irrealizzabile", sia nella sua funzione di "futuro del passato".

Se potevo domani venivo (se avessi potuto domani sarei venuto).
Ha detto 10 giorni fa che partiva (sarebbe partito, partirà) domani.
Accompagnerai tu il nonno dal dottore? Lo facevo (avrei fatto) volentieri anch'io!

F L'imperativo

■ L'idea del futuro si manifesta in tutte le forme dell'imperativo, diretto, formale o negativo.

Parla, scrivi, dormi!
Parli, scriva, dorma!
Non parlare, non scrivere, non dormire!

G I verbi modali

■ L'idea di futuro è sempre sottintesa poi in tutte le costruzioni basate sui verbi *volere*, *dovere* e *potere*. Ne è prova il fatto che tali costruzioni, nel discorso indiretto, possono risolversi con l'uso di un condizionale composto (proprio come si farebbe con un futuro).

Tu devi partire. - Ha detto che tu saresti dovuto partire.
Lei vuole mangiare. - Ha detto che lei avrebbe voluto mangiare.
Noi possiamo restare. - Ha detto che noi saremmo potuti restare.

3 Il futuro

H DA + infinito

■ Il costrutto basato sulla forma ***avere da + infinito*** ha un forte valore futuro.

> ***Ho da scrivere*** *una relazione entro la prossima settimana.*
> *Prima di partire* ***ho da finire*** *quel lavoro.*
> *Non* ***ho*** *che* ***da aspettare*** *qualche novità.*

ESERCIZI

"Sai, mio fratello cammina da 4 mesi ..."
"Immagino dove sarà arrivato!"

1 (A) Trasforma al futuro alcuni dei verbi, in tal modo il testo assumerà un significato di minore certezza. Non tutti i verbi possono essere trasformati al futuro, i primi verbi da trasformare sono stati <u>sottolineati</u>, a te la scelta degli altri. Segui l'esempio.

Ora basta! Ho deciso! Anno nuovo, vita nuova! Devo fare dei cambiamenti nel mio stile di vita: da gennaio <u>smetto</u> di fumare, il dottore me lo dice sempre che devo farlo, fa male, si ingialliscono i denti, i capelli e gli abiti puzzano di fumo, insomma, non è mica tanto sexy... Poi <u>mi taglio</u> i capelli, sono troppo lunghi; voglio anche mettere la connessione a banda larga, Internet può sempre far comodo: è utile e, chissà, magari on-line riesco a conoscere qualcuno interessante, dovrei farmi anche un indirizzo e-mail, non si può più vivere senza, no?
D'estate faccio un viaggio negli Stati Uniti, finalmente posso vedere la mia amica Jane, che è tornata a New York già 3 anni fa; Internet comunque mi serve anche per controllare gli annunci di lavoro, voglio cambiare, il mio lavoro non mi piace più, troppo ripetitivo! Faccio anche un corso di cucina, mi piace invitare gli amici, ma non conosco molte ricette, il corso mi aiuta sicuramente ad allargare la lista delle mie specialità! Chissà, forse mi iscrivo anche a una palestra, ne avrei davvero bisogno. Insomma, i propositi sono buoni, speriamo di mantenerli!

Ora basta! Ho deciso! Anno nuovo, vita nuova! Devo fare dei cambiamenti nel mio stile di vita: da gennaio ***smetterò*** *di fumare, il dottore me lo dice sempre che devo farlo, fa male, si ingialliscono i denti, i capelli e gli abiti puzzano di fumo, insomma, non è mica tanto sexy... Poi* ***mi taglierò*** *i capelli ...*

2 (A - C) Ognuna di queste frasi si riferisce ad un periodo futuro. Chi le dice? Unisci ogni frase alla situazione in cui, secondo te, potrebbe essere usata. Segui l'esempio.

1. Ti assolvo, dopo che mi hai detto i peccati che hai fatto.	*a. Dal massaggiatore.*
2. Quando mi sono laureata faccio il giro del mondo.	*b. In un negozio.*
3. Dopo che sono passate le feste mi metto a dieta.	*c. All'università.*
4. Signora, appena mi sono arrivati i nuovi prodotti Le telefono.	→ *d. In un confessionale.*
5. Dopo che avete parcheggiato dovete andare a pagare al parchimetro.	*e. In palestra.*
6. Quando hai finito il riscaldamento comincia con i pesi.	*f. Sotto Natale.*
7. Quando abbiamo finito con la schiena Le massaggio le spalle.	*g. In un negozio di sport.*
8. Appena ha finito di provare gli scarponi, Le faccio vedere anche gli sci.	*h. In un parcheggio.*

3 Il futuro

3 **(E - F) Completa le battute delle vignette coniugando i verbi all'indicativo futuro o imperfetto.**

1

- Il mio nome è Fattori, signore: sono
io il cameriere che stasera la *(ignorare)*

_____.

2

- Lo so che ho detto che *(volere)*

_____ essere

sepolto in mare, ragazzi,

ma non ora!

3

(da "La Settimana Enigmistica")

- Non si preoccupi, tanto
domani *(dovere)*

_____ buttarlo via,

questo vestito!

4

- Colpisci il tizio con la Ferrari, e
(dividere) _____ i profitti!

4 **(Tutti) Leggi le frasi e inserisci le forme verbali <u>sottolineate</u> al posto giusto nella tabella.**

1. <u>Ho da lavorare</u> tutto il fine settimana.
2. Non <u>posso</u> mangiare frutti di mare, sono allergico.
3. Peccato che non <u>ho</u> tempo altrimenti domani <u>sarei venuta</u> volentieri con te in centro.
4. Dopo che <u>si sarà sposata</u>, Anna <u>si trasferirà</u> in Svizzera col marito.
5. Fabio ha detto che <u>sarebbe arrivato</u> domani.
6. Appena <u>arriva</u> Paola <u>ti telefono</u>.
7. Stasera alle 8.00 <u>sono</u> di sicuro già a casa.
8. Ragazzi, <u>andate</u> a letto ora!
9. Quando <u>avrà smesso</u> di piovere <u>potremo</u> andare al parco.
10. <u>Devo</u> studiare domani.
11. Federica aveva spiegato che <u>sarebbe arrivata</u> ieri.
12. Quando <u>ho finito</u> quel lavoro Le <u>telefono</u>, dottor Rossi.
13. Fabio ha deciso che <u>veniva</u> alla festa.
14. <u>Voglio</u> studiare il tedesco.
15. Anna ha detto che <u>arrivava</u> più tardi.
16. Ti <u>avrei accompagnato</u> all'opera, ma stasera <u>ho</u> un altro impegno.

Futuro	Futuro nel passato	Desiderio irrealizzabile	Tempo precedente ad un altro futuro

5 **(F) Ecco un calendario con una lista di punti importanti da seguire per organizzare il matrimonio perfetto. Trasforma le frasi in consigli all'imperativo informale (TU) e formale (LEI). Segui l'esempio.**

Tempo che manca	Cosa si deve fare	Tu	Lei
Meno 12 mesi	◆ È importante decidere il budget	◆ **Decidi** il budget!	◆ **Decida** il budget!
Meno 11 mesi	◆ Bisogna scegliere i testimoni.		
Meno 8 mesi	◆ Si deve chiamare un fotografo e un dj.		
Meno 7 mesi	◆ Scegliere il fiorista.		
Meno 6 mesi	◆ Si deve comprare l'abito da sposa. ◆ Prenotare chiesa o sala comunale. ◆ È una buona idea confermare il luogo del ricevimento.		
Meno 4 mesi	◆ Dovresti comprare il vestito da sposo. ◆ Va organizzata la luna di miele.		
Meno 3 mesi	◆ Comprare le fedi nuziali. ◆ Si decide quale auto usare.		
Meno 2 mesi	◆ Si deposita la lista di nozze. ◆ Bisogna cominciare a spedire le partecipazioni. ◆ Si devono ordinare le bomboniere.		
Tre settimane prima	◆ Si dovrebbe fare un sopralluogo in chiesa o in municipio.		
Due giorni prima	◆ Si deve andare dall'estetista.		
Un giorno prima	◆ È una buona idea concedersi un massaggio rilassante. ◆ Bisogna dormire il più possibile.		
Giorno X	◆ Prepararsi. ◆ Godersi la giornata.		

3 Il futuro

6 **(G)** Trasforma le frasi dal discorso indiretto alla forma diretta ed inseriscile nel fumetto di ogni personaggio.

Paolo ha detto che avrebbe voluto iscriversi a Medicina.

Simonetta ha detto che sarebbe voluta restare un po' di più.

Claudia ha detto che sarebbe potuta venire al cinema con noi.

Salvo ha detto che avrebbe potuto telefonare lui a Laura.

Norma ha detto che sarebbe dovuta tornare a casa presto.

Antonio ha detto che si sarebbe dovuto alzare presto il giorno dopo.

7 **(H)** Qui sotto puoi leggere frasi tratte da opere letterarie e canzoni italiane. In tutte le frasi viene usata la forma *"avere da"*+ *infinito*. Prova a rendere le forme <u>sottolineate</u> in un altro modo.

1. Pace non trovo e non <u>ho da far guerra</u>. *(Francesco Petrarca, "Canzoniere CXXXIV", XIV secolo)*

_____

2. (Per Quello Che <u>Ho Da Fare</u>) Faccio Il Militare *(Vasco Rossi, 1979)*

_____

3. "Or bene, - gli disse il bravo, all'orecchio, ma in tono solenne di comando, - questo matrimonio non <u>s'ha da fare</u>, né domani, né mai." *(Alessandro Manzoni "I promessi sposi", 1840)*

_____

4. "<u>Ha da passa' a nuttata</u>." *(Eduardo de Filippo, "Napoli milionaria", 1944)*

_____

5. È avvenuto in Europa […] che un intero popolo civile […] seguisse un istrione la cui figura oggi muove al riso; eppure Adolf Hitler è stato obbedito ed osannato fino alla catastrofe. È avvenuto, quindi può accadere di nuovo: questo è il nocciolo di quanto <u>abbiamo da dire</u>. *(Primo Levi, "I sommersi e i salvati", Einaudi, 1986)*

_____

Ausiliare *avere* o *essere*

I verbi ausiliari "*avere*" e "*essere*" si usano per formare i tempi composti.

A — L'ausiliare AVERE

■ Hanno **sempre** l'ausiliare *AVERE*:

▶ i verbi **transitivi** (cioè quelli che possono avere un oggetto diretto e dopo i quali si può fare la domanda *chi? che cosa?*, come il verbo *mangiare* o il verbo *vedere*).

Ho mangiato <u>una buonissima pizza</u>.
   (oggetto diretto)
Avrei visto volentieri <u>quel film</u>. (oggetto diretto)

▶ molti verbi **intransitivi** (verbi cioè che non possono avere un oggetto diretto, verbi dopo i quali non si può fare la domanda *chi? che cosa?*).

Avevo telefonato <u>a Maria</u> (oggetto non diretto)
   prima di venire da te.
Stanotte **hai** russato! (impossibile un oggetto)

I principali **verbi intransitivi** che usano sempre l'ausiliare *AVERE* sono:

abusare (di)	barare	corrispondere (a)	pedalare	sciare
accennare (a)	bisticciare (con)	debuttare	provvedere (a)	scioperare
acconsentire	bussare (a)	esitare (a fare)	reagire (a)	telefonare
aderire (a)	camminare	funzionare	ridere (di)	tossire
agire	cenare	litigare (con)	rinunciare (a)	tremare
alloggiare	chiacchierare	mentire (a)	russare	ubbidire (a)
alludere (a)	combaciare (con)	nuotare	sanguinare	viaggiare
approfittare (di)	concorrere (a)	parlare	scherzare	zoppicare
badare (a)	contribuire (a)	pattinare		

B — L'ausiliare ESSERE

■ Hanno **sempre** l'ausiliare *ESSERE*:

▶ i verbi **riflessivi** (riconoscibili perché sono preceduti dai pronomi riflessivi *mi, ti, si, ci, vi, si*). Consideriamo riflessivi anche quei verbi pronominali composti da due pronomi di cui uno riflessivo (*andarsene, prendersela* ecc.);

<u>Mi</u> **sono** vestita come piace a te.
<u>C'eravamo</u> tanto amati.
<u>Me</u> la **sono** presa perché <u>te</u> ne **sei** andata subito.

▶ i verbi **impersonali** (quelli cioè che non hanno un soggetto identificabile, come *bisogna, conviene, accade, avviene,* ecc.) e le forme impersonali rette dal pronome *si*;

È accaduto tanti anni fa…
<u>Si</u> **è** mangiato bene ieri, a casa tua.
Peccato: l'eclissi di Luna non <u>si</u> **è** vista bene.

▶ alcuni **verbi intransitivi**, molti dei quali indicano movimento o spostamento (come *andare* o *arrivare*) oppure un cambiamento o mantenimento di stato (come *nascere, morire* o *rimanere*).

Quando **sarai** <u>andato</u> a Londra potrai capire molte
   cose del mondo anglosassone.
Quando **sei** <u>arrivato</u>?
Leonardo **è** <u>nato</u> ad Anchiano nel 1452.
Perché **sei** <u>rimasto</u> a casa ieri?

I principali **verbi intransitivi** che usano *ESSERE* sono:

accorrere	comparire	esistere	provenire (da)	sfuggire
affiorare	costare	essere	restare (in, a, da)	sparire
allibire	crollare	giacere	ricadere	sopravvenire
ammattire	decadere (da)	giungere (in, a, da)	rimanere (in, a, da)	sorgere
ammuffire	decedere	incorrere (in)	risorgere	spiacere (a qn)
andare (in, a, da)	dimagrire	insorgere	risultare	stare
apparire	dipendere (da)	intervenire	ritornare	svanire
arrivare (in, a, da)	dispiacere (a qn)	morire	riuscire	svenire
arrossire	divenire	nascere	sbucare (da)	tornare
bastare (a qn)	diventare	occorrere (a qn)	scadere	uscire
cadere	durare	parere (a qn)	scappare	valere
capitare (a qn)	emergere	partire	scomparire	venire
cascare	entrare	piacere (a qn)	sembrare (a qn)	

C ESSERE e AVERE

■ Usano per lo più **indifferentemente *essere*** o ***avere*** tutti i verbi che esprimono condizioni atmosferiche (anche se la tradizione grammaticale consiglierebbe l'ausiliare *essere*).

È *piovuto.* - **Ha** *piovuto.*
È *nevicato.* - **Ha** *nevicato.*

Fra i verbi che usano **entrambi gli ausiliari** ricordiamo:

Verbi atmosferici
diluviare
fioccare
grandinare
nevicare
piovere
tramontare

Altri verbi		
accedere	convivere	luccicare
allunare	culminare	maturare
ammarare	decollare	migliorare
appartenere	defluire	naufragare
approdare	degenerare	prevalere
arretrare	deragliare	procedere
assomigliare	dilagare	rabbrividire
attecchire	emigrare	rimpatriare
atterrare	equivalere	risaltare
brillare	espatriare	risuonare
calzare	figurare	scivolare
campare	garbare	somigliare
coincidere	germogliare	sventolare
combaciare	inciampare	vivere
confluire	indietreggiare	zampillare

D I verbi modali

■ Con i verbi **modali** (*dovere, potere, volere*):

▶ si usa generalmente l'ausiliare ***avere*** quando l'infinito è un verbo transitivo che richiede *avere*;

Avrei dovuto <u>lavorare</u> tutto il giorno.

▶ si usa sempre l'ausiliare ***avere*** quando l'infinito è il verbo *essere* o *avere*;

Non **ho** voluto <u>essere</u> cattiva con lui.
Avresti potuto <u>avere</u> più fortuna.

4 *Ausiliare avere o essere*

Ausiliare avere o essere — 4

- si usa sempre l'ausiliare **avere** quando l'infinito è passivo (questo perché la forma passiva la possono avere solo i verbi transitivi attivi che richiedono *avere*);

  Avrebbe potuto essere avvisato per tempo.
  Il Presidente non ha voluto essere intervistato.

- si usa preferibilmente l'ausiliare **essere** quando l'infinito è un verbo che richiede *essere*. L'uso dell'ausiliare **avere** in questi casi può essere comunque giustificato dall'esigenza di esprimere una certa volontarietà dell'azione (*non ho potuto venire* suona più "determinato" di *non sono potuto venire*).

  Non sono potuto venire perché sono dovuto rimanere a lavorare fino a tardi.
  Non ho potuto venire perché ho dovuto rimanere a lavorare fino a tardi.

■ Se il verbo modale regge un infinito riflessivo o pronominale, cioè combinato con un pronome, l'ausiliare del modale:

- è sempre **essere** se il pronome è anticipato;

  Non mi sono potuto mettere la maglietta gialla, non l'ho trovata.
  Non ci sono potuta andare prima di oggi.

- è sempre **avere** se il pronome forma una sola parola con l'infinito.

  Non ho potuto mettermi la maglietta gialla, non l'ho trovata.
  Non ho potuto andarci prima di oggi.

E Verbi transitivi e intransitivi

■ Molti verbi italiani possono essere usati sia in modo **transitivo** (cioè con un oggetto diretto) che in modo **intransitivo** (senza oggetto diretto).

Ieri finalmente ho finito il libro (oggetto diretto) di Tolstoj.
Quando la festa è finita siamo andati a casa.

■ Questi verbi richiedono generalmente l'ausiliare **avere** quando sono usati in modo transitivo e l'ausiliare **essere** quando sono usati in modo intransitivo.

Ho sceso le scale (oggetto diretto) tre alla volta per arrivare in tempo.
Sono sceso di corsa per arrivare in tempo.

Fra i verbi che hanno la possibilità di essere usati **transitivamente** e **intransitivamente** ricordiamo:

accelerare	cambiare	finire	ringiovanire
accrescere	cessare	gelare	salire
affogare	cominciare	guarire	saltare
affondare	continuare	invecchiare	sbarcare
agghiacciare	convenire	mancare	scattare
ammutolire	correre	maturare	scendere
annegare	crescere	migliorare	scorrere
annerire	deviare	montare	seguire
asfissiare	diminuire	mutare	servire
aumentare	duplicare (triplicare, quadruplicare, ecc.)	passare	sfumare
avanzare		peggiorare	suonare
azzittire	evadere	pesare	toccare
bruciare	esplodere	resuscitare	trascorrere
calare	fallire	rincarare	variare

> Un gran proverbio, caro al potere, dice che l'essere sta nell'avere.
>
> *Giuseppe Giusti, "Gingillino, Poesie"*

❶ (Tutti) Rimetti in ordine il racconto di Gianni Rodari sull'uso degli ausiliari.

Essere e avere

1.

Gli emigranti tacquero, pieni di rispetto per quel signore tanto perbene.

"Il verbo andare - continuò il professor Grammaticus, - è un verbo intransitivo, e come tale vuole l'ausiliare *essere*."

Gli emigranti sospirarono. Poi uno di loro disse:

"Sarà come lei dice, signore. Io ho fatto la seconda elementare, ma già allora dovevo guardare più alle pecore che ai libri. Il verbo andare sarà anche quella cosa che dice lei."

"Un verbo intransitivo."

2.

Il professor Grammaticus, viaggiando in treno, ascoltava la conversazione dei suoi compagni di scompartimento. Erano operai meridionali, emigrati all'estero in cerca di lavoro: erano tornati in Italia per le elezioni, poi avevano ripreso la strada del loro esilio.

"Io *ho andato* in Germania nel 1958" diceva uno di loro.

"Io *ho andato* prima in Belgio, nelle miniere di carbone."

3.

"Eh - disse l'emigrante, sorridendo con gentilezza, - io sono, noi siamo! ... Lo sa dove siamo noi, con tutto il cuore? Siamo sempre al paese, anche se *abbiamo andato* in Germania e in Francia. Siamo sempre là, è là che vorremmo restare, e avere belle fabbriche per lavorare, e belle case per abitare."

4.

Per un poco il professor Grammaticus li stette ad ascoltare in silenzio. Infine esclamò, guardandoli severamente:

"*Ho andato! Ho andato!* Ecco di nuovo il benedetto vizio di tanti italiani del Sud di usare il verbo avere al posto del verbo essere. Non vi hanno insegnato a scuola che si dice: *sono andato?*"

5.

"Ecco, sarà un verbo intransitivo. Ma a me sembra un verbo triste, molto triste. Andare a cercar lavoro in casa d'altri ... Lasciare la famiglia, i bambini."

Il professor Grammaticus cominciò a balbettare.

"Certo ... Veramente ... Insomma, però ... Comunque si dice *sono andato*, non *ho andato*. Ci vuole il verbo *essere*: io sono, tu sei, egli è ..."

6.

E guardava il professor Grammaticus, che aveva una gran voglia di darsi dei pugni in testa, e borbottava tra sé: "Stupido! Stupido che non sono altro. Vado a cercare gli errori nei verbi ... Ma gli errori più grossi sono nelle cose!"   *(adattato da Gianni Rodari "I cinque libri", Einaudi, 1993)*

Ordine corretto: _____ - _____ - _____ - _____ - _____ - _____

Gianni Rodari: (1920 - 1980) Scrittore per l'infanzia, autore di molti racconti e filastrocche (*Il libro delle filastrocche*, 1950; *Favole al telefono*, 1961; *C'era due volte il barone Lamberto*, 1978). I racconti e le filastrocche di Rodari sono ancora molto amati dai bambini e usati nelle scuole per insegnare la lingua italiana.

2 **(A - B - E)** Ecco una breve biografia di un grande attore comico italiano, Totò. Trasforma le frasi al passato prossimo.

Totò

◆ Nasce nel 1898 nel famoso rione Sanità di Napoli, da una relazione clandestina della madre con il decaduto marchese Giuseppe De Curtis.

◆ Inizia già a quindici anni a esibirsi in scene comiche in piccoli teatri periferici.

◆ Dopo il servizio militare ottiene i primi successi.

◆ Nel 1922 si trasferisce a Roma con i genitori e comincia a lavorare con piccole compagnie.

◆ Il successo a livello nazionale comincia dal 1927.

◆ Nel 1937 Giuseppe De Curtis lo riconosce legalmente e lui diventa il principe e marchese Antonio De Curtis.

◆ Debutta nel cinema nel 1937.

◆ Il suo periodo d'oro dura dal 1947 al 1952, in quegli anni Totò lavora moltissimo e ha un grande successo.

◆ Negli anni Cinquanta recita anche in ruoli drammatici e in film neorealisti.

◆ Nel 1957 diventa quasi completamente cieco ma continua a lavorare.

◆ Nel 1963 interpreta il suo centesimo film.

◆ Negli anni '60 arrivano importanti proposte di grandi cineasti: Fellini, Lattuada, Pasolini, ecc.

◆ Per l'interpretazione nel film di Pasolini *Uccellacci e Uccellini* riceve nel 1966 una Palma d'Oro speciale al Festival di Cannes e un Nastro d'Argento come miglior attore.

◆ Totò lavora anche in TV nel 1965 in un grande varietà del sabato sera: *Studio Uno*.

◆ Muore il 15 aprile 1967, molto malato.

3 **(E) Scegli il verbo corretto fra quelli della lista e inseriscilo al passato prossimo.**

bruciare - bruciare - cominciare - cominciare - cominciare - evadere - evadere - guarire - guarire - variare

1. Luca sta benissimo! È dimagrito ed è veramente in forma, si vede che _____ la dieta.
2. A causa del caldo anche questa estate _____ moltissimi boschi. Che peccato!
3. Quell'imprenditore _____ le tasse per anni ed anni ma, finalmente, per la gioia di tutti gli onesti cittadini, lo hanno scoperto!
4. Il mio analista mi _____ finalmente _____ da un forte complesso di inferiorità.
5. Il film _____ ormai _____ da 10 minuti, non vale la pena entrare in sala.
6. Che ho fatto! _____ la torta! E ora come faccio?
7. Katia _____ a studiare turco perché vuole trasferirsi ad Ankara.
8. Il bambino finalmente _____, aveva una brutta tosse e ci teneva svegli tutta la notte.
9. Il programma della manifestazione _____ a causa di uno sciopero degli assistenti.
10. Ieri _____ un pericoloso criminale.

4 **(A - B - C - E) Metti i verbi al passato prossimo o al trapassato prossimo, facendo attenzione ad usare l'ausiliare corretto.**

Paoletta è una ragazza molto timida che si trova spesso in strane situazioni. La sua ultima avventura *(concludersi)* _____ in maniera piuttosto imbarazzante. La poverina infatti un giorno *(andare)* _____ ad un appuntamento al buio* con il cugino della sua amica Licia, Rocco. Rocco aveva prenotato un tavolo in un famoso ristorante giapponese e i due dovevano incontrarsi e cenare là ... Non appena Paoletta *(entrare)* _____ nel ristorante *(inciampare)* _____ nel tappeto della sala, *(cadere)* _____ e *(battere)* _____ la testa. La botta *(essere)* _____ così forte che Paoletta *(svenire)* _____. Quando, qualche minuto dopo, *(rinvenire)* _____, *(aprire)* _____ gli occhi e *(vedere)* _____ un uomo meraviglioso che le dava degli schiaffetti e le teneva la testa. Paoletta non credeva ai suoi occhi! Questo Rocco era davvero bellissimo ed, evidentemente, *(trapassato prossimo - accorrere)* _____ non appena l'aveva vista bisognosa di aiuto. Paoletta *(arrossire)* _____ ed *(approfittare)* _____ della situazione per osservarlo di sottecchi; era così attraente! Non appena *(sentirsi)* _____ meglio, *(alzarsi)* _____ ed *(andare)* _____ a sedersi al suo tavolo, anche se si sentiva un po' scossa ... tutte quelle emozioni! La serata, che *(trapassato prossimo - cominciare)* _____ in maniera movimentata, *(procedere)* _____ senza intoppi da quel momento, Paoletta e Rocco *(chiacchierare)* _____ per tutta la serata come due piccioncini e Paoletta sprizzava felicità. "Siamo la coppia meglio assortita del locale - pensava guardandosi intorno - Gli altri sono vecchi, o bruttini oppure soli ... che tristezza!" Uno degli avventori infatti era seduto da solo ad un

Note: *appuntamento al buio: appuntamento con una persona che non conosci, di solito per incontrare un possibile partner.*

Ausiliare avere o essere

4

tavolo di fronte a loro e si guardava intorno come a cercare qualcuno. Forse la ragazza che aspettava non *(trapassato prossimo - venire)* _____ !

Alla fine della serata Rocco *(accompagnare)* _____ Paoletta a casa, l'ha salutata e le *(dire)* _____:" *(Essere)* _____ davvero una bella serata, molto particolare ... non *(noi - presentarsi)* _____ nemmeno _____, io mi chiamo Antonio. E tu?"

Paoletta, come potete immaginarvi, *(rimanere)* _____ senza parole!

5 **(B - C - E) Chi ha fatto cosa? Coniuga i verbi al passato prossimo e unisci l'azione alla persona o all'oggetto a cui si riferisce, come nell'esempio.**

1. *(Scendere)* _____ al terzo piano.	*a. Il teatro Goldoni.*
2. *(Resuscitare)* _____ Lazzaro.	*b. I prezzi.*
3. *(Montare)* _____ la tenda.	*c. Il mal di testa.*
4. *(Evadere)* _____ le tasse e ha dovuto pagare una grossa multa.	**d. L'ascensore.**
5. *(Maturare)* _____ dei buoni interessi.	*e. L'anno.*
6. *(Aumentare)* _____ gli stipendi.	*f. L'investimento.*
7. *(Esplodere)* _____ in pieno centro.	*g. Cristo.*
8. *(Cessare)* _____ l'attività artistica due anni fa.	*h. Un criminale.*
9. *(Trascorrere)* _____ l'estate a casa dei miei genitori.	*i. Il campeggiatore.*
10. *(Evadere)* _____ dal carcere ieri notte.	*l. Io.*
11. Finalmente, dopo un analgesico *(cessare)* _____!	*m. La bomba.*
12. Come al solito *(aumentare)* _____!	*n. Il governo.*
13. *(Trascorrere)* _____ davvero in fretta!	*o. L'evasore fiscale.*

6 **(A - B) Nel testo ci sono 4 ausiliari sbagliati. Trovali e correggili.**

Toscana fine anni '30: Guido e Ferruccio si sono trasferiti in città per cercare lavoro. In attesa di realizzare i loro sogni hanno trovato dei lavoretti che gli permettono di sopravvivere. Ferruccio si ha arrangiato a fare il commesso in un negozio di stoffe, mentre Guido si ha messo a lavorare come cameriere al Grand Hotel. Nel frattempo Guido si è innamorato di Dora, una maestrina, e ha deciso di conquistarla.

Alcuni anni dopo: Guido e Dora si sono sposati e hanno avuto un figlio, Guido è aperto una libreria in centro. Purtroppo in Italia il regime fascista è promulgato le leggi razziali, che, durante la guerra, portano alla deportazione di Guido, di religione ebraica, e del figlio. Dora invece, che ha fatto di tutto per rimanere con loro, finisce in un altro campo. Nel campo di concentramento Guido ha inventato un gioco per non far capire a suo figlio gli orrori della guerra: gli ha detto infatti che stanno partecipando ad un gioco a punti in cui si devono superare delle prove per vincere. La loro storia finirà proprio all'interno del campo di concentramento.

Ausiliare sbagliato	→	**Ausiliare corretto**
1. _____		_____
2. _____		_____
3. _____		_____
4. _____		_____

7 **(A - B)** Nell'esercizio precedente hai letto la trama di un film di Roberto Benigni che ha vinto diversi Oscar nel 1998: "La vita è bella". Scopri il nome dell'autore della colonna sonora scegliendo le forme corrette dei verbi: le lettere abbinate a tali forme ti daranno il nome. Segui l'esempio.

1. Laura e Paolo ***hanno pattinato (P)*** / ***sono pattinati (L)*** sul lago ghiacciato.
2. Ho visto Giovanna e ho stentato a riconoscerla. ***Ha invecchiato (U)*** / ***È invecchiata (I)*** davvero molto!
3. Il nuovo governo ***è arricchito (C)*** / ***ha arricchito (O)*** quelli che già stavano bene.
4. Qualcuno ***è bussato (I)*** / ***ha bussato (V)***. Vai ad aprire tu?
5. Quando ha visto Saverio è saltata su ed ***è corsa (A)*** / ***ha corso (O)*** ad abbracciarlo.
6. Mia nonna è davvero crudele! ***Ha affogato (N)*** / ***È affogata (T)*** quasi tutti i gattini appena nati. Ne ha tenuti solo due!
7. Davide ***è bisticciato (O)*** / ***ha bisticciato (I)*** con Simona. Meglio non parlargli.

Il nome del compositore della colonna sonora de "La vita è bella" è:

Nicola **P** __ __ __ __ __ __

8 **(C - D)** Nel riquadro qui sotto ci sono 14 verbi. Trovali e scrivili nella tabella specificando quali usano solo l'ausiliare AVERE, quali solo l'ausiliare ESSERE e quali entrambi gli ausiliari. Segui l'esempio.

```
S  D  I  S  P  I  A  C  E  R  E
U  A  G  S  S  V  E  N  I  R  E
O  R  D  C  P  C  V  R  O  G  R
N  R  M  H  I  O  A  L  B  V  U
A  O  E  E  O  S  R  A  Z  A  S
R  S  N  R  V  T  I  G  E  L  S
E  S  T  Z  E  A  A  I  R  E  A
C  I  I  A  R  R  R  R  G  R  R
C  R  R  R  E  E  E  E  T  E  E
O  E  E  E  T  O  S  S  I  R  E
I  G  E  T  O  C  C  A  R  E  E
```

Essere	Avere	Essere/Avere
dispiacere		

L'articolo

L'uso o il non uso dell'articolo davanti a determinati sostantivi dipende qualche volta da vere e proprie "regolette grammaticali" e altre volte dall'uso e dalla standardizzazione della lingua.

A Nomi di luogo

Nomi di luogo:

▸ normalmente i nomi di "luogo" (continenti, nazioni, stati, regioni) hanno l'articolo.	*l'Europa* *l'Asia* *l'Argentina* *il Canada* *il Texas* *la Westfalia* *la Toscana* *il Veneto*

Nomi di città:

▸ in generale i nomi di città non hanno l'articolo;	*Roma* *Atene* *Londra* *Venezia* *New York* *Berlino*
▸ ma hanno l'articolo i nomi di città in cui l'articolo è parte integrante del nome;	*Il Cairo* *L'Aquila* *L'Avana* *La Spezia* *La Valletta* *Il Pireo*
▸ hanno l'articolo anche i nomi di città che rappresentano squadre di calcio.	*la Roma* *il Cagliari* *il Torino* *il Napoli* *il Palermo* *il Bari*

Nomi di isole:

▸ generalmente le grandi isole hanno l'articolo;	*la Corsica* *la Sardegna* *la Sicilia*
▸ così come i gruppi di isole (cioè nomi plurali);	*le Egadi* *le Eolie* *le Tremiti* *le Azzorre* *le Barbados* *le Bermuda* *le Hawaii* *le Maldive* *le Filippine* *le Falkland (le Malvinas)*
▸ e un certo numero di piccole isole italiane;	*l'Elba* *l'Asinara* *il Giglio*
▸ invece in generale le piccole isole non hanno l'articolo;	*Capri* *Filicudi* *Giannutri* *Ischia* *Lampedusa* *Lipari* *Ponza* *Montecristo* *Pantelleria* *Salina* *Stromboli* *Ustica* *Ventotene* *Vulcano* *Favignana*
▸ così come alcune grandi isole dal "fascino esotico".	*Cuba* *Giava* *Haiti* *Sumatra* *Formosa* *Zante* *Cipro* *Creta* *Maiorca* *Malta* *Rodi* *Taiwan*

■ **Israele:**

▷ con il nome dello stato di **Israele** non c'è articolo.	*Israele è uno stato sul Mediterraneo.*

■ **Nomi di monti, fiumi, laghi, valli, vulcani:**

▷ con nomi di monti, fiumi, laghi, valli, vulcani normalmente c'è articolo, ma in alcuni casi si è consolidata la forma senza.	*il Monte Bianco (**ma**: Vetta d'Italia)* *il Po il lago di Garda* *la Val Gardena (**ma** Passo Gardena)* *il Vesuvio*

■ **Nomi di quartieri o zone cittadine, monumenti, fontane, luoghi d'arte:**

▷ con nomi di quartieri o zone cittadine, monumenti, fontane, luoghi d'arte, normalmente c'è articolo, ma in alcuni casi si è consolidata la forma senza;	*il Bronx il Quarticciolo* *il Colosseo la torre degli Asinelli* *(**ma**: Trastevere, Brooklyn, Pigalle, Fontana di Trevi, Palazzo Grassi)*
▷ la stessa regola vale anche per la parola **castello**.	*il Castello Sforzesco* *(**ma**: Castel Sant'Angelo, Castel del Monte)*

■ **Nomi ufficiali di vie, piazze, viali:**

▷ generalmente con i nomi ufficiali di vie, piazze, viali, ecc. non c'è l'articolo.	*Via Nazionale Largo Chigi* *Viale Marconi Piazza San Marco*

Attenzione: I nomi di continenti, nazioni, stati, regioni e grandi isole normalmente **hanno l'articolo:**

l'Europa, l'Asia, L'Argentina, il Canada, il Texas, la Westfalia, il Veneto, la Toscana, la Corsica, la Sicilia.

Ma non c'è articolo con nomi di continenti, nazioni, stati, regioni e grandi isole (se singolari!) quando sono preceduti da preposizione *in* e in qualche espressione consolidata:

*in Africa, in Messico, in Lombardia, in Corsica, in Sicilia (**ma**: negli Stati Uniti e nelle Filippine);*
*la capitale d'Italia (**ma**: la capitale della Norvegia);*
*il re d'Italia, il trono d'Inghilterra, i mondiali di Francia (**ma**: i mondiali del Messico).*

Attenzione: Con tutti i nomi che indicano luoghi e che generalmente non richiedono l'articolo, **bisogna sempre usare l'articolo** quando sono seguiti da specificazione, attributo o complementi:

la Roma fascista, la Berlino degli Anni Trenta, una Venezia diversa, la Cuba di Fidel Castro, l'Israele del dopoguerra, la Via Nazionale degli anni '50, la Piazza San Marco rinascimentale.

5 L'articolo

B Nomi di persone

■ **Nomi (e cognomi) di persona**:

▶ normalmente con i nomi (e i cognomi) di persona non si usa l'articolo.	*Giacomo Giovanni Luca e Matteo.* *Pasolini e Moravia erano amici.*

■ Ma ci sono **molte eccezioni**. L'articolo si usa infatti con:

▶ nomi e cognomi nei dialetti del nord Italia;	*il* Riccardo *la* Giorgia *il* Cerutti
▶ cognomi di donne;	*la* Melandri *la* Pivetti *la* Ferilli
▶ cognomi al plurale (appartenenti a una famiglia);	*gli* Agnelli *i* Montecchi e *i* Capuleti
▶ nomi o cognomi plurali ed enfatici, per indicare simbolicamente quanti, come quelli che sono citati, hanno partecipato a fare qualcosa;	*È grazie ai (vari) Mazzini, ai Garibaldi e ai Cavour che oggi l'Italia è unita.*
▶ cognomi di personaggi famosi (italiani);	*l'*Alighieri *il* Boccaccio
▶ cognomi di artisti per indicare una loro opera;	*un* Picasso *un* Guttuso (= un quadro di)
▶ soprannomi;	*il* Braghettone *il* Sodoma
▶ nomi seguiti da una determinazione limitativa;	*Il Roberto che conosco io non è biondo.* *Il Nerone dei primi anni.*
▶ titoli onorifici seguiti dal nome di persona.	*il* Dottor Rossi *l'*Onorevole De Gasperi *la* Signora Maria *la* Regina Elisabetta *l'*imperatore Caligola *il* Principe Carlo

■ L'articolo però **non si usa** con:

▶ altri titoli più "popolari" o consolidati così dall'uso.	*Comare Teresina* *Compare Turiddu* *Don Vito Corleone* *Donna Letizia* *Frà Cristoforo* *Lady Diana* *Lord Byron* *Madama Dorè* *Mamma Roma* *Mamma Rai* *Mastro Geppetto* *Mastro don Gesualdo* *Monna (Madonna) Lisa* *Monsignor Tonini* *Padre Pio* *Papa Paolo VI* *Re Gustavo* *San Giuseppe* *Ser Lancillotto* *Suor Maria* *Madre Teresa di Calcutta* *Madre Coraggio*

■ I **nomi di familiari** *mamma, papà, nonno, nonna, zio, zia*:

▶ in Italia settentrionale hanno l'articolo;	*La mamma è buona, lo zio Giovanni è simpatico.* (Nord Italia)
▶ mentre in Italia meridionale non ce l'hanno.	*Mamma è buona, zio Giovanni è simpatico.* (Sud Italia)

L'articolo

5

■ I **nomi di stelle, pianeti** e **corpi celesti**:

▶ in alcuni casi non hanno l'articolo;	*Mercurio* *Venere* *Marte* *Giove* *Saturno* *Urano* *Nettuno* *Plutone* *Andromeda*
▶ in altri sì.	**la** *Terra* **la** *luna* **la** *Cometa di Halley*

■ La **parola Dio** non ha articolo *(Dio è grande)*. Ma prende l'articolo se:

▶ è seguita da un nome;	**Il** *dio* <u>*Apollo*</u> *è rappresentato in molte sculture.*
▶ o da un aggettivo;	**Il** *dio* <u>*cristiano*</u> *è stato raffigurato in molte opere d'arte.*
▶ o se è al plurale.	**Gli** <u>*dei greci*</u> *vivevano nell'Olimpo.*

C Altri casi

■ **Determinazioni di tempo, date e festività:**

▶ non hanno in genere articolo i nomi dei giorni, i mesi e alcune festività;	*lunedì* *martedì* *mercoledì* *giovedì* *venerdì* *sabato* *domenica* *gennaio* *febbraio* *marzo* *aprile* *maggio* *giugno* *luglio* *agosto* *settembre* *ottobre* *novembre* *dicembre* *Natale* *Capodanno* *Pasqua* *Ferragosto* *Carnevale* *Ognissanti*
▶ con i nomi dei **giorni della settimana** l'articolo assume un valore "frequentativo" simile nel significato a "*ogni*"; senza articolo si intende invece un particolare giorno;	**La** <u>*domenica*</u> *dormo sempre a lungo.* *(ogni domenica)* **Domenica** *dormirò. (la prossima domenica)*
▶ con i nomi di grandi festività l'articolo è poco usato: non è mai presente dopo una preposizione temporale ed è invece necessario quando il nome della festività è seguito da una specificazione;	**Natale** *è una festa bella./* **Il** <u>*Natale*</u> *è una festa bella.* *Vado in vacanza* **a Ferragosto**. **A Capodanno** *sto con gli amici.* **La** *Pasqua* <u>*ebraica*</u>. **Il** *Natale* <u>*di Roma*</u>.
▶ i nomi dei mesi sono preceduti da articolo solo se seguiti da specificazione;	**il** *gennaio* <u>*del 1956*</u> **il** *maggio* <u>*francese*</u> *l'agosto più caldo* <u>*dell'ultimo secolo*</u>
▶ hanno l'articolo i giorni del mese, gli anni, i secoli e alcune festività.	**il** *primo maggio* **il** *due novembre* **il** *1956* **il** *Trecento* **la** *Pentecoste* *l'Epifania* **il** *XVIII secolo*

5 L'articolo

■ I **numeri**:

▸ normalmente i numeri non sono preceduti da articolo;

▸ ma hanno articolo se indicano una linea di autobus, modelli di macchine o macchinari, aerei, computer, ecc., o sostituiscono il nome di una persona o di una cosa.

trecento euro	*mille persone*

*Prendo **il** <u>trentanove</u>.* (autobus)
*Ho comprato **una** <u>Cinquecento</u>.* (macchina)
***Il** <u>747</u> è grandissimo.* (aereo)
*Ho ancora **il** vecchio <u>386</u>.* (computer)
***Il** <u>10</u> della Roma sta giocando bene.* (calciatore)
*Vuole **la** <u>1</u>, **la** <u>2</u> o **la** <u>3</u>?* (buste per giocare)

■ I **possessivi**:

▸ i possessivi sono sempre preceduti da articolo;

▸ fanno eccezione i possessivi *mio, tuo, suo, nostro* e *vostro* se precedono nomi di parenti non "affettivi" (nel senso che si dice "*mia madre*" ma "*la mia mamma*"), al singolare, non alterati o caratterizzati da aggettivi e specificazioni;

▸ hanno invece l'articolo i parenti "più vecchi" del nonno.

il <u>mio</u> libro   *la <u>mia</u> amica*   *il <u>tuo</u> fidanzato*

mio padre   *tua madre*   *suo fratello*

(**ma:** *il mio padrino, i tuoi fratelli, **la** sua sorella maggiore*)

***il** mio bisnonno*   ***il** mio trisavolo*

■ Gli **indefiniti**:

▸ non hanno articolo gli indefiniti *alcuno, alquanto, chiunque, ciascuno, diverso, mezzo, molto, nessuno, ogni, parecchio, poco, qualsiasi, taluno, tanto, troppo, vari*;

▸ *tutto* seguito da un nome non ha articolo, ma l'articolo precede il nome seguente.

***Chiunque** può capirlo.*
*Alla festa ho conosciuto **diverse** persone.*
*Alla manifestazione c'era **mezza** Roma.*

*tutta **la** gente   tutti **i** libri   tutte **le** cose*
ma: *tutta Italia (e anche: tutta **l'**Italia)*

ESERCIZI

Nel secondo reparto
c'è l'ago Maggiore:

provate a fare un tuffo,
sentirete che bruciore.

Gianni Rodari, "Il museo degli errori"

1 **(A) Inserisci l'articolo solo dove è necessario. Scegli fra quelli della lista. Segui l'esempio.**

<u>la</u> - la - l' - le - il - l' - le - le - le - l' - le - il - le

Ormai è estate.

Prendo la mia barchetta e vado subito verso <u>*la*</u> Corsica. Prima però faccio due soste:
visito _____ Elba e _____ Giglio. _____ Asinara no, perché c'è un carcere.
Subito dopo vado verso sud: punto verso _____ Sicilia, ma prima voglio vedere _____ Capri, _____ Ischia,
_____ Lampedusa, _____ Ponza, _____ Ventotene e certamente _____ Vulcano.
Lo so, sono piccole isole ma con la mia barca non posso certo sperare di raggiungere _____ Bermuda,
_____ Azzorre, _____ Barbados, _____ Filippine, _____ Hawaii o _____ Maldive!

Certo: preferirei vistare _____ Cuba, _____ Giava, _____ Sumatra o _____ Haiti; ma anche _____ Islanda o _____ Madagascar: o almeno ___ Zante, _____ Cipro, _____ Creta, _____ Malta o _____ Rodi. Ma con la mia barchetta non posso andare così lontano.

2 (A - B) Inserisci l'articolo solo dove è necessario. Segui l'esempio.

Nelle isole italiane si incontra anche tanta bella gente!
In Sardegna e in Corsica per esempio è facilissimo incontrare nobili: *la* Regina d'Inghilterra con _____ Principe William e il figlio Carlo! In passato ci andava anche ___ Lady Diana, mentre oggi con Carlo c'è sempre _____ Signora Camilla.
___ Re di Spagna non ci va quasi mai: qualche volta però c'è ___ Imperatore del Giappone.
___ Presidente Napolitano in genere va al mare, ma non in Sardegna.
In Sicilia invece ci sono tanti politici: ___ Onorevole Dell'Utri, _____ Avvocato Pecorella, ___ Ministro Amato e _____ Cavalier Berlusconi naturalmente.
E poi è possibile conoscere anche gente del posto, come ___ Don Vito Corleone, _____ Compare Turiddu, _____ Comare Santuzza, _____ Mastro Don Gesualdo e tanti altri siciliani allegri e simpatici.
A Capri normalmente si incontrano i religiosi.
Ci sono spesso _____ Cardinale Ruini, _____ Monsignor Fisichella, _____ Suor Germana (e qualche volta dicono che ci andava anche _____ Papa Giovanni Paolo II).
___ Fra' Cristoforo è troppo vecchio ma ho letto nei libri di storia che in passato, a Capri, ci andavano _____ San Francesco e _____ Padre Pio.
Alcuni giornali scandalistici raccontano che in luglio, sulla spiaggia, c'era sempre anche _____ Madre Teresa di Calcutta.
Nell'isola di Ventotene invece ci sono personaggi strani: ___ Dottor Carter (quello di E.R., i medici in prima linea!), _____ senatore Andreotti, e ___ Signora Margaret Thatcher (sì, _____ Lady di ferro!).
Anticamente frequentavano Ventotene anche _____ Monna Lisa, _____ Ser Lancillotto e _____ Lord Byron.
___ Professor Umberto Eco normalmente d'estate frequenta solo due posti: _____ Castel Sant'Angelo a Roma o _____ Castello Sforzesco a Milano. Ma una volta a Ventotene c'è stato pure lui con sua moglie, _____ Donna Umberta.
Non vi sembra una buona ragione per viaggiare fra le isole italiane?

3 (B - C) Articolo o no? Scegli la forma corretta.

1. *Il nostro/Nostro* padre è molto severo.
2. *Le mie/Mie sorelle* vanno all'università.
3. Come si chiama *il tuo/tuo* cuginetto?
4. *Il loro/Loro* figlio è all'estero.
5. *Il suo/Suo* fratello minore fa l'avvocato.
6. Hai visto com'è bella *la luna/luna* stanotte?
7. Ci sarà la vita *sul/su* Marte?
8. Il nome *dell'/di* Andromeda viene dalla mitologia greca.
9. Odino è il capo *degli/di* dei nordici.
10. *Il dio/Dio* cristiano è unico.
11. Non credo *nel/in* Dio.
12. *Il settembre/Settembre* è bellissimo in Sardegna.
13. Sono nata *il 25 aprile/25 aprile*.
14. Odio *il lunedì/lunedì*.
15. *Il Trecento/Trecento* è un periodo molto interessante nella storia della letteratura italiana.
16. *Gli Ognissanti/Ognissanti* viene a ottobre.
17. Eravamo in più *dei/di* centomila al concerto.
18. *L'ottantatré/Ottantatré* non passa mai!
19. Tutti *i miei/miei* amici sono partiti.
20. *Gli alcuni/Alcuni* preferiscono andare al lavoro in autobus.

4 **(B) I Paperoni d'Italia - Articolo o no? Inserisci l'articolo determinativo solo dove è necessario. Segui l'esempio.**

Chi sono *gli* uomini più ricchi d'Italia?

Secondo un'inchiesta del 2004-2005 di Forbes _____ Italia ha solo _____ tredici persone che fanno parte della lista dei 500 miliardari al mondo. Solo se hai più di un miliardo di dollari puoi entrare nella classifica, quindi _____ Signor Rossi, con il suo stipendio da impiegato, non ci sarà mai. _____ Paperone italiano più povero è _____ Signor Marcegaglia, un industriale italiano dell'acciaio, dopo di lui troviamo l'unica donna: Miuccia, _____ Prada, rappresentante della casa di moda famosissima il cui negozio di Manhattan è stato considerato quasi allo stesso livello architettonico di un museo famosissimo: _____ Guggenheim.

_____ Bulgari, una famiglia di gioiellieri che si occupa anche di altri prodotti di lusso mantiene alto il nome dell'Italia al trecentosettantottesimo posto della lista totale, preceduta da un altro nome importante Callisto Tanzi, della Parmalat.

_____ Rossi di Montelera, la famiglia del famoso aperitivo _____ Martini, si trovano al numero duecentonovantatre preceduti da un altro esponente della moda italiana: _____ Armani che si trova in classifica con _____ re della cioccolata, Michele Ferrero. Chi non ha mai provato il suo prodotto più famoso, _____ Nutella? Ci avviciniamo alla cima della classifica italiana con un amante della mountain bike: Ennio Doris, amministratore capo di Mediolanum, una società finanziaria e di assicurazioni.

Al quarto e al terzo posto troviamo due rappresentanti della moda italiana: _____ fondatore di Max Mara, _____ Achille Maramotti e _____ Benetton e famiglia. La moda sembra aver preso il posto dell'industria automobilistica, la Fiat. _____ Agnelli, una famiglia importante nel mondo dell'industria italiana, sono ora solo al quinto posto degli italiani più ricchi. La famiglia è la prima tifosa di una squadra famosissima, _____ Juventus, e di una casa di corse mondiale: _____ Ferrari.

Chi troviamo al secondo posto della classifica italiana e al trentanovesimo in quella mondiale: _____ Signor Del Vecchio, presidente di Luxottica, la casa produttrice dei RayBan. Niente male per un uomo che ha passato tutta l'infanzia in orfanotrofio!

Indovinate comunque chi è al primo posto della classifica?

_____ nostro ex Presidente del Consiglio, che è anche _____ Presidente di un'altra squadra famosissima: *la* Milan. Sai come si chiama?

(adattato da: www.forbes.com)

5 **(A - B - C) Se non conosci il nome di questo personaggio leggi le frasi seguenti: alcune di esse contengono un errore nell'uso dell'articolo. Individua le frasi corrette, le lettere abbinate ad esse ti daranno il cognome del Paperone italiano.**

1. Ieri ho incontrato Signora Gerbelli.	E	10. Andrea con i capelli lunghi è il ragazzo di Paola.	P
2. Hai mai visto le torri di Bologna? Pendono anche quelle!	B	11. Oggi ho visto la tua mamma.	S
3. Il fiume più lungo d'Italia è Po.	A	12. In Gran Bretagna regna la Regina Elisabetta.	C
4. Una delle più famose attrici italiane è la Loren.	E	13. Il San Ranieri è il patrono di Pisa.	N
5. Il professor Eco è anche uno scrittore.	R	14. Se continuiamo così distruggeremo la Terra.	O
6. Buongiorno professore, come va?	L	15. 25 aprile è la festa della Liberazione.	A
7. 1989 è stato un ottimo anno per il Barolo.	I	16. La mia sorellina si chiama Simona.	N
8. Chissà se andremo mai a vivere sul Marte.	N	17. Sembra che il Ministro Corrotti abbia contatti con la mafia.	I
9. Mi piace moltissimo il Caravaggio che si trova alla National Gallery di Dublino.	U	18. Infatti il Don Mimmo lo chiama spesso.	A

L'avverbio

L'avverbio è una parte del discorso invariabile: serve a precisare il significato di un verbo, di un nome, di un aggettivo o anche di una intera frase.

A L'avverbio

■ Avverbi di modo:

▶ Moltissimi avverbi sono di **modo** e servono ad indicare **come** un'azione viene svolta.	*Ho vinto la partita **facilmente**.* (in modo facile)

■ Altri avverbi sono:

▶ di **tempo**;	*ieri*	*oggi*	*domani*
	l'altro ieri	*dopodomani*	*stamattina*
	stasera	*stanotte*	*ancora*
	già mai	*ora*	*adesso*
	ormai	*presto*	*prima*
	dopo	*sempre*	*talvolta*
	talora	*spesso*	*qualche volta*
▶ di **luogo**;	*qui/qua*	*lì/là*	
▶ di **quantità**;	*più*	*meno*	*molto*
	poco	*appena*	*abbastanza*
	moltissimo	*sufficientemente*	*piuttosto*
	assai	*troppo*	*affatto*
	altrettanto		
▶ di **giudizio**;	*probabilmente*	*sicuramente*	*certo*
	davvero	*logicamente*	*ovviamente*
	paradossalmente	*mica*	*affatto*
	sì/no	*non*	*esatto*
▶ **esclamativi** e **interrogativi**;	*come*	*dove*	*quando*
	perché	*quanto*	*come*
	mai		
▶ **presentativi** *(ecco)*.	***Ecco** il pane.*		

B La formazione dell'avverbio

■ Molti avverbi sono costituiti da un **aggettivo femminile** + *mente*.	unita-**mente**	pratica-**mente**
	antica-**mente**	grande-**mente**
	ultima-**mente**, ecc.	
■ Se l'aggettivo finisce con -**le** o con -**re**, l'avverbio perde la vocale "*e*".	facile/faci_l_mente	banale/bana_l_mente
	morale/mora_l_mente	celere/cele_r_mente
	posteriore/posterio_r_mente	

■ La vocale "*e*" si perde anche nella formazione di alcuni avverbi che derivano da aggettivi a 4 terminazioni: -*a*, -*o*; -*e*, -*i*.	*benevolmente malevolmente leggermente*
■ Alcuni avverbi di modo riferiti a posizioni del corpo hanno la terminazione **-oni**.	*bocconi ginocchioni penzoloni* *carponi ciondoloni saltelloni*

C Uso dell'aggettivo al posto dell'avverbio di modo

■ L'uso dell'aggettivo (maschile) al posto degli avverbi di modo è consolidato in diverse formule cristallizzate.	*andare* **piano** *giocare* **sporco** *guardare* **brutto** *parlare* **chiaro** *rischiare* **grosso** *tenere* **duro** *tirare* **diritto** *vederci* **chiaro** *vestire* **leggero** *volare* **alto**
■ La lingua della pubblicità ha reso più frequente questo uso (per esempio "*mangiare sano*": significa qualcosa di più di "*mangiare in modo sano*". Significa infatti "*essere sano*", sottolinea cioè una caratteristica esistenziale del soggetto più che un modo del suo agire).	*bere* **giusto** *guidare* **sicuro** *vestire* **elegante** *camminare* **svelto** *mangiare* **sano**

D Posizione dell'avverbio

■ Normalmente **un avverbio** occupa la posizione:

▶ prima dell'aggettivo;	*È* **davvero** <u>*grande*</u>. *Sono* **piuttosto** <u>*stanco*</u>. *Lui mi sembra* **altrettanto** <u>*gentile*</u> *di lei.* *È un libro* **estremamente** <u>*interessante*</u>.
▶ dopo il verbo a cui si riferisce.	<u>*Parla*</u> **sempre**. <u>*Lavora*</u> **abbastanza**. <u>*L'ho visto*</u> **recentemente**. <u>*Legge*</u> **continuamente**.

■ Se l'avverbio **si riferisce a un'intera frase**:

▶ la sua posizione è mobile;	**Praticamente** *la storia è questa - La storia è questa,* **praticamente**. **Finalmente** *sei arrivato! - Sei arrivato* **finalmente**!

Grammatica avanzata della lingua italiana

▶ gli avverbi di "giudizio" occupano prevalentemente la posizione iniziale.

Probabilmente è stanco!

■ **Zeppe verbali**:

▶ alcuni avverbi di tempo, di quantità e di giudizio possono avere una posizione da "zeppe verbali", cioè infilarsi fra un verbo ausiliare e il participio passato nei tempi composti.

*Non ho **mai** visto una cosa così.*
*Si è **probabilmente** pentito.*
*Non mi ha **mica** visto.*
*Hai **già** letto quel libro?*
*Avrai **certo** capito la verità.*
*Non ha **certo** risposto.*
*Ho **sempre** saputo che era così.*
*Hai **davvero** esagerato.*
*Non è **affatto** andato.*
*Ho **appena** saputo.*
*Si è **molto** arrabbiato.*
*Ha **troppo** sofferto.*

Avverbi di tempo	Avverbi di quantità	Avverbi di giudizio
ancora	appena	probabilmente
mai	abbastanza	sicuramente
già	sufficientemente	certo
ormai	piuttosto	davvero
spesso	molto	logicamente
sempre	moltissimo	ovviamente
	troppo	paradossalmente
	affatto	mica
		affatto

Gli avverbi possono talvolta essere "alterati" o enfatizzati attraverso la ripetizione o mediante l'uso di suffissi: possiamo infatti dire non solo che una macchina va **pianissimo** o che va **pianino,** ma anche che quel film è **parecchio parecchio** interessante. Una certa diffusione hanno anche espressioni come **subitissimo** *(proprio subito)* e in formulazioni di tipo ironico o pubblicitario non sorprendono neologismi come **semprissimo** *(davvero sempre).*

L'avverbio

6

Chi troppo in alto sale
cade sovente,
precipitevolissimevolmente.

1 **(A) Leggi questo testo di Gianni Rodari. Prova a indicare di che tipo sono gli avverbi <u>sottolineati</u>. Segui l'esempio.**

La parola "piangere"

Questa storia non è <u>ancora</u> accaduta, ma accadrà <u>sicuramente</u> <u>domani</u>. <u>Ecco</u> cosa dice.
<u>Domani</u> una brava, vecchia maestra condusse i suoi scolari a visitare il Museo del Tempo Che Fu, <u>dove</u> sono raccolte le cose di <u>una volta</u> che non servono <u>più</u>, come la corona del re, il tram di Monza, eccetera.
In una vetrinetta un po' polverosa c'era la parola Piangere.
Gli scolaretti di Domani lessero il cartellino, ma non capivano.
"Signora, che vuol dire?"
La maestra spiegò che <u>una volta</u> quella parola era <u>molto</u> usata, e faceva <u>male</u>. Mostrò una fialetta in cui erano conservate delle lacrime: <u>chissà</u>, <u>forse</u> le aveva versate uno schiavo battuto dal suo padrone, forse un bambino che non aveva casa.
"Sembra acqua" - disse uno degli scolari.
"Ma scottava e bruciava" - disse la maestra.
"<u>Forse</u> la facevano bollire, prima di adoperarla?"
Gli scolaretti <u>proprio</u> non capivano, anzi cominciavano <u>già</u> ad annoiarsi. Allora la buona maestra li accompagnò a visitare altri reparti del Museo, dove c'erano da vedere cose <u>più</u> facili, come: l'inferriata di una prigione, un cane da guardia, eccetera, tutta roba che nel felice paese di Domani non esisteva <u>più</u>.

(adattato da "La parola piangere", in Gianni Rodari, "I cinque libri", Einaudi, 1993)

Avverbio	Tipo di avverbio
ancora *sicuramente*	*avverbio di tempo* *avverbio di . . .*

2 **(B) Riscrivi le frasi sui giochi tradizionali italiani trasformando gli aggettivi o le espressioni <u>sottolineate</u> nell'avverbio corrispondente, usando il suffisso *-mente*. Segui l'esempio.**

1. È <u>probabile</u> che le carte da gioco siano state diffuse in Europa dagli Arabi.
1a. *Probabilmente* le carte da gioco sono state diffuse in Europa dagli Arabi.

2. In Italia, nel tempo antico, i giochi di carte per bambini, diedero origine ad un tipo di carta detta tarocco.
2a. In Italia, _____, i giochi di carte per bambini, diedero origine ad un tipo di carta detta tarocco.

3. I quattro semi <u>originari</u> erano: bastoni, coppe, denari e spade.

3a. _____ i quattro semi erano: bastoni, coppe, denari e spade.

4. Questi semi originari vengono ancora usati in carte da gioco <u>regionali</u>.

4a. _____ si usano ancora questi semi originari nelle carte da gioco.

5. Ormai è <u>normale</u> in Italia usare le carte da gioco francesi, con i semi di cuori, quadri, fiori e picche.

5a. Ormai in Italia usiamo _____ le carte da gioco francesi, con i semi di cuori, quadri, fiori e picche.

6. Un gioco di carte <u>tipico</u> italiano è la scopa, che si gioca fra due giocatori o due coppie, con un mazzo di 40 carte.

6a. Un gioco di carte _____ italiano è la scopa, che si gioca fra due giocatori o due coppie, con un mazzo di 40 carte.

7. C'è un altro gioco <u>tradizionale</u> italiano che si gioca con 40 carte e fra due o quattro giocatori. Sai come si chiama?

7a. _____ in Italia si gioca un altro gioco, sempre con 40 carte e fra due o quattro giocatori. Sai come si chiama?

3 **(B - C) Avverbio o aggettivo? Se non conosci il nome del gioco di carte tradizionale di cui si parlava nella frase 7 dell'esercizio precedente, leggi le frasi seguenti. Le lettere corrispondenti a quelle corrette ti daranno il nome di quel gioco.**

1. Quel ristorante in centro è proprio bene! (T)
2. Ho sempre avuto l'impressione che l'italiano fosse più facile del tedesco. (B)
3. Normalmente Aldo si alza presto la mattina, gli piace fare le cose con calma. (R)
4. Si sta benissimo qui a casa tua! Ti verrò a trovare più spesso! (I)
5. Da Peppino si mangia proprio buono! (E)
6. Mio figlio non si comporta cattivo, è solo dispettoso. (N)
7. Ho fatto tutta la Scala Santa ginocchioni! (S)
8. Lo so che è dura ... tieni duramente però, che ce la farai! (A)
9. Mi sembra che Anna stia meglio. (C)
10. Mi hanno detto che quel professore è male. (R)
11. Ieri Paolo ha proprio rischiato grosso. (O)
12. Per accendere la luce, basta sfiorare leggermente l'interruttore. (E)
13. Oggi siamo tutti molti stanchi. (I)
14. Quanto costa quel libro? (L)
15. C'è tanta gente al parco. (A)

Il nome del gioco è __ __ __ __ __ __ __ __

4 (C) **Adesso riscrivi in maniera corretta le frasi sbagliate dell'esercizio precedente.**

1. _____

2. _____

3. _____

4. _____

5. _____

6. _____

7. _____

5 (D) **Inserisci gli avverbi a destra al posto corretto in ogni frase. Segui l'esempio.**

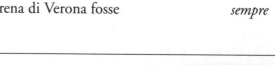

1. La torre di Pisa è pendente!   *davvero*
2. Venezia è una città bella!   *incredibilmente*
3. Sono riuscito ad andare in Italia!   *finalmente*
4. Non ho visto Palermo.   *mai*
5. Le escursioni a piedi sulle Alpi sono piacevoli!   *molto*
6. In alcune zone dell'Alto Adige si parla ladino.   *ancora*
7. Ho saputo che il nome della città Gallipoli significa "la città bella".   *recentemente*
8. Il palazzo Gangi, in cui è stato girato "Il Gattopardo" di Visconti, è stato   *appena*
   aperto al pubblico, dopo il restauro.
9. Anche Richard Wagner è stato ospite di palazzo Gangi.   *sicuramente*
10. Molti leggono con piacere i classici della letteratura italiana.   *ancora*
11. Avrai sentito che il più antico Orto Botanico d'Italia è a Pisa.   *certo*
12. Ho immaginato che vedere l'Aida all'Arena di Verona fosse   *sempre*
    un'esperienza meravigliosa!

Pisa - la torre pendente

Verona - l'Arena

L'avverbio

6

6 (C) Unisci i cartelloni con gli slogan inserendo l'aggettivo corretto in ognuna delle pubblicità. Scegli nella lista.

alto - chiaro - elegante - sano - chiaro - giusto - sereno

a.

b.

c.

d.

e.

f.

1. Votaci, solo noi parliamo _____ e ti garantiamo che vivrai _____.
2. Bevi Chianti, bevi _____!
3. Dieta mediterranea, mangiate _____ e mantenete la linea.
4. Se vuoi vederci _____ scegli gli occhiali Occhibelli.
5. Bello e Sottana, per la donna di gusto che ama vestire _____.
6. Vola sempre più _____, vola AirItalia!

6 L'avverbio

La posizione dell'aggettivo

In generale in italiano gli aggettivi vanno dopo il nome.

A Aggettivi qualificativi

■ Gli **aggettivi qualificativi** sono gli aggettivi che caratterizzano un nome *(un tavolo grande, un libro antico)*.

▶ **Generalmente** questi aggettivi **seguono il nome**.	*Hai una penna **rossa** per favore?* *Questo è un fatto **importante**, non possiamo ignorarlo.*

■ La loro **posizione** nei confronti del nome però **può variare** a seconda di ciò che vogliamo esprimere.

▶ Di solito l'aggettivo **prima del nome** non ne modifica sostanzialmente il senso, ma sottolinea la maggiore "**soggettività**" dell'aggettivo; l'aggettivo dopo il nome dà un carattere di maggiore "**oggettività**".
A parità di significato quindi *un'importante decisione* suona più pesante di *una decisione importante*; allo stesso modo *un'incredibile avventura* sottolinea maggiormente il valore dell'aggettivo "incredibile".

maggiore soggettività:
*Ho preso un'**importante decisione**.*
*Ho avuto un'**incredibile avventura**.*

maggiore oggettività:
*Ho preso una **decisione importante**.*
*Ho avuto un'**avventura incredibile**.*

▶ In altri casi l'aggettivo prima del nome assume un valore "**descrittivo**" generico; non aiuta cioè a identificare il nome a cui si riferisce, ma lo descrive o lo valuta con delle qualità aggiuntive.

valore descrittivo generico:
*Ho dormito nella **nuova casa** di mio fratello.*
  (l'aggettivo "nuova" ha una funzione descrittiva, aggiunge cioè una qualità alla casa, ma non la identifica con chiarezza. Ciò che identifica con chiarezza la casa è infatti l'espressione "di mio fratello").

▶ L'aggettivo dopo il nome invece ha una funzione "**restrittiva**", ne riporta cioè delle caratteristiche essenziali, che aiutano a identificare il nome tra tutti gli altri (quello e non il suo contrario).

valore restrittivo:
*Ho dormito nella **casa nuova**.*
  (l'aggettivo "nuova" serve a identificare con chiarezza la casa e a distinguerla dalle altre: *ho dormito nella casa nuova e quindi non nella vecchia.*)

▶ In questo tipo di costruzioni il senso della frase può cambiare anche in modo significativo perché l'aggettivo posto dopo il nome ha un valore "**fisico**", mentre posto prima del nome prende un senso "traslato": *un libro grande* = un libro di grosse dimensioni; *un grande libro* = un libro bello, di grande valore artistico.

valore fisico:
*Questa è una **idea vecchia**.*
  (già conosciuta, poco originale)

senso traslato:
*Questa è una **vecchia idea**.*
  (non ancora realizzata ma forse attuale e interessante)

▸ Alcuni aggettivi (come ad es. *bello, buono, alto, certo, discreto*) possono poi avere la funzione di **"intensificatori"** del senso del sostantivo. In questa loro funzione **precedono** il nome.

*Un **bel giorno** mi arriva la notizia del mio licenziamento.* (un giorno qualunque, inaspettato)
*Meglio un **buon libro** che guardare la televisione.* (un libro "qualunque", non necessariamente un capolavoro)
*Ha una **discreta età**.* (un'età considerevole, non è certo un ragazzino)

■ Ecco infine alcune informazioni sulla posizione dell'aggettivo qualificativo nelle **espressioni cristallizzate**. L'aggettivo qualificativo:

▸ **precede il nome** in formule cristallizzate in cui il nesso **aggettivo + nome** ha preso un significato proprio;

bella *presenza*   **bella** *vita*
bravo *ragazzo*   **brutta** *esperienza*
brutta *piega*   **buona** *dose*
estrema *difficoltà*   **giusta** *causa*
grande *perdita*   **lunga** *storia*
tacita *intesa*   **vecchia** *gloria*
sana *e* **robusta** *costituzione*
pari *opportunità*

▸ **precede il nome** in formule cristallizzate di uso per lo più giornalistico, consuete nel linguaggio dell'informazione e rifiutate dal parlato comune: si tratta di veri e propri stereotipi linguistici piuttosto banali;

brillante *azione*   **cauto** *ottimismo*
disperato *appello*   **dolorosa** *circostanza*
duro *attacco*   **estremo** *saluto*
ferma *risposta*   **grave** *crisi*
inutile *tentativo*   **lieto** *evento*
splendida *cornice*   **strenua** *difesa*
tenera *amicizia*   **tragico** *incidente*
vile *attentato*   **violento** *incendio*

▸ **segue il nome** in altre espressioni che si sono cristallizzate nella forma **nome + aggettivo** ed è assolutamente improbabile riuscire a rovesciare questa costruzione.

acqua **dolce**   *agente* **segreto**
atti **osceni**   *atto* **ostile**
forze **regolari**   *gesto* **inconsulto**
marito **fedele**   *moglie* **esemplare**
morte **annunciata**   *sangue* **freddo**
settimana **santa**   *velo* **pietoso**

B Aggettivi relazionali

■ Gli **aggettivi relazionali** sono aggettivi qualificativi che hanno la caratteristica di derivare da un nome (*passione* ➤ *passionale, Italia* ➤ *italiano*).

▸ Gran parte di questi aggettivi finisce con i suffissi *-ale, -ico, -ista, -istico, -ano, -oso*. Spesso possono essere sostituiti dalla forma *di* + sostantivo.

In Italia la bevanda **nazionale** *(= della nazione) è il vino.*
Questo è un fatto **storico** *(= della storia), non puoi ignorarlo!*

▸ Proprio per la stretta relazione che si crea fra questi aggettivi e il nome a cui si riferiscono **devono necessariamente seguire il sostantivo**.

Molti film **superficiali** *hanno comunque successo.*
Le invasioni **barbariche** *hanno accelerato la fine dell'*impero **romano**.
Che vita **avventurosa** *che hai!*

C Aggettivi determinativi

■ Gli **aggettivi determinativi** sono i possessivi (*mio, tuo, suo..*), i numerali cardinali (*uno, due, tre…*) e ordinali (*primo, secondo, terzo…*), i dimostrativi (*questo, quello…*), gli indefiniti (*molti, pochi, alcuni*), gli interrogativi (*quale, che…*).

▶ Normalmente questi aggettivi **precedono** il nome.	*Quel giorno ero troppo stanco.* *Pochi luoghi sono più belli di questo.* *A quale numero posso telefonarti?*
▶ Solo i possessivi, specialmente nella lingua parlata, possono occupare una posizione successiva al nome.	*Questo è il libro tuo, non è il mio.* *Tieni, prendi la penna mia, quella è rotta.*
▶ I possessivi seguono il nome anche in alcune espressioni cristallizzate.	*Sono affari miei!* *È colpa tua se nostro figlio è cresciuto così.* *Venite a casa mia stasera?*

D Due o più aggettivi

■ Nel caso di più aggettivi collegati a un nome va detto che:

▶ gli aggettivi di relazione vanno sempre subito dopo il nome;	*La Divina Commedia fa parte del bagaglio culturale italiano.* (nome + agg. relazione + agg. relazione) *Quest'anno ci sono problemi internazionali gravi.* (nome + agg relazione + agg. qualificativo) *Questo è un grave problema internazionale.* (agg. qualificativo + nome + agg. relazione)
▶ **non è possibile** la costruzione *nome + agg. qualificativo + agg. qualificativo*;	Impossibile: * ~~Luigi è un ragazzo onesto sincero.~~ Possibili: *Luigi è un ragazzo onesto e sincero.* *Luigi è un onesto ragazzo sincero.* (*Luigi è un ragazzo sincero, onesto.*) (*Luigi è un ragazzo onesto, sincero.*) *Luigi è un onesto e sincero ragazzo.* *Luigi è un sincero ragazzo onesto.* (*Luigi è un sincero, onesto ragazzo.*) (*Luigi è un onesto, sincero ragazzo.*)
▶ due aggettivi qualificativi possono seguire il nome solo se il primo fa parte di una "cristallizzazione linguistica";	*Quell'uomo ha un **sangue freddo incredibile**.* *L'esercito è formato da **forze regolari preparate**.*
▶ oppure se il secondo ha una funzione restrittiva relativa al nome e al primo aggettivo.	*Non trovo più le **scarpe nere grandi**.* *Hai visto un **libro pesante giallo**, per caso?*

A mali estremi, estremi rimedi.

I **(A - B)** Leggi il testo. Nota la posizione degli aggettivi <u>sottolineati</u> e decidi che tipo di aggettivi sono. Segui l'esempio.

Il professore

Il professor Piscopo era un signore <u>distinto</u>, con una <u>bella</u> barba sale e pepe e i baffetti aglio olio e peperoncino. Quando nel suo <u>bell'</u>accento <u>napoletano</u> raccontava con la stessa enfasi il suicidio di Seneca o l'atterramento di Savoldi*, dentro al bar non si sentiva volare una mosca. Le sue divagazioni sulla natura dell'animo <u>umano</u> e sul significato dell'esistenza erano ascoltate con <u>grande</u> attenzione e alla fine tutti, poiché non avevano capito quasi niente, facevano la faccia <u>triste</u> e si davano delle <u>gran</u> pacche sulle spalle dicendo "Coraggio, amico mio, cosa vuoi farci" e tiravano grandi sospironi.
[…]
Insegnava filosofia al Cavalcanti, il liceo più elegante della città, dove i bidelli erano vestiti in polpe e invece del quarto d'ora d'intervallo c'era un <u>breve</u> cocktail in abito <u>scuro</u>. Di giorno era un insegnante <u>irreprensibile</u>: la notte, invece, vagava per la città col cappello calato sugli occhi, in cerca di amore mercenario.

(adattato da Stefano Benni, "Bar Sport", Feltrinelli, 1976)

Aggettivo	Relazionale	Qualificativo
distinto		X
bella		
bell'		
napoletano		
umano		
grande		
triste		
gran		
breve		
scuro		
irreprensibile		

Note: **Savoldi: nome di un famoso calciatore degli anni '70.*

Stefano Benni (n. 1947) - Giornalista e scrittore dallo stile innovativo e dissacrante. Benni ha iniziato come scrittore underground della sinistra italiana ed è poi diventato giornalista di numerosi quotidiani e riviste. *Bar Sport*, il suo debutto, è una raccolta di racconti brevi su vari personaggi più o meno reali, tipici di un tradizionale Bar Sport di provincia italiano. Dopo il grande successo di *Bar Sport* Stefano Benni ha continuato a pubblicare raccolte di poesie, romanzi, racconti e opere teatrali con uno stile umoristico, quasi grottesco, che mette in ridicolo il malcostume e i vizi della società moderna.

7 La posizione dell'aggettivo

2 (Tutti) Risolvi il cruciverba.

Orizzontali →

1. Il capo della chiesa cattolica.
8. Azioni contro il pudore: atti _____.
10. Solo, particolare.
11. Abbreviazione di "eccetera".
13. Un segnale di richiesta di soccorso.
14. Ministero delle _____ Opportunità.
15. Un uomo di valore e importanza: un _____ uomo.
17. Un uomo alto e grosso: un uomo _____.
18. Uno stipendio alto: un _____ stipendio.
19. Uno, due, _____.
20. Un ragazzo che di solito piace alle mamme: un _____ ragazzo.
22. Una nascita: un _____ evento.
24. Una donna che dimentica tutto: una donna _____.

Verticali ↓

1. L'opposto di "guerra".
2. Il fiume più lungo d'Italia.
3. Associazione Sportiva
4. Una bevanda che contiene teina.
5. Una buona causa è anche una _____ causa.
6. Il plurale di paio.
7. Un incendio molto forte: un _____ incendio.
9. La sigla della provincia di Cagliari.
12. Essere anziani: avere una _____ età.
13. 007 è un agente _____.
16. Una vita di lussi: la _____ vita.
17. La sigla della provincia di Genova.
18. Essere piacevoli allo sguardo: avere una _____ presenza.
21. Una preghiera molto comune: _____ Maria.
23. Organizzazione Nazioni Unite.

3 (A - B - C) Decidi se mettere l'aggettivo prima o dopo il sostantivo. Ricorda che talvolta la posizione dell'aggettivo dipende dal significato che vuoi dare alla frase. A volte dovrai scegliere anche l'articolo appropriato.

(Due) uomini (due) stavano, l'uno dirimpetto all'altro, al confluente, per dir così, delle due viottole: un di costoro, a cavalcioni sul muricciolo basso, con una gamba al di fuori, e l'altro piede sul terreno della strada; il compagno, in piedi, appoggiato al muro, con le (incrociate) braccia (incrociate) sul petto. L'abito, il portamento, e quello che, dal luogo ov'era giunto il curato, si poteva distinguer dell'aspetto, non lasciavan dubbio intorno alla lor condizione. Avevano entrambi intorno al capo una (verde) reticella (verde), che cadeva sul/sull' (sinistro) omero (sinistro), terminata in una gran nappa, e dalla quale usciva sulla fronte un (enorme) ciuffo (enorme): due (lunghi) mustacchi (lunghi) arricciati in punta: una cintura lucida di cuoio, e a quella attaccate (**due**) pistole (**due**): un (**piccolo**) corno (**piccolo**) ripieno di polvere, cascante sul petto, come una collana: un manico di coltellaccio che spuntava fuori d'un taschino *degli/dei* (**ampi e gonfi**) calzoni (**ampi e gonfi**): uno spadone, con una (**grande**) guardia (**grande**) traforata a lamine d'ottone, congegnate come in cifra, forbite e lucenti: a prima vista si davano a conoscere per individui della specie de' bravi.

(tratto da Alessandro Manzoni, "I promessi sposi", 1840)

Alessandro Manzoni (1785 - 1873) - Scrittore, critico, poeta e autore di teatro, Manzoni è uno dei maggiori esponenti della letteratura italiana. Il suo intento dichiarato era scrivere per quello che lui definiva il "popolo", cioè le classi medie, colte e impegnate della società del tempo. *I promessi sposi* non è solo uno dei romanzi storici più belli del periodo, ebbe infatti anche una grande importanza per lo sviluppo della lingua italiana.

4 **(A - B) Scegli nelle frasi la sequenza corretta.**

1. Guarda che strano! Sono andata al mercatino dell'usato e ho trovato un'interessante edizione delle poesie di Ungaretti per pochi euro! Per di più è in ottime condizioni, anzi, è un ***nuovo libro/libro nuovo***.
2. Pensa che Ottavio è diventato un ***alto funzionario/funzionario alto*** del Ministero degli Esteri!
3. Molti credono fermamente nell'importanza del ***libero mercato/mercato libero***.
4. Il caro Ricacci, dopo lo scandalo finanziario, è diventato un ***pover'uomo/uomo povero***.
5. Hai comprato il ***nuovo libro/libro nuovo*** di Aldo Nove?
6. Aldo e Claudia si conoscono da quando andavano a scuola, sono ***vecchi amici/amici vecchi***.
7. Hai sentito di Emilio? ***Pover'uomo/Uomo povero***!
8. Guarda che la storia del riscaldamento è un ***vero problema/problema vero***, mica me la sono inventata!
9. Mi scusi signora, vorrei farle una ***semplice domanda/domanda semplice***: "Sarebbe interessata a un'enciclopedia per suo figlio?"
10. Madre Teresa di Calcutta era proprio una ***bella persona/persona bella***!
11. Ma come! Non sai nemmeno quante regioni ha l'Italia? Ma se è una ***semplice domanda/domanda semplice***!

5 **(A - B) Accoppia i sostantivi e gli aggettivi che trovi nel riquadro qui sotto, usa poi le coppie trovate per completare i titoli dei giornali scandalistici.**

Aggettivi	Sostantivi
disperato	azione
tenera	risposta
duro	amicizia
grave	appello
brillante	attacco
ferma	crisi

1

_____ _____

dell'ONU per la siccità in Africa.

Bruxelles.
Il rappresentante dell'ONU ha chiesto urgentemente aiuto ai membri delle Nazioni Unite. La situazione nell'Africa Orientale è drammatica a causa della siccità ...

2

_____ _____

economica.

Roma.
Il Presidente del Consiglio ha dovuto ammettere che il nostro Paese sta attraversando un periodo di crisi. Il governo ha comunque un programma di risanamento che ...

3

_____ _____

di Cotti!

Milano.
Il centravanti della Juventus Cotti ha salvato la squadra nella partita di domenica scorsa contro il Milan ...

4

_____ _____

dal Vaticano.

Roma.
Il pontefice ha incontrato oggi alcuni rappresentanti dei comitati etici. La Chiesa, ha ribadito il papa, è fortemente contraria a ogni sperimentazione genetica e non avalla alcun tipo di manipolazione dell'embrione.

5

_____ _____

di Larucci.

New York.
Il professor Larucci, ordinario di Storia Moderna alla Cattolica di Milano, ha risposto a tono ad un giornalista del New York Times che durante una conferenza ...

6

Brad e Anna: _____
_____

Venezia.
L'attore Brad Zitt e l'attrice Anna Razzi stanno passando molto tempo insieme in questi giorni. I due attori, entrambi a Venezia in occasione del festival del cinema ...

6 (D) Inserisci gli aggettivi tra parentesi accanto ai sostantivi in neretto nelle frasi. Fa' attenzione a metterli al posto e nell'ordine corretto.

Vediamo alcune statistiche

1. La **popolazione** nel 2003 era di 57,4 milioni, al 22esimo posto nella classifica mondiale. *(totale, italiana)*
2. Nel 2005 la **percentuale** di italiani sopra i 60 anni era 25,6%, al secondo posto nella classifica mondiale, dopo il Giappone. *(corretta, ufficiale)*
3. Parigi, la **capitale**, aveva nel 2005 il maggior numero di abitanti in Europa. *(bellissima, francese, elegante)*
4. Il **prodotto** pro capite più alto nel mondo lo si ha in Lussemburgo. L'Italia è al 22esimo posto. *(lordo, interno)*
5. L'Italia è al sesto posto fra i **produttori** di frutta e verdura. *(mondiali, grandi)*
6. Il caffè è una delle **bevande** in Italia, infatti la nostra nazione è al quinto posto fra i consumatori mondiali. *(calde, preferite)*
7. **Nazione** compra anche molto cacao, si trova infatti fra i 10 maggiori consumatori mondiali. *(nostra, questa)*
8. La **compagnia** Assicurazioni Generali è al 29esimo posto fra le aziende con maggior giro d'affari nel mondo. *(assicurativa, italiana)*
9. Il **Paese** ha attratto circa 40.000 turisti nel 2005, collocandosi così al quarto posto nella classifica mondiale. *(nostro, bel)*
10. Ma ai **connazionali** piace anche viaggiare e l'Italia è al sesto posto nella classifica delle spese fatte in vacanza. *(spendaccioni, nostri)*

Le preposizioni

Le preposizioni sono invariabili e possono accompagnare un nome, un pronome, un avverbio o un verbo all'infinito, con moltissimi significati diversi.

A La preposizione DI

La preposizione *di* normalmente:

▶ indica una **proprietà**, sia nel senso di **possesso** e **appartenenza** sia nel senso di una **caratteristica specifica**, propria di qualcuno o qualcosa. Nella terminologia grammaticale tradizionale è indicata come la preposizione che introduce il **complemento di specificazione**, corrispondente al caso **genitivo** latino;

il libro di Emilia
una persona di trent'anni
un cittadino di Roma
un giocatore della Nazionale di calcio
il direttore della scuola

▶ indica una **specificità** di una persona o di una cosa: questa caratteristica può riguardare il **materiale**, la sua **origine** o **provenienza**, la sua **qualità**, le sue **dimensioni**, la sua **età**, la sua **tipologia** o la sua **razza**, la sua **denominazione**;

un foglio di carta (materiale)
un tipico dolce di Napoli (origine)
un uomo di talento (qualità)
un palazzo di 6 piani (dimensioni)
una donna di quarant'anni (età)
un libro di economia (tipologia)
l'isola di Ponza (denominazione)

▶ assume un **valore enfatico**, nella costruzione *quello* + **aggettivo** + *di* + **nome** oppure *tanto* + *di* + *quello* + **nome**;

Quello stupido di tuo fratello è sempre in ritardo!
Ho tante di quelle cose da fare che non immagini!

▶ indica un **campo di riferimento** o un **argomento**, delimitandolo rispetto ad altri: questo **valore limitativo** (che comprende anche il senso di **abbondanza**, **privazione** e **colpa**) può riguardare non solo un **argomento**, ma anche estendersi al senso **partitivo** (una parte limitatamente a qualcosa) o al **paragone** (più o meno rispetto, limitatamente a qualcosa). In questo valore limitativo la preposizione di si trova in numerosi costrutti standardizzati;

privo di fascino   *pieno di qualità*
colpevole di omicidio   *un libro di filosofia*
cento di questi giorni!   *più bello di me*

Costrutti standardizzati:
borsa di studio   *capo d'abbigliamento*
carta d'identità   *casa d'appuntamenti*
colpo di stato   *disegno di legge*
parola d'ordine   *punto di vista*
titolo di studio

▶ assume un **valore strumentale o modale** (risponde cioè alla domanda *come?*, *in che modo?*) e può essere usato in un gran numero di formule che talvolta sostituiscono un avverbio in *-mente*;

d'accordo   *di bene in meglio*   *di gusto*
di corsa   *di punto in bianco* *di diritto*
di fatto   *di fretta*   *di moda*
d'improvviso *di nascosto*   *di persona*
di spalle   *di sana pianta*   *di qualità*
di spirito   *di questo passo*   *di cuore*

▶ in alcune formule, assume **valore temporale**: in particolare può essere collegato a nomi di mesi, o di stagioni, di giorni o parti del giorno ed è presente in numerose locuzioni avverbiali con valore temporale;

di maggio   *d'aprile*   *di luglio*
d'estate   *d'inverno*   *di primavera*
d'improvviso *di nuovo*   *di sera*
di lunedì   *di mattina*   *di recente*

Le preposizioni

⑧ Le preposizioni

▶ può assumere un **valore locativo**: per lo più indica un **moto da luogo**, ma, nelle formule *di qua* e *di là* può anche essere **stato in luogo**, **moto per luogo** o **moto a luogo**. Nelle costruzione *di... in* il senso è di **moto da luogo** figurato o ha un carattere genericamente distributivo;

*Andiamo **di** là.*
*Fuori **di** qui!*

__Di__ giorno __in__ giorno miglioro il mio italiano.
__Di__ anno __in__ anno diventi sempre più bella.

▶ in alcune espressioni ha un **valore causale** (o di agente), spesso usato indifferentemente in alternanza alla preposizione *da*;

*morire **di** (dalla) noia*
*bruciare **di** (dalla) passione*
*tremare **di** (dalla) paura*

▶ nella forma articolata singolare *del/dello/dell'/della* serve anche per introdurre il "**partitivo oggetto**" nel senso di *una certa quantità di, un po' di*;

*Hai **delle** sigarette?*
*Vuoi **dell'**acqua fresca?*

▶ nella forma articolata plurale *dei/degli/delle*, viene usata, con senso analogo al precedente, come plurale dell'articolo indeterminativo;

*Ho conosciuto **delle** persone simpatiche.*
*Ho **delle** caramelle: ne vuoi una?*

▶ viene usata in diverse locuzioni;

*a destra **di***	*da parte **di***	*a favore **di***
*in compagnia **di***	*a fianco **di***	*in presenza **di***
*a forza **di***	*invece **di***	*a furia **di***
*nel giro **di***	*al di là **di***	*nei limiti **di***
*alla luce **di***	*alle spalle **di***	*a opera **di***
*a proposito **di***	*a scanso **di***	*a seconda **di***
*a seguito **di***	*a sinistra **di***	*prima **di***

▶ si usa spesso dopo *sopra, sotto, su, dopo, dietro, senza* quando sono seguiti da un pronome personale;

*sopra **di** me*   *sotto **di** te*
*dopo **di** voi*   *dietro **di** lui*

▶ è caratteristica nella costruzione di alcuni verbi;

*lamentarsi **di** qn o qc*	*occuparsi **di** qn o qc*
*ricordarsi **di** qn o qc*	*dimenticarsi **di** qn o qc*
*avere compassione **di** qn*	*essere in grado **di** fare*
*innamorarsi **di** qn o qc*	*rendersi conto **di** qc*
*essere degno **di** qc*	*avere voglia **di** qc*
*decidere **di** fare*	*uscire **di** /da qc*
*discutere **di** qc*	*fingere **di** fare*
*fidarsi **di** qn*	*soffrire **di** qc*
*trattare **di** qc*	*finire **di** fare*
*ridere **di** qn*	*contare **di** fare*

▶ è necessaria in alcune espressioni standardizzate.

*andarci **di** mezzo*   *dare **del** tu*
*fare **di** tutto*   *tenere **d'**occhio*
*cospargersi il capo **di** cenere*

B La preposizione A con valore locativo e temporale

■ La preposizione *a* è molto usata per parlare delle determinazioni nello spazio e nel tempo. Ecco alcuni usi:

▶ può segnalare una **destinazione** nello spazio o nel tempo, anche in senso figurato. Nella terminologia grammaticale tradizionale è indicata come la preposizione che introduce il *complemento di termine*, corrispondente al caso dativo in latino. Si usa in modo particolare con i verbi del "comunicare" e del "dare" (*a qualcuno*);

> Ho dato un libro **a Michele**.
> Ho detto qualcosa **a Danila**.
> Regalo una cravatta **a Roberto**.
> Scrivere **a qualcuno**.
> Domandare **a qualcuno**.
> Rispondere **a qualcuno**.

▶ nelle determinazioni di spazio può indicare sia uno **stato in luogo** sia un **moto a luogo**, spesso in alternanza con la preposizione *in* (che si usa obbligatoriamente davanti a nome di nazione, di regione e di grande isola). Il valore locativo può anche riferirsi alla distanza per raggiungere un luogo;

	a casa, al cinema, al mare, al museo, al parco, a scuola, allo stadio, a teatro
	a Palermo, a Torino, a Venezia
Stare	*a Trastevere, a Manhattan, a Pigalle*
Essere	
Andare	*a Capri, a Cuba, all'Isola d'Elba, a piazza Mazzini*
	al freddo e al gelo, all'ombra, a due passi
	a tre chilometri di distanza

▶ nel suo **valore temporale** determina un orario, un mese, un'età. Normalmente indica con precisione un certo momento.

> **alle** tre e un quarto   **al** tramonto
> **a** mezzogiorno   **a** gennaio
> **all'**alba   **a** diciotto anni

> **A quelle parole** mi sono arrabbiato.
> **All'ultimo minuto** abbiamo vinto.
> **Alla fine** tutto è andato bene.

C La preposizione A con valore modale

■ La preposizione *a* introduce numerosissime espressioni di valore strumentale o modale. Tra queste:

▶ hanno sempre valore modale le caratteristiche di alcuni alimenti cucinati in una certa maniera;

> bistecca **al sangue**   minestrone **al pesto**
> spaghetti **al tartufo**   pasta **al sugo**

▶ le espressioni che hanno il significato di "*secondo lo stile di*", "*alla maniera di*" usate in particolare (ma non solo) con determinazioni di tipo geografico.

> bistecca **alla fiorentina**   carciofi **alla giudia**
> cotoletta **alla milanese**   fegato **alla veneziana**
> gabinetto **alla turca**   vestirsi **alla francese**
> western **all'italiana**

8

Espressioni di valore strumentale o modale introdotte dalla preposizione *a*:				
a braccio	*a gas, a petrolio*	*a occhio*	*a rate*	*a terra*
a bruciapelo	*alla grande*	*all'opera*	*a regime*	*a testa alta*
alle brutte	*all'incirca*	*a pari merito*	*a ruba*	*a tradimento*
a buon rendere	*alla lettera*	*alla peggio*	*a ruota libera*	*a tu per tu*
a caldo	*a lungo*	*a pezzi*	*a schiaffi*	*a tutti gli effetti*
a capo	*a macchina*	*a piedi*	*a sé stante*	*a tutti i costi*
a cazzo (volgare)	*a malincuore*	*a poco a poco*	*al sicuro*	*a tutto gas*
a cavallo	*a mano*	*a portata di mano*	*a spese (mie, tue...)*	*a vanvera*
a chiare lettere	*alla mano*	*a posteriori*	*alla spicciolata*	*a vista*
a colori	*a memoria*	*a posto*	*a stento*	*a vita*
a costo zero	*a mia volta*	*alle prime armi*	*a strozzo*	*a voce*
a due piazze	*a momenti*	*a priori*	*a suo tempo*	*al volo*
a fondo	*a monte*	*a proposito*	*a tempo*	*a volontà*
a fuoco	*a muso duro*	*a ragion veduta*	*a tentoni*	*a volte*
a galla	*a non finire*			

D Altri casi della preposizione A

■ La preposizione *a* ha un **valore limitativo** (con il senso di "*se vogliamo considerare questo aspetto*", "*limitatamente a questo*") in una serie di espressioni.

A suo dire la verità è questa.
A mio parere (a parer mio) dovremmo fare così.
A nostro avviso questa non è la soluzione migliore.
Come va *a soldi*?
A chiacchiere non lo batte nessuno.
A giudicare dal risultato non hai fatto un gran lavoro.

■ Il **valore finale** della preposizione *a* può essere considerato sia quello proprio della costruzione con il verbo *andare*, sia quello della costruzione **aggettivo+a** oppure **nome+a**;

andare *a funghi*   andare *a incominciare*
andare *a pesca*   andare *a spasso*
disposto *a tutto*   sei pronto *a partire*?
un'iniziativa *a conferma* della nostra buona volontà

■ La **funzione distributiva** della preposizione *a* si riconosce nelle costruzioni del tipo "*a... a*" e in espressioni in cui la preposizione ha il significato di "*ogni*".

A uno a uno tutti i ricercati sono stati arrestati.
I bambini camminano in fila, *a due a due*.
Lavoriamo otto ore *al giorno*.
Ci incontriamo quattro volte *al mese*.
Abbiamo venti giorni di vacanza *all'anno*.

■ Con la preposizione *a* è possibile **fissare una quota** o un costo che normalmente è oscillante.

A quanto sta oggi il dollaro? - *Sta a* un Euro e 28 centesimi.
Ho comprato del vino buonissimo *a 15 euro* al litro.
In quel negozio vendono libri *a metà prezzo*.
Il valore di questo oggetto ammonta *a 2 mila euro*.

■ La preposizione *a* indica il **destinatario** di un beneficio o di un danno.

A me sarà utile leggere quel libro.
Farà bene anche *a te*.
Se ti comporti così *a lui* fa comodo.
Puoi fare un piacere *ai tuoi genitori*?

Alcune delle locuzioni più usate con la preposizione *a*:			
assieme a	*grazie a*	*insieme a*	*rispetto a*
con riferimento a	*in base a*	*intorno a*	*vicino a*
dietro a	*in fondo a*	*oltre a*	*al che*
di fianco a	*in mezzo a*	*quanto a*	*a meno che*
di fronte a	*in seguito a*	*riguardo a*	*a parte*
fino a			

8 Le preposizioni

E La preposizione A con i verbi

■ La preposizione *a* introduce numerosissime espressioni di valore strumentale o modale. Tra queste:

▸ con i verbi del dire (*dire, promettere, proporre, rispondere*, ecc.) e con i verbi del dare (*dare, offrire, porgere, regalare*, ecc.);

*Hai comprato il motorino! L'**hai detto a** Luisa?*
*Vorrei **regalare** questo libro **a** Marco, che ne pensi?*

▸ con verbi che hanno facilmente un complemento retto dalla preposizione *a*;

aggiungere a qc	*apparire a qn*
appartenere a qn	*assistere a qc*
avvicinarsi a qn o qc	*concedere a qn*
corrispondere a qc	*costringere a fare*
dare atto a qn	*esortare qn a qc*
essere caro a qn	*fare riferimento a qc*
nascondere a qn	*obbligare a fare*
permettere a qn	*resistere a qn, a qc*
riuscire a fare	*sopravvivere a qc*
sottrarre a qn	*spingere a fare*
stare attento a qn o qc	*togliere a qn, a qc*

▸ in alcune espressioni codificate;

*avviarsi **a conclusione***
*avere **a che fare** (con qn o qc)*
*colpire/ferire **a morte***
*darla **a bere** (a qn)*
*entrare **a far parte** (di qc)*
*estrarre **a sorte***
*fare **a meno** (di qn o qc)*
*prenderla **alla lontana***

▸ nelle costruzione di frasi basate su verbi impersonali;

accadere (mi accade, accade a me)
andare (gli va, va a lui)
bastare (ti basta, basta a te)
capitare (le è capitato, è capitato a lei)
convenire (ci conviene, conviene a noi)

costare	*dispiacere*	*giovare*	*importare*
interessare	*occorrere*	*piacere*	*premere*
rincrescere	*riuscire*	*seccare*	*spettare*
stupire	*succedere*	*toccare*	

▸ nelle costruzioni ***stare a* + infinito**.

*Che stai **a fare**?*
*Stiamo **ad aspettare** l'autobus.*

F La preposizione DA

■ La preposizione *da* ha numerosi significati, qualche volta perfino in contraddizione fra loro. Può esprimere:

▸ la **provenienza**, un punto d'origine nello spazio e nel tempo (qualche volta nel nesso: ***da... a***);

*Vengo **dalla** Francia.*
*Il treno **da** Napoli arriva tra mezz'ora.*
*L'italiano deriva **dal** latino.*
*Lavoro **dalle** 9 <u>alle</u> 13.*

▶ l'**agente**, ovvero chi compie l'azione espressa da un verbo in forma passiva;

*La Pietà è stata scolpita **da** Michelangelo.*

▶ la **causa** che determina un fatto, l'origine di un evento;

*Non riesco a parlare **dal** nervosismo.*

▶ la **fonte**, l'origine di una informazione o di una condizione;

*L'ho saputo **dalla** televisione.*
*Vedo che sei spaventato **dal** tuo sguardo.*
***Dall'**accento sembri dell'Italia del sud.*

▶ **moto per luogo** (o attraverso luogo);

*Passo **da** casa a prendere la valigia.*
*Ho guardato **dal** buco della serratura.*
*Mi sono affacciato **dal** finestrino.*

▶ **separazione**;

*Ha divorziato **da** suo marito.*
*Allontanati **da** me!*
*Sei diverso **da** tuo fratello.*

▶ **moto verso persona**;

*Vado **dai** miei genitori.*
*Salgo in ufficio **dal** direttore.*
*Stasera ceniamo tutti **da** Giggetto.*
*Passo un momento **dal** benzinaio.*

▶ un **momento particolare** della vita passata o futura. Per questo *"da studente"* può significare sia quando una persona era studente, sia quando una persona sarà studente;

***da** bambino*
***da** grande*
***da** studente*
***da** vecchio*

▶ un **periodo di tempo** di qualcosa che è ancora attuale nel momento in cui si parla.

*Mio fratello vive in Spagna **da** 3 anni.*
*Ormai sono ingegnere **da** 12 anni.*

▶ la **funzione** propria di un determinato oggetto, lo scopo cui è destinato: in italiano ci sono numerosissime espressioni di questo tipo;

*abito **da** sera*
*biglietto **da** visita*
*camera **da** letto*
*carta **da** lettere*
*costume **da** bagno*
*macchina **da** corsa*

*marca **da** bollo*
*occhiali **da** sole*
*schiuma **da** barba*
*spazzolino **da** denti*
*tipo **da** spiaggia*
*tuta **da** lavoro*

▶ la **conseguenza**, il risultato che deriva da qualcosa (detto spesso in modo enfatico o scherzoso);

*uno stipendio **da** fame*
*un problema **da** ridere*
*bello **da** morire*
*buono **da** impazzire*
*stanco **da** svenire*

▶ la **comparazione** quando si vuole segnalare una diversità.

*Io sono diverso **da** mio padre.*
*Questa marca di patatine è diversa **da** quella che ti avevo chiesto.*

Da notare l'uso della preposizione **da** con il nome di determinati negozi quando il termine usato per esprimerli si riferisce direttamente al negoziante. Per cui si dice **andare**:

dal calzolaio - in calzoleria	**dal** carrozziere - in carrozzeria	**dal** giornalaio - all'edicola
dal benzinaio - al distributore	**dal** meccanico - all'officina	**dal** panettiere - in panetteria
dal sarto - in sartoria	**dal** tabaccaio - in tabaccheria	**dal** gelataio – in gelateria

G La preposizione IN

■ La preposizione **in** ha un **valore inclusivo**, di collocazione nello spazio e nel tempo.

▶ Il suo senso **locativo** è valido sia nello **stato in luogo** che nel **moto a luogo**;	*Mi piace molto vivere **in** Italia* *Vorrei andare **in** Australia questa estate.*
▶ il valore **temporale** esprime un tempo continuato e circoscritto, tutto quello cioè compreso in termini d'inizio e di fine ben definiti.	***In** due settimane ho fatto tutto.* ***In** quel periodo stavo proprio male.*

H La preposizione IN con valore locativo

■ Il significato locativo di **in** è parallelo a quello di **a**. In particolare **in** si usa con verbi di stato o di movimento davanti a:

▶ nomi di nazione e continenti;	*in Europa*	*in Italia*	***negli** Stati Uniti*
▶ nomi di grandi isole e di regioni;	*in Sardegna*	*in Corsica*	*in Toscana*
▶ nomi di vie.	*in Via Nazionale*	*in Viale Marconi*	

■ Si usa inoltre per indicare lo **stato in luogo** e anche il **moto a luogo**.	*in centro* *in chiesa* *in città* *in palestra* *in periferia* *in ufficio* *in ferie* *in vacanza*
■ Da notare l'uso un po' burocratico di **in** con il nome di città quando si indica la residenza anagrafica.	*Le presento il dott. Silvano Roi, residente **in** Oslo.*

I La preposizione IN con valore temporale

■ Con un nome di mese e di stagione oppure con un anno o un secolo, **in** significa "all'interno di".	*È partito **in** settembre.* ***In** autunno cadono le foglie.* ***In** primavera le giornate sono più lunghe.* ***Nel** 1956 a Roma c'è stata una famosa nevicata.* *Un grande scrittore nato **nel** XIX secolo.*
■ In particolare **in** può indicare tutto il tempo entro il quale un determinato fatto ha il suo svolgimento.	*Ho finito quel **lavoro in** tre giorni.* ***In** quanti giorni pensi di concludere quest'affare?*

Le preposizioni

⑧

■ La preposizione *in* si usa in alcune locuzioni temporali.	*in* breve *in* quel mentre *in* seguito *in* un batter d'occhio *nel* frattempo
■ La preposizione *in* (articolata) + l'infinito di un verbo può avere valore temporale.	*Nel* venire qui ho incontrato un amico. (= mentre stavo venendo)

L   Altre funzioni della preposizione IN

■ Numerose sono le espressioni introdotte da *in* con un **valore strumentale** o modale.	*in* accordo *in* aereo *in* anticipo/ritardo *in* attesa *in* ballo *in* bicicletta *in* contanti *in* cuor mio *in* fin dei conti *in* flagrante *in* fretta *in* grande *in* macchina *in* musica *in* nave *in* pace *in* parte *in* parole povere *in* persona *in* pieno *in* pianta stabile *in* realtà *in* silenzio *in* tempo *in* treno *in* piedi *in* permanenza
■ Alcune **specialità gastronomiche** possono essere definite attraverso l'uso della preposizione *in* che caratterizza il modo in cui sono preparate.	pasta *in* bianco pesce *in* umido
■ Anche il **modo in cui ci si veste** può essere introdotto dalla preposizione *in*.	dormire *in* pigiama sposarsi *in* bianco presentarsi *in* giacca e cravatta vestirsi *in* lungo
■ *In* delimita anche un **campo di riferimento** all'interno del quale una persona si distingue.	elegante *nei* modi laureato *in* filosofia ferito *nell'*onore dottore *in* medicina una persona veloce *nell'*agire incapace *nei* lavori manuali essere bravo *in* qualche cosa
■ Normalmente la materia di cui è fatto un qualcosa si esprime con la preposizione *di*. Tuttavia, se si vuol dare maggior risalto al **materiale** o quando questo è particolarmente pregiato, si può ricorrere alla preposizione *in*.	una scultura *in* bronzo un vestito *in* seta cinese un soprammobile *in* avorio
■ Specialmente abbinata alla preposizione *da*, ma anche autonomamente, *in* si usa per indicare una trasformazione o un **cambiamento** da uno stato a un altro.	Si è trasformato <u>da</u> persona tranquilla *in* una belva. Cambiare dollari *in* euro. Tradurre *in* una lingua straniera. Andare *in* crisi, *in* fumo, *in* pezzi, ecc.
■ Il **valore finale** della preposizione *in* è tipico di alcune espressioni cristallizzate.	portare *in* dono fare qualcosa *in* memoria di qualcuno un monumento *in* ricordo di un certo episodio
■ *In* può indicare una **quantità**: anche in questo caso però mantiene in parte il suo valore modale.	Hanno partecipato *in* massa alla manifestazione. *In* quanti sono rimasti? *In* molti o *in* pochi? Ieri alla festa eravamo solo *in* sette. Non ci si può sedere a tavola *in* tredici.

Le preposizioni

▪ La preposizione *in* si usa in alcune locuzioni.	*in* alto　　*in* basso　　**nei** limiti　　*in* fin dei conti *in* dentro　　*in* fuori　　*in* generale　　*in* su e in giù
▪ Sono tipici infine alcuni costrutti verbali che reggono o includono la preposizione *in*.	*avere fiducia* **in**　　*confidare* **in** *credere* **in**　　　*consistere* **in** *imbattersi* **in**　　*includere* **in** *riuscire* **in**　　　*sperare* **in** *dare* **in** *moglie*　　　*essere* **nelle** *mani di qn* *lasciare* **in** *eredità*　*mettere* **in** *luce* *portare* **in** *dono*　　*prendere* **in** *giro*

M) La preposizione CON

▪ Il valore principale della preposizione **con** è quello di aggiunta, compagnia, partecipazione. Più precisamente può:

▸ indicare una **relazione** o una corrispondenza;	*Vorrei un panino* **con il prosciutto**. *Vado al cinema* **con** *(anche insieme con)* **Maria**. *Non sono d'accordo* **con te**. *Questo coincide* **con quello** *che sapevo*.
- questa aggiunta può essere qualitativa ma anche causale;	*Una macchina* **con carrozzeria** *metallizzata*. **Con il braccio rotto** *non posso lavorare*. **Con questo sole** *possiamo prendere la tintarella*. **Con il diploma** *che hai non trovi lavoro?* **Con tutto ciò** *non cambio idea*. **Con questo** *io non c'entro niente*. *Come la mettiamo* **con l'onestà**?
▸ indicare una **relazione fra cose o persone**: si usa con molti verbi che esprimono azioni reciproche (per esempio i riflessivi reciproci) e anche con i verbi che esprimono coincidenza, corrispondenza;	*Mi sposo* **con Maria**. *Parlo* **con loro**. *Lui si è incontrato* **con Rossana**. *Convengo* **con te** *che questa è importante*. *Coincide* **con quanto** *sapevo*. *È stato molto scortese* **con i suoi ospiti**. *Mi identifico* **con un personaggio** *del romanzo*. *Sei d'accordo* **con me**?
▸ esprimere **un modo o un mezzo** (con il quale si fa o si ottiene qualcosa);	**Con un bicchiere** *d'acqua passa la sete*. *Ho messo un chiodo* **con il martello**. *Scrivo* **con il computer**. *L'ho convinto* **con le buone**.
▸ essere presente in locuzioni ormai standardizzate;	**con** *calma*　　**con** *forza*　　　**con** *onestà* **con** *pazienza*　**con** *rapidità*　　**con** *serenità* **con** *sicurezza*　**con** *sollecitudine*　**con** *stima*
▸ essere presente in **formule di conclusione** di una lettera;	**con** *affetto*　　**con** *stima* **con** *i miei migliori saluti*
▸ seguire alcuni verbi che, per lo più, indicano rapporto o relazione.	*avere a che fare* **con** *qn*　　*chiudere* **con** *qc* *lamentarsi* **con** *qn di qc*　　*aprirsi* **con** *qn* *saperci fare* **con** *qc o qn*　*prendersela* **con** *qn* *trattare* **con** *qn*　　　　*avercela* **con** *qn*

Le preposizioni

⑧

N — La preposizione SU

- Normalmente *su* esprime una **posizione superiore**.

  *andare **sulle** montagne*   *essere **sull'**autobus*
  *posare qualcosa **sul** tavolo*   *salire **sul** tram*

- La preposizione *su* indica **moto a luogo** e **stato in luogo** ed esprime indifferentemente sia una posizione superiore con contatto che senza contatto. Ha anche valore figurato.

  *Non camminare **sul** ciglio della strada!*
  *Mi aiuti a caricare il letto **sul** camion?*
  *L'ho letto **sul** giornale.*
  *Vorrei sedermi **su** una poltrona comoda.*
  ***Sulla** costa c'è molto turismo.*

- In alcuni casi ha valore **temporale**, specialmente in espressioni letterarie cristallizzate.

  ***sul** far del giorno*   ***sul** calar della sera*
  ***sulla** via del ritorno*

- Un importante valore della preposizione *su* è quello di esprimere un **argomento**.

  *Prendere informazioni **su** qualcuno.*
  *Una mostra **su** un pittore.*
  *Dire tutto **su** qualcuno.*
  *Il discorso cade **su** qualcosa di serio.*
  *Scherzare **su** tutto.*

- La preposizione *su*, collegata a un numero (che esprime età, prezzo, tempo, quantità o misura in genere) significa **approssimazione**, con un valore analogo a quello di *circa*.

  *Una persona **sulla** trentina.*
  *Non costa molto: **sui** cinque euro.*
  *Per arrivare ci vorranno **sulle** due ore.*
  *Pesa **sui** tre chili.*

- L'approssimazione è resa anche in espressioni temporali.

  *Ci vediamo domani mattina, **sul** presto.*
  *Arriverò a casa di sera, ma **sul** tardi.*

- Specialmente nella lingua parlata è possibile trovare espressioni in cui *su* corrisponde a *abbastanza, piuttosto*.

  *Oggi sono **sul** nervosetto.*
  *Ti vedo **sullo** stanco.*

- Diverse sono le espressioni rette dalla preposizione *su*.

  ***su** due piedi*   ***su** misura*   ***sul** serio*
  ***su** richiesta*   ***su** invito*   ***su** commissione*

- Costruite con *su* sono alcune espressioni dal valore distributivo.

  *Lavora 12 ore **su** dodici.*
  *55 persone **su** cento sono donne.*
  *Ho costruito la mia casa personalmente, mattone **su** mattone.*

- La preposizione *su* è usata in alcune locuzioni verbali.

  affacciare/affacciarsi su: *Il mio appartamento si affaccia **sul** parco.*
  concentrarsi su qc: *Bisogna concentrarsi **sul** lavoro.*
  condurre su: *La Roma conduce **sul** Milan 3 a 1.*
  dare su: *La finestra dà **sul** cortile.*
  giurare su: *Giuro **sulla** testa dei miei figli!*

Le preposizioni

8 Le preposizioni

O | La preposizione FRA/TRA

■ La preposizione *fra* (o *tra*) indica normalmente una posizione intermedia, compresa cioè fra due o più elementi. Può avere:

▶ valore locativo;

Roma è fra Firenze e Napoli.
Fra pochi chilometri c'è un benzinaio.

▶ e valore temporale.

Federico di Svevia visse tra il 1200 e il 1250.
Fra 10 giorni torneremo a casa.

P | La preposizione FRA/TRA con valore locativo

■ La funzione **locativa** di *fra/tra* è quella più caratteristica della lingua italiana. Tuttavia all'interno di questa funzione distinguiamo aspetti diversi:

▶ un locativo vero;

Roma si trova tra Firenze e Napoli.

▶ un locativo figurato;

Scegliere fra diverse proposte.

▶ uno di relazione;

Non vanno d'accordo fra loro.

▶ uno di compagnia;

Sta sempre a casa, tra le sue cose.

▶ uno di causa;

Tra una cosa e l'altra ho dimenticato di telefonarti.

▶ uno partitivo/limitativo.

Pochi tra loro saprebbero darmi una risposta.

Q | La preposizione FRA/TRA con valore temporale

■ Nel suo significato **temporale** *fra/tra* indica una distanza tra il momento presente di chi parla e un determinato momento del futuro.

▶ Per estensione si può usare *fra/tra* in questo senso anche con valore locativo.

Partirò fra dieci giorni.
Fra poco è ora di andare.
Fra non molto avrai mie notizie.
Il primo benzinaio è tra cinque chilometri.

R | Altri usi di FRA/TRA

■ La preposizione *fra/tra* è usata poi in locuzioni entrate nell'uso standard.

fra l'altro   fra poco   fra parentesi
fra il dire e il fare c'è di mezzo il mare
fra moglie e marito non mettere il dito
fra me e me (te e te, sé e sé)

Le preposizioni

8

S La preposizione PER

■ La preposizione *per* indica destinazione sia in senso geografico sia in senso figurato (finale).

*Questo è il treno **per** Bologna.*
*Lavoro **per** ottenere buoni risultati.*

■ Significa anche *attraverso*: anche in questo caso può avere valore geografico o figurato (di mezzo).

*Sono passato **per** Milano ieri.*
*Ho visto un film **per** televisione.*

T La preposizione PER con valore locativo

■ La preposizione *per* si usa in diversi modi con significato **locativo**. Può indicare:

▶ moto all'interno di un determinato luogo;

*avventurarsi **per la foresta***
*camminare nervosamente **per la stanza***
*passeggiare **per le vie** del centro*
*camminare **per strada***
*Ti ho cercato **per mare** e **per terra**!*

▶ moto a luogo;

*Partiamo **per Genova**.*
*Deve prendere un autobus **per il centro**.*

▶ stato in luogo.

***Per terra** (a terra, in terra) c'è un tappeto.*
*È caduto **per terra**.*

U La preposizione PER con valore temporale

■ Normalmente *per* esprime un tempo continuato, ovvero la durata di un'azione o di un fatto.

*Ha fatto freddo **per tutto l'inverno**.*
*Sono stato in Francia **per alcuni anni**.*
*Vissero **per sempre** felici e contenti.*

■ Se ci riferiamo a "impegni programmati" *per* può indicare anche un tempo determinato.

*C'è una camera libera **per stasera**?*
*L'appuntamento è fissato **per il 10 aprile**.*
*La prima dello spettacolo è **per il 15** del mese.*

■ La preposizione *per* è poi anche sinonimo di *entro* e indica perciò una scadenza massima di tempo entro il quale si realizzerà un certo fatto.

*Sarò di ritorno **per la prossima settimana**.*
***Per giovedì** avrò finito.*

V Altri casi della preposizione PER

■ In numerosi casi *per* ha valore di mezzo e di modo. Può indicare anche il prezzo che si è ottenuto di pagare per qualcosa.

*società **per** azioni   spedire **per** fax*
*parlare **per** telefono   appeso **per** il collo*
*prendere **per** mano   parlare **per** scherzo*
*tirare **per** i piedi   comprare **per** pochi euro*

■ La preposizione **per** è frequente in molte locuzioni.	**per** *caso* **per** *forza* **per** *davvero* **per** *fortuna* **per** *iscritto* **per** *lo meno* **per** *lo più* **per** *prima cosa* **per** *seconda cosa* **per** *poco* **per** *un pelo* **per** *cortesia* **per** *favore* **per** *piacere* **per** *carità* **per** *di là* **per** *di qua* **per** *quanto* **per** *esempio* **per** *il fatto che* **per** *certo* **per** *l'appunto* **per** *l'avvenire* **per** *ora* **perbacco***!* **per** *l'amor del cielo!*
■ Nel suo significato causale **per** significa esattamente "a causa di".	*Per* **colpa** *tua non siamo arrivati in tempo.* *Mi sento male* **per la stanchezza***.* *Sono verde* **per la rabbia***.* *È un errore fatto* **per distrazione***.* *Parla così* **per ignoranza***.* *Sto battendo i denti* **per il freddo***.* *È stato condannato* **per rapina***.*

■ Il valore finale è caratteristico:	
▶ sia nelle frasi costruite con **per** + **infinito**;	*Lavoro* **per vivere***.* *Non mangia* **per dimagrire***.* *Studia* **per diventare** *medico.*
▶ sia in espressioni dove **per** precede un sostantivo.	*Per* **paura** *di sbagliare preferisce tacere.* *Si è venduto* **per un pugno** *di dollari.* *Parlo* **per il tuo bene***.* *Mi sono preparato* **per la festa***.* *Sei pronto* **per il gran giorno***?* *Quanto basta* **per un risultato** *positivo.* *Sono attrezzato* **per questo***.* *Fa di tutto* **per il successo***.*

■ Con un senso analogo **per** può esprimere il destinatario di un vantaggio.	*Hai fatto di tutto* **per lui***.* *Stiamo lavorando* **per te***.*
■ Il senso limitativo di **per** è caratteristico in alcune espressioni.	*I nostri sono inferiori* **per numero***.* *Per* **fama** *non è inferiore a nessuno.* *Per* **me** *è un gran bel libro.* *Per* **il tuo problema** *non ti preoccupare: ci penso io.* *Per* **l'avvenire** *sapremo come comportarci.*
■ Con determinati verbi **per** ha un significato paragonabile a quello di *come*.	*Mi hai preso* **per stupido***?* *Hai preso* **fischi per fiaschi***.* *Non voglio passare* **per vigliacco***.* *Mi ha scambiato* **per un'altra persona***.*
■ **Per** è caratteristico in diverse espressioni di tipo distributivo e in particolare si usa per esprimere percentuali.	*I bambini camminano in fila* **per due***.* *Entrate lentamente,* **uno per volta***.* *Il* **trenta per cento** *della popolazione.*

⑧ Le preposizioni

Z La preposizione *PER* con i verbi

■ La preposizione *per* si usa nelle costruzioni verbali ***stare per* + infinito**.

Sto per partire
Sta per finire l'estate.

■ La preposizione *per* si usa inoltre in alcune locuzioni verbali.

*dare **per** sicuro*   *prendere **per** buono*
***Per** "rima" intendiamo una ripetizione fonetica che…*

ESERCIZI

Io vidi più di mille in su le porte
da ciel piovuti, che stizzosamente

dicean: "Chi è costui che sanza morte
va per lo regno de la morta gente?"

Dante Alighieri, "Divina Commedia, Inferno, Canto VIII"

① **(A) Completa il testo con le espressioni della lista. Ogni espressione deve seguire la logica del testo e rappresentare il valore indicato fra parentesi (sono tutte espressioni introdotte dalla preposizione *DI*). Segui l'esempio.**

di lei - d'amore - di quasi 100 kg - d'invidia - di bella presenza - di corsa -
di cuore - di mese in mese - di tutto - di freddo - furia di

Mia zia, una donna sicuramente *(specificità: qualità)* **di bella presenza**, era un po' corpulenta, infatti aveva raggiunto un peso *(specificità: peso)* di quasi 100 kg. Purtroppo sembrava avere problemi a perdere peso, aveva provato *(espressione standardizzata)* di tutto : dalle diete alle operazioni, ma niente … nessun risultato! Tutto ciò fino allo scorso anno, quando si è innamorata pazzamente del postino, che, naturalmente, vista la corporatura, non sarebbe stato una conquista facile! Insomma, mia zia era malata *(causa)* d'invidia, quando lo vedeva parlare con le altre signore dello stabile diventava gialla *(causa)* di cuore, usciva spesso per incontrarlo "per caso" per strada, magari in abiti succinti, per cui moriva *(causa)* _____, spesso gli andava anche incontro *(modale)* di corsa, con una scusa qualsiasi. Il postino, che era un uomo buono *(limitativo)* _____, era sempre gentile, ma non sembrava curarsi particolarmente *(verbo che richiede DI)* di lei. Beh, non ci credereste mai, tutto questo movimento sembra aver sortito degli effetti! *(carattere distributivo)* _____, a *(locuzione che richiede DI)* _____ correre dietro al postino, adesso mia zia ha perso 15 kg e devo dire che mi pare anche che il postino cominci a guardarla in modo diverso. Chissà che ne penserà la moglie (mia zia non sa che esiste una "signora Postino").

Le preposizioni

⑧ Le preposizioni

2 **(B - C - D - E) Queste frasi hanno in comune la preposizione *A*. Inserisci nella tabella l'espressione che corrisponde al complemento dato. Segui l'esempio.**

1. Mi ha telefonato ***all'ultimo minuto***.
2. Signorina, per favore, risponda oggi *al fax* della ditta Rovini.
3. Oggi mi sento veramente *a terra*. Non me ne è andata bene una.
4. Ogni tanto tua sorella parla proprio *a vanvera*!
5. Lo sai che resisto difficilmente *alle tentazioni*.
6. Siamo finalmente pronti *ad andare* in vacanza!
7. Qualche volta lavoro anche una decina di ore *al giorno*.
8. Allora Marco, come va *a donne*?
9. Le lasagne che ho cucinato oggi sono andate *a ruba*.
10. A occhio ci saranno state una trentina di persone *alla festa*.
11. Ho comprato un elettrodomestico *a rate* per la prima volta in vita mia.
12. Ho vissuto diversi anni *a Budapest*.
13. Che film drammatico, per fortuna che, come al solito nei film americani, *alla fine* è andato tutto bene.
14. Poverina, guarda che gambe *a X* che ha!
15. La vera bistecca *alla fiorentina* va preparata con la carne della razza Chianina.
16. Giulio è disposto *a tutto* pur di avere quel lavoro.
17. Ci vediamo *alle 7*.
18. Non permetto *a nessuno* di parlarmi così!

Frase	Valore
all'ultimo minuto	*temporale*
	di destinazione
	locativo
	strumentale; modale
	limitativo
	distributivo
	finale
	preposizione retta da verbo

3 (F) Completa il testo con le espressioni della lista. Ogni espressione deve seguire la logica del testo e rappresentare il valore indicato fra parentesi (sono tutte espressioni introdotte dalla preposizione _DA_). Segui l'esempio.

> da bagno - dalla gioia - da ragazzo - da trekking - da sua cognata - da diversi anni - da suo marito - da Alghero - _**da due anni**_ - dai catalani - dal prossimo lunedì - da Barcellona

Siamo in partenza finalmente! Io e Lauro, mio marito, non facciamo una vacanza _(periodo di tempo con conseguenze nel presente)_ _**da due anni**_ e questa volta finalmente siamo riusciti ad avere le ferie nello stesso periodo, per 20 giorni, _(provenienza temporale)_ _____. Abbiamo deciso di andare in Catalogna, mio marito ha vissuto molti anni a Barcellona _(momento della vita passata)_ _____ ed è così contento di tornarci che non sta in sé _(causa)_ _____! Io sono già stata a Madrid per lavoro ma Lauro mi ha detto che è talmente diversa _(comparazione)_ _____ che non si possono fare paragoni. Andremo prima _(moto verso persona)_ _____, che vive proprio a Barcellona _(periodo di tempo con conseguenze nel presente)_ _____. Lucia, infatti, è catalana, viveva in Italia con Bruno, il fratello di mio marito; ma, quando ha divorziato _(separazione)_ _____, è tornata a vivere a Barcellona con i figli. Sarà interessante visitare una città in cui si parla catalano. Io vengo _(provenienza)_ _____, in Sardegna, e il dialetto della mia città è molto simile alla lingua catalana visto che Alghero fu conquistata _(agente)_ _____ nel 1353. Lucia mi ha promesso che mi parlerà in catalano e che ci farà visitare la città come dei veri barcellonesi! Ci ha chiesto di portare il costume _(funzione di un oggetto)_ _____ perché vuole portarci al mare, delle scarpe _(funzione di un oggetto)_ _____ perché vuole portarci nei dintorni a camminare … insomma, sarà una vacanza davvero particolare!

4 (G - H - I - L) Queste frasi hanno in comune la preposizione _IN_. Inserisci nella tabella l'espressione che corrisponde al valore dato. Segui l'esempio.

La spedizione dei Mille

1. _**Nel 1859**_ esisteva un Regno dell'Italia del Nord, ma non ancora un'Italia unita.
2. I Siciliani, _in attesa_ di essere uniti al resto d'Italia, insorsero contro Francesco II di Borbone, che regnava sul Regno delle Due Sicilie.
3. Garibaldi, insieme ad altri patrioti, fu molto bravo _nel mobilitare_ un gran numero di volontari per una missione di liberazione dell'Italia centro-meridionale.
4. I volontari, detti garibaldini, si riunirono a Genova. Erano giovani che credevano _in un'Italia_ unita ed erano pronti a lottare per ottenerla.
5. Alcuni dei volontari erano profughi siciliani che speravano di rientrare _nella loro terra_.
6. Anche studenti e professori parteciparono _in massa_ a questa azione.
7. I garibaldini erano tutti _in camicia rossa_.
8. L'impresa fu detta "dei Mille", ma in realtà i volontari erano _in 1089_.
9. _In rappresentanza_ delle donne c'era solo Rosalia Montmasson.

10. La partenza da Quarto fu *nella notte* tra il 5 e 6 maggio 1860.
11. I volontari andarono *in piroscafo*.
12. La società di navigazione Ribattino ebbe fiducia *nei garibaldini* e "prestò" loro le navi. Nino Bixio però, uomo di fiducia di Garibaldi, finse di rubarle per non mettere *nei guai* l'amministratore della società.
13. *In giugno* finalmente Garibaldi entrò a Palermo, abbandonata dai borbonici.
14. *In due mesi* i garibaldini liberarono la Sicilia.
15. *Nel 1861* fu proclamato a Torino il Regno d'Italia e l'Italia si trasformò *in una nazione unita*.

Frase	Valore
	trasformazione
	modo di vestire
	quantità
	locativo
Nel 1859	temporale
	preposizione retta da verbo
	strumentale, modale
	espressione cristallizzata
	limitativo

5 **(N)** **Le frasi che vedi sono tratte da opere letterarie italiane. Unisci ogni frase alla corretta definizione del valore della frase introdotta da *SU*.**

1. Si sta come d'autunno, *sugli alberi* le foglie. *(Giuseppe Ungaretti, "Soldati")*

2. La donzelletta vien dalla campagna, in *sul calar* del sole. *(Giacomo Leopardi, "Il sabato del villaggio")*

    a. argomento

3. E il libro fu venduto lì *su due piedi*. E pensare che Geppetto era rimasto a casa a tremare dal freddo per comprare l'Abbecedario al figliuolo! *(Carlo Collodi, "Pinocchio")*

    b. approssimazione

    c. locuzione verbale

4. Le seguo d'ora in ora con pazienza estrema; dirò *su questo tema* cose non dette ancora. *(Guido Gozzano, "Una risorta")*

    d. posizione superiore

    e. espressione cristallizzata

5. Entrò correndo Sanno. Era un uomo *sulla trentina*, alto e magro. *(Italo Svevo, "Una vita")*

    f. temporale

6. Ella dichiarò che rincasando *sul tardi* dopo essere stata con lui, era stata vista da conoscenti. *(Italo Svevo, "Senilità")*

    g. approssimazione temporale

7. La finestra della cucina […] nel sogno dava proprio *sul Corso*. *(Italo Svevo, "La coscienza di Zeno")*

6 **(M)** La signora Angelina ha scritto a un quotidiano locale. Inserisci nella tabella l'espressione introdotta da *CON* che corrisponde al valore dato. Segui l'esempio.

Una lettera al quotidiano locale

1. Gentile Direttore, Le scrivo un'e-mail ***con il computer*** di mio marito, per raccontarLe un episodio che mi è successo recentemente.
2. Qualche sera fa sono andata alla pizzeria PIZZAMIA *con mio marito*.
3. Ho ordinato una margherita *con doppio formaggio* e senza pomodoro e una birra alla spina.
4. Mio marito invece ha preso un primo *con un bicchiere di vino*.
5. Dopo una ventina di minuti, *con gran calma*, il cameriere ci ha portato gli ordini.
6. *Con la fame* che avevamo, abbiamo deciso di non dire niente e ci siamo messi a mangiare.
7. Ma la mia pizza era *con il pomodoro*!
8. *Con pazienza* ho chiamato il cameriere e gli ho chiesto di portarmene un'altra.
9. Il cameriere si è scusato, ha preso la pizza ed è tornato 5 minuti dopo *con la stessa pizza*, a cui aveva grattato via il pomodoro!
10. Questa volta, *con meno pazienza* di prima, ho chiesto una nuova pizza senza pomodoro.
11. La pizza è arrivata solo dopo venti minuti, non volevo prendermela troppo *con il cameriere*, così sono stata zitta.
12. Quando abbiamo chiesto il conto, però, abbiamo visto che ci avevano messo in conto ben due pizze *con doppio formaggio*!
13. Non mi sembrava giusto, così ho chiesto di parlare *con il gestore* del ristorante.
14. Mi sono lamentata *con lui* sia della lentezza del servizio che del servizio carente.
15. Il gestore è stato piuttosto scortese sia *con me* che *con mio marito* e ci ha chiesto: "Beh? E come la mettiamo *con la prima pizza* che abbiamo dovuto buttare?"
16. Questo è lo standard della ristorazione nella nostra città. Non c'è alcun rispetto per il cliente! È d'accordo *con me*?
17. Mi farebbe piacere conoscere la Sua opinione. *Con stima*. Angelina Felicini.

Frase	Valore
	relazione fra cose o persone
	relazione causale
con il computer	*modo o mezzo*
	locuzione standardizzata
	formula di conclusione di una lettera
	preposizione retta da verbo

7 **(O - P - Q - R)** Decidi se la preposizione *FRA* che trovi in queste frasi tratte da Pinocchio ha valore locativo, temporale o fa parte di una locuzione. Segui l'esempio.

1. Geppetto e Mastr'Antonio, acciuffatisi ***fra di loro***, si graffiarono, si morsero e si sbertucciarono.
2. Finito il combattimento, mastr'Antonio si trovò *fra le mani* la parrucca gialla di Geppetto.
3. "Che nome gli metterò? - disse allora Geppetto *fra sé e sé*. - Lo voglio chiamar Pinocchio".
4. "*Fra i mestieri* del mondo non ce n'è che uno che veramente mi vada a genio" disse Pinocchio.
5. Sulla scena si vedevano Arlecchino e Pulcinella, che bisticciavano *fra di loro*.
6. "Vieni a gettarti *fra le braccia* dei tuoi fratelli di legno!" - gli gridò Arlecchino.
7. Avanti signori gendarmi! Legatemi e gettatemi là *fra quelle fiamme*.
8. "Vuoi venire con noi? *Fra mezz'ora* sei là: semini subito le quattro monete". - disse la Volpe.
9. "Tu poi ritorna qui *fra una ventina di minuti* e troverai l'arboscello già spuntato." - disse la Volpe.
10. Allora l'assassino, tirato fuori un coltellaccio, provò a conficcarglielo *fra le labbra*.
11. Il carro era tutto pieno di ragazzetti *fra gli otto* e i dodici anni.
12. "Venite dunque babbino, dietro a me e *fra poco* saremo salvi." - disse Pinocchio.

locativo	temporale	locuzione
fra di loro		

8 **(S - T - U - V - Z)** Queste frasi hanno in comune la preposizione *PER*. Scegli per ogni frase il valore corretto fra quelli dati. Segui l'esempio.

1. Lo sai che ieri Franca mi ha preso ***per tuo fratello***? (causale/***come - simile a***/modale)
2. *Uno per uno* andavano a confessarsi. (distributivo/moto attraverso luogo/limitativo)
3. Questo regalo è *per te*. (limitativo/distributivo/vantaggio)
4. *Per fortuna* che ho portato l'ombrello! Qui in Irlanda non si può mai stare tranquilli, piove sempre. (come/locuzione/vantaggio)
5. Passando *per il centro* ho visto che il parrucchiere era chiuso. (finale/locativo/moto attraverso luogo)
6. *Per molti cittadini* il governo ha fatto un grande sbaglio a passare quel decreto. (limitativo/vantaggio/preposizione retta da verbo)
7. Quello è il tram *per la stazione*. (moto attraverso luogo/limitativo/destinazione)
8. Guarda che il libro è *per terra*. (locativo/locuzione/finale)
9. Ho vissuto in Libano *per un paio d'anni*. (distributivo/temporale/vantaggio)
10. Da ragazzina d'estate lavoravo *per pagarmi* le vacanze. (causale/finale/locuzione)
11. Allora ti va bene la cena *per domani*? (come/temporale/di modo)
12. Davamo *per scontato* che arrivassi in ritardo, ormai ti conosciamo troppo bene! (finale/causale/preposizione retta da verbo)
13. Finalmente sta *per uscire* quel libro. Non vedo l'ora di leggerlo. (limitativo/stare per/finale)
14. Cappuccetto Rosso andò *per il bosco* e incontrò il lupo. (moto attraverso luogo/stare per/temporale)

15. Vedi quanta gente *per strada*? (locativo/di modo/finale)
16. Senta, *per prima cosa* Le ho detto che qui non si fuma, poi faccia anche meno rumore, è un ospedale! (distributivo/causale/locuzione)
17. Guarda che carini i tuoi nonni, si tengono ancora *per mano*! (modo/distributivo/temporale)
18. Dovrebbero consegnarmi il computer nuovo *per la prossima settimana*. (locuzione/come/temporale)
19. Scusalo, lo ha fatto *per distrazione*, non con cattiveria. (simile a/causale/finale)
20. Quell'uomo *per i soldi* venderebbe anche sua nonna! (causale/vantaggio/finale)
21. *Per quella cosa*, vedremo. Ora non ho tempo. (limitativo/stare per/modale)
22. Ma dici *per scherzo* o sul serio? (causale/modale/vantaggio)

9 **(B - G - H - T) Scegli la preposizione corretta.**

Questa città si trova *a/da/in* Toscana, *fra/in/a* Pisa, Firenze e Siena e *a/da/in* provincia di Pisa. È famosissima *a/da/in* tutto il mondo per le sue torri medievali e moltissimi turisti che visitano l'Italia vi si fermano a fare un passeggiata *in/a/per* le sue strade. Le torri nel XII secolo erano 72, ma oggi ne restano solo 15. Questo centro si sviluppò moltissimo perché si trovava *nell'/all'/sull'* incrocio tra la Via Pisana, che portava *nel/del/al* mare, e la Via Francigena, che collegava Roma ai paesi d'Oltralpe. È interessante anche sapere che nella sala del Consiglio di questa città Dante pronunciò un discorso nel 1300. Conosci questa città?

10 **(A - B - D - E - F - H - N - T) Per scoprire il nome della città dell'esercizio precedente leggi le frasi che seguono. Le lettere collegate alle frasi corrette ne formeranno il nome.**

1.	Paolo sarà ancora in casa.	(S)
2.	Pippo viene della Sicilia.	(O)
3.	Il Tevere passa di Roma.	(F)
4.	Perché non passate da casa mia, stasera?	(A)
5.	Il commissariato è a pochi chilometri da qui.	(N)
6.	Sono andata a teatro a vedere "La gatta sul tetto che scotta".	(G)
7.	Sono da Roma, sono nata in centro.	(E)
8.	Anna è partita ieri a Milano.	(L)
9.	I guanti sono per terra.	(I)
10.	Milano è abbastanza lontana di Roma.	(L)
11.	Ieri ho fatto un giro per il parco.	(M)
12.	Andiamo a mangiare da Luca?	(I)
13.	Simona è dell'Acquario, si vede eh?	(G)
14.	Siamo andati a Pisa e siamo saliti sulla torre. È uno spettacolo eccezionale!	(N)
15.	Ho passato tutto il pomeriggio a biblioteca.	(E)
16.	Vado a là, a parlare con Fabio.	(S)
17.	Olga è molto diversa da sua sorella.	(A)
18.	Vai al cinema stasera?	(N)
19.	Mi piacerebbe vivere in provincia.	(O)

La città è: __ __ __ __ __ __ __ __ __ __ __ __

11 **(A - F - H)** Riscrivi in forma corretta le frasi sbagliate che hai trovato nell'esercizio precedente.

1. _____
2. _____
3. _____
4. _____
5. _____
6. _____
7. _____

12 **(B - I - U)** Scegli la preposizione corretta.

Era un genovese, nacque *al/sul/nel* 1451 e morì poi in Spagna *con/a/di* 55 anni. Non fece studi regolari, ma *da/con/per* un po' di tempo aiutò il padre nel commercio fino a che cominciò a navigare per una compagnia commerciale. Decise poi di stabilirsi in Portogallo, dove si sposò, dove continuò a studiare e dove elaborò una sua teoria sulla navigazione. *Nell'/All'/Sull'* estate del 1492, *per/in/di* agosto, infine, per conto dei re di Spagna, partì dal porto di Palos per le Indie, scoprendo poi, invece, un altro continente. Conosci sicuramente questo personaggio, il cui nome è Cristoforo Colombo. Sai dove è sepolto?

13 **(A - B - U)** Scegli fra queste frasi quella con l'errore e correggilo. La frase con l'errore ti darà anche il nome della città che ospita le spoglie di Cristoforo Colombo.

1. Ci vediamo alle 4.   *(Roma)*
2. Giorgio è andato dal barbiere a tagliarsi i capelli.   *(Lisbona)*
3. Con l'arrivo dei monsoni, le campagne si sono allagate.   *(Madrid)*
4. Ursula vive a Roma di 4 anni.   *(Siviglia)*
5. L'incontro è per le 7, al bar sotto casa.   *(Genova)*

La frase sbagliata è la numero ___4___. La frase corretta è:

_____

8 Le preposizioni

14 (A - B - I - N) **Leggi questo brano, tratto da un racconto di viaggio di Tiziano Terzani, e scegli nella lista le preposizioni corrette da inserire negli spazi.**

Tiziano Terzani (1938 - 2004) - Giornalista e scrittore. Dalle sue esperienze come corrispondente in Asia sono nate opere con una visione molto personale del mondo e rappresentative della sua filosofia della non violenza. *Un indovino mi disse* (1995) è la cronaca di un anno vissuto viaggiando in Asia senza prendere aerei, per evitare le conseguenze di una profezia.

a - del - nel - in - sul - di - nella

Una buona occasione _____ vita si presenta sempre. Il problema è saperla riconoscere e a volte non è facile. La mia, per esempio, aveva tutta l'aria di essere una maledizione. "Attento! _____ 1993 corri un gran rischio di morire. _____ quell'anno non volare. Non volare mai", m'aveva detto un indovino. Era successo _____ Hong Kong. Avevo incontrato quel vecchio cinese per caso. _____ momento quelle parole m'avevano ovviamente colpito, ma non me ne ero fatto un gran cruccio. Era la primavera _____ 1976, e il 1993 pareva ancora lontanissimo. Quella scadenza però non l'avevo dimenticata. M'era rimasta in mente, un po' come la data _____ un appuntamento cui non si è deciso se andare o no.

(adattato da Tiziano Terzani, "Un indovino mi disse", Longanesi, 1995)

15 (A - F - L - M - N - V) **Cultura, usi, costumi e abitudini. Completa le frasi con la preposizione corretta, di cui ti viene dato il tipo, e decidi se le affermazioni sono vere o false. Segui l'esempio.**

1. Il Decameron è stato scritto *(agente)* _da_ Petrarca.   V   X̶
2. Machiavelli scrisse *(argomento)* _____ politica!   V   F
3. Normalmente in Italia il Natale lo si passa *(compagnia)* _____ gli amici.   V   F
4. *(causa)* _____ tutte le dominazioni che ha subito, l'Italia ha
   avuto una storia piuttosto variegata.   V   F
5. Gardaland è un parco giochi *(vantaggio)* _____ bambini.   V   F
6. Palermo è più grande *(comparazione)* _____ Milano.   V   F
7. Per mangiare la trota si usano le posate *(funzione)* _____ pesce.   V   F
8. Chi si laurea ha il titolo *(denominazione)* _____ commendatore.   V   F
9. Un italiano *(distribuzione)* _____ tre pensa che per raggiungere
   la felicità si deve essere famosi.   V   F
10. Per Pasqua di solito si mangiano le uova *(materia)* _____ cioccolato.   V   F
11. Gli spettatori del Palio di Siena talvolta svengono *(causa)* _____
    il grande caldo.   V   F
12. Un ragazzo *(età)* _____ 15 anni può comprare delle sigarette.   V   F
13. La Scala Santa a Roma va salita *(modo)* _____ ginocchio.   V   F

Il *si* spersonalizzante

Quando non si vuole sottolineare chi ha compiuto una determinata azione abbiamo almeno due possibilità:

1. rendere passiva una frase attiva (*Il ministro ha varato ieri la riforma* → *La riforma è stata varata ieri*);

2. usare un *si* spersonalizzante (*Ieri si è varata la riforma*).

A *SI impersonale e passivante*

■ Il *si* spersonalizzante è:

▶ *impersonale* se il verbo è intransitivo o comunque non ha un soggetto grammaticale espresso (il verbo *andare* o il verbo *scrivere*, ma non "*scrivere una lettera*"). Il *si* corrisponde allora in qualche modo a un pronome impersonale come in francese *on* o in tedesco *man* e in questo caso il verbo è sempre alla terza persona singolare;

In Italia si legge poco.
In Italia si cammina poco a piedi.

▶ *passivante* se il verbo ha un suo oggetto (*scrivere una lettera, mangiare la pasta*). Il *si* attribuisce alla frase un valore passivo. In questo caso il verbo si concorda con il suo oggetto (che diventa in realtà soggetto grammaticale della frase passiva).

In Italia si leggono pochi giornali. *(cioè: pochi giornali sono letti in Italia)*
In Italia si guarda molto la televisione. *(cioè: la televisione è guardata molto in Italia)*

B *Il SI e l'accordo con il participio o l'aggettivo*

■ Con il *si* spersonalizzante **nei tempi composti** si usa sempre l'ausiliare *essere*.

*Se non si **è dormito** bene si rischia di star male tutto il giorno.*

■ Quando il *si* precede un verbo che ha l'ausiliare *essere* (un verbo intransitivo con ausiliare *essere*, un verbo riflessivo senza oggetto), un verbo passivo o anche un costrutto verbo + aggettivo, il **participio passato** del verbo (o l'aggettivo) terminerà con la vocale *-i*.

*Quando si è andat**i** in Africa rimane il desiderio di tornarci.*
*Dopo che ci si è lavat**i** si può uscire.*
*Quando si è stati amat**i** da piccoli si cresce meglio.*
*Se si guida stanch**i** si rischia un incidente.*

■ In questi casi è ammissibile anche la terminazione *-e* se si vuole sottolineare la "femminilità" dei protagonisti a cui ci riferiamo.

*Dicono che quando si è bell**e** è più facile trovare un lavoro in televisione.*

- Se il *si* precede un verbo intransitivo che ha normalmente l'ausiliare *avere* (come *bussare*, *ridere*, *correre*, *camminare*, ecc.) o un verbo transitivo senza oggetto espresso, il **participio passato** del verbo terminerà sempre con **-o**.

*Si è camminat**o** a lungo, ma alla fine si è arrivati in orario.*
*Quando si è mangiat**o** troppo non si dorme bene.*

- Quando il *si* precede un verbo transitivo (che ha normalmente l'ausiliare *avere*) o un verbo riflessivo con oggetto, il participio passato concorda con il soggetto grammaticale e termina con **-o**, **-a**, **-i**, **-e**.

*Ieri sera si sono sentit**i** <u>strani discorsi</u>.*
*Si è fatt**o** <u>qualche errore</u>, ma alla fine tutto è andato a posto.*
*A quella festa si è bevut**a** <u>molta birra</u>.*
*In quell'occasione si è dett**o** <u>tutto</u> quello che si doveva dire.*
*Dopo che ci si sono scambiat**i** <u>i regali</u> di Natale tutti vanno a tavola.*

C Il pronome *CI SI*

- Quando un verbo riflessivo è introdotto dall'impersonale *si*, viene a crearsi il pronome combinato *ci si*.

*Se non **ci si** sono lavate le mani non si deve andare a pranzo.*

ESERCIZI

Che differenza c'è tra una valigia ed una porta? Che la valigia si porta, ma la porta non si ... valigia!

1 (A) Leggi le frasi. In quali di questi casi il *SI* è impersonale e in quali è passivante? Segui l'esempio.

Qual è il modo migliore per viaggiare? Cosa si fa per avere un viaggio indimenticabile.
Leggi le affermazioni e scegli quelle con cui sei maggiormente d'accordo.

1. <u>Si va da soli.</u>
2. Si sceglie una compagnia che conosciamo molto bene.
3. Si chiede consiglio o aiuto alla gente.
4. Si prende tutto come viene.
5. Si mantiene la calma.
6. Si è sempre gentili e mai altezzosi.
7. Ci si informa su dove è l'ambasciata del nostro paese.
8. Si rispettano le persone e i loro costumi.
9. Si sorride sempre alla polizia.

10. Si mandano avanti le ragazze.

11. Si vive come la popolazione locale.

12. Si è aperti a cambiare i programmi.

13. Non si fanno troppe domande.

14. Ci si adatta molto e a tutto, o quasi.

SI impersonale	SI passivante
si va da soli	

2 (B - C) Trasforma le frasi nella forma con il *SI*. Segui l'esempio.

Come uno straniero può esercitare una professione in Italia

1. Se sei un professionista di un Paese appartenente all'Unione Europea puoi esercitare la tua professione.

2. Se sei un professionista extracomunitario devi farti riconoscere il titolo che hai ottenuto nel tuo Paese.

3. Per il riconoscimento devi andare in diversi Ministeri.

4. Se lavori nella sanità devi rivolgerti al Ministero della Sanità.

5. Se sei avvocato, biologo, psicologo, agente di cambio, consulente del lavoro, attuario, tecnico alimentare, ecc... devi andare al Ministero della Giustizia.

6. Se lavori nella scuola o come architetto o se sei paesaggista devi chiedere al Ministero dell'Istruzione.

7. Se fai il promotore finanziario devi rivolgerti alla Consob.

8. Se sei istruttore di guida devi fare domanda al Ministero delle Infrastrutture e dei Trasporti.

9. Per chi è specialista delle professioni marittime, consigliamo di andare al Ministero dei Trasporti e della Navigazione.

10. Se hai lavorato come guida turistica, animatore turistico, organizzatore congressuale devi chiedere al Ministero delle Attività Produttive.

11. Se sei stato istruttore nautico, maestro di sci, guida alpina o guida speleologica devi rivolgerti al Ministero per i beni e le attività culturali.

12. Devi presentare la domanda insieme alla documentazione.
13. Devi avere la documentazione tradotta in italiano.

> 1. *Se **si è professionisti** di un Paese appartenente all'Unione Europea **si può esercitare** la propria professione.*

3 **(B - C) Leggi questo articolo e trasformalo usando il *SI*. Segui l'esempio.**

È solo stanchezza o è depressione?

La stanchezza è uno dei primi sintomi della depressione. Eppure, a volte non la colleghiamo a un disturbo dell'umore, perché crediamo che ci siano altri motivi per cui ci sentiamo spossati. «Certo, è normale che uno si senta stanco dopo un periodo di stress prolungato o dopo una malattia» spiega Claudio Mencacci, psichiatra.
«Non è normale, invece, che uno continui a sentirsi affaticato anche dopo una vacanza. Se succede, allora, è giusto pensare a un disturbo psicologico». Insieme agli specialisti, abbiamo preparato questa facile guida per aiutarti a capire le differenze tra i due tipi di affaticamento.

Il momento critico. Quando sei depresso di solito sei affaticato già al mattino quando ti alzi dal letto e provi un senso di fatica al pensiero di iniziare un nuovo giorno. Quando uno è semplicemente stanco, invece, si sente più debole via via che affronta i diversi impegni.

La voglia di fare. Se sei depresso, hai perso la voglia e il piacere di fare qualsiasi cosa. Mentre quando uno è stanco sente solo che mancano le energie fisiche.

L'umore. La depressione ha un andamento tipico: al mattino e per tutto il giorno sei giù di tono, mentre alla sera stai un po' meglio. Quando sei stanco, accade l'esatto contrario: l'affaticamento si accumula proprio alla fine della giornata.

Il sonno. Quando uno soffre di depressione prende sonno subito, quasi per allontanarsi da una realtà pesante. Ma poi si risveglia durante la notte e non riesce più ad addormentarsi. La stanchezza, invece, non fa addormentare immediatamente: anzi, di solito non <u>riesci</u> a smettere di pensare alle preoccupazioni e agli impegni del giorno dopo, fino a quando non <u>crolli</u>.

La visione del futuro. «Per me non c'è via d'uscita, sarà difficile che ritrovi mai le forze» <u>pensi</u> se <u>sei depresso</u>. «Fra qualche giorno starò già meglio, devo solo curarmi un po' di più» <u>pensi</u> quando <u>sei spossato</u>.

(adattato da www.donnamoderna.com/psicologia)

> *La stanchezza è uno dei primi sintomi della depressione. Eppure, a volte non la **si collega** a un disturbo dell'umore …*

4 (B) Nel brano ci sono 3 errori nell'uso del *SI*. Trovali e correggili.

82 navi … da montagna

Sapete cosa ha fatto Venezia nel 1438 per soccorrere Brescia, assediata dai Visconti?
Dopo lunghe delibere nel Senato di Venezia si è pensato che l'unico modo per rifornire la città fosse di trasferire la propria flotta da guerra fino al lago di Garda! Per farlo si è risalito il fiume Adige fino a Mori, in provincia di Trento, e poi si sono trasbordati le navi via terra fino al lago di Garda, a Torbole, e da lì si è poi giunto a Salò, in provincia di Brescia. Ma come si è fatto ad organizzare il trasporto via terra lungo quei 13 chilometri che separavano Mori da Torbole? Semplice: si sono fatti scivolare le navi su delle slitte trascinate da coppie di buoi, lo stesso sistema con cui nelle Alpi Apuane si portavano a valle i blocchi di marmo. Si sono impiegati 15 giorni per trascinare ogni nave da Mori a Torbole e 120 buoi per ogni galea, che riusciva a percorrere circa cento metri all'ora.

(adattato da "Focus")

La forma corretta è:

1. _____

2. _____

3. _____

L'infinito

L'infinito è un modo _indefinito_, cioè un modo che da solo non può esprimere il soggetto.

A L'infinito: verbo o sostantivo

■ L'infinito è uno dei modi "indefiniti": ha perciò una sola forma.

▶ Si può usare quando il soggetto è chiaro ed evidente, quando ad esempio coincide con quello della frase principale.	_Vorrei **andare** al mare._ (io) _Pensiamo di **avere** ragione, perché dovremmo **preoccuparci**?_ (noi)
▶ In molti casi l'infinito può anche avere funzione impersonale.	_A **essere** troppo buoni spesso ci si rimette._
▶ In qualche caso, con articolo o senza, può avere il ruolo di sostantivo.	_Tra il **dire** e il **fare** c'è di mezzo il mare._

B Infinito regolare e irregolare

■ L'infinito ha due tempi:

▶ un presente;	**parlare, partire**, _ecc._
▶ e un passato.	**avere parlato, essere partito/a**, _ecc._

■ Hanno infinito "irregolare":

▶ i verbi in _-urre_;	**tradurre** (dal latino _traducere_)
▶ i verbi in _-orre_;	**porre** (dal latino _ponere_)
▶ i verbi composti di _trarre_ (dal latino _trahere_);	**attrarre, contrarre, detrarre**, _ecc._
▶ alcuni verbi molto frequenti.	**fare, dire, bere** (dal latino _facere, dicere, bevere_)

C L'infinito in frasi principali

■ Nelle frasi **principali** l'infinito si usa:

▶ come **imperativo negativo "informale"** (cioè con il _tu_);	_Non **parlare**, non leggere, non **dormire**!_

L'infinito

▸ come imperativo generico e impersonale (in particolare per **ordini** o **consigli** al pubblico);	*Sorreggersi agli appositi sostegni.* *Allacciare le cinture di sicurezza.* *Cliccare sul link.* *Tenere la destra.*
▸ in **frasi esclamative** - spesso introdotto da interiezioni come *ah!* o *oh!* - nelle quali ha funzione desiderativa simile a quella espressa dal *magari* + congiuntivo (*Magari avessi tempo libero!*) o dalla ipotetica sospesa (*Se avessi tempo libero…!*). L'infinito comunque rende l'esclamazione "impersonale";	*Ah, saperlo! (= Ah, se uno lo sapesse…! Magari uno lo sapesse!)* *Oh, avere tempo libero!* *Ah, essere ancora bambini!* *Ah, aver avuto l'occasione!*
▸ introdotto dalla congiunzione *e* per esprimere incredulità o **sorpresa** (sottintende un "sembra impossibile che…");	*E pensare che io avrei potuto essere ricco.* *E dire che non ha ancora vent'anni.* *E pensare che lui era un ragazzino timido.*
▸ nelle frasi **interrogative** impersonali;	*Che fare? (= Che si può fare?)* *Dove andare? (= Dove si può andare?)* *Come continuare? (= Come si può continuare?)* *Perché continuare? (= Perché si deve andare avanti?)*
▸ nei **titoli** di libri, riviste o articoli per illustrare l'argomento trattato;	*Essere Cristiani.* *Navigare.* *Star bene.*
▸ in **espressioni esclamative**;	*Io cambiare idea? Questo mai!* *Lui tradire? Non posso crederci!*
▸ nelle frasi introdotte da *ecco* con una funzione **descrittiva**. Alcune di queste frasi hanno solo effetto letterario, altre fanno parte del linguaggio quotidiano (talvolta l'infinito acquista maggiori caratteristiche di duratività se introdotto dalla preposizione *a*);	*All'alba, appena il gallo canta, ecco i contadini andare al lavoro (= ecco che vanno al lavoro).* *Abbiamo parlato del vostro amico. Eccolo arrivare! (= Eccolo che arriva).* *Sono appena arrivati al mare ed eccoli subito a fare il bagno! (= eccoli che fanno il bagno).*
▸ in una narrazione (con una certa forza letteraria) tutta all'infinito per sottolineare una certa **impersonalità** dei fatti o il loro essere fuori del tempo.	*Alzarsi la mattina, bere un caffè, uscire e cominciare le giornate, sempre uguali.*

10 L'infinito

D L'infinito in frasi secondarie

■ Nelle frasi **secondarie** l'infinito si usa generalmente:

▸ quando il soggetto è uguale a quello della frase principale;	*Credo di essere stanco. (io credo di essere "io" stanco)* *Ma: Io credo che tu sia stanco.*

Alma Edizioni   (85)   *Grammatica avanzata della lingua italiana*

> dopo una serie di **congiunzioni**:

- *anziché, invece di, lungi da/dal;*	***Anziché*** *parlare dovresti ascoltarmi.*
- *così da, fino al punto di, tanto da, in modo da, fino a, tale da, abbastanza da, troppo da;*	*Ne so **abbastanza da** ritenermi soddisfatto.*
- *neanche a, nemmeno a, a costo di, pur senza, a rischio di;*	*Non lo potrei convincere **neanche** a pagarlo oro.*
- *più che, piuttosto che/di;*	***Piuttosto che*** *ammettere di aver torto ti faresti tagliare la testa!*
- *oltre a, oltre che;*	***Oltre che*** *essere spiritoso è intelligente.*
- *senza, a meno di, se non che;*	*Non posso far altro **se non che** aspettare.*
- *in quanto a.*	***In quanto a*** *essere permalosa ne sai qualcosa tu?*

E PER + infinito

■ L'infinito si usa anche nelle frasi secondarie introdotto dalla preposizione **per**:

> con **funzione finale** (quando il soggetto è uguale a quello della principale).	***Ho fatto*** *questo **per avere** un risultato.* ***Ho studiato*** *informatica **per fare** quel lavoro.* *Tanto **per fare** un esempio…* ***Per farla*** *breve…*
> In alcune frasi ha però un carattere che **oscilla tra quello finale e quello ipotetico/limitativo** (e in queste frasi si usa alternativamente con la preposizione **a**);	***Per/A dire*** *la verità credo che tu abbia ragione.* ***Per/A essere*** *sinceri non ho fatto tutto quello che dovevo.*
> con **valore limitativo**, specialmente in frasi in cui si ammette una realtà innegabile che però non riesce a modificare un giudizio complessivo su una persona o su un fatto;	***Per essere*** *intelligente è intelligente, ma non studia abbastanza.* ***Per fumare*** *fuma, ma non esagera e può smettere quando vuole.*
> con un valore che originariamente era finale, ma è poi passato a rendere meglio stilisticamente **una successione di fatti**;	*La strada scende giù dalla collina **per** poi **costeggiare** il fiume.* *Ha lavorato tanto **per** poi **morire** poverissimo.*
> con **valore causale** (**per + infinito passato**). In queste frasi è anche ammesso un soggetto nuovo rispetto a quello della principale.	*Si è sentito male per **aver mangiato** troppo.* *Il re, **per avere** i suoi ministri mal governato, fu costretto ad abdicare.*

F DA + infinito

■ Con la preposizione *da*, l'infinito può assumere caratteristiche diverse:

▸ **avere da + infinito** sostituisce frasi con il verbo *dovere*, frasi che hanno valore futuro;

Devo arrabbiarmi solo con me stesso. = Ho **da arrabbiarmi** *solo con me stesso.*
Devo cambiare sistema. = Ho **da cambiare** *sistema.*
Devo ricominciare daccapo. = Ho **da ricominciare** *daccapo.*

▸ **un sostantivo + da + infinito** o anche **un indefinito + da + infinito** sostituisce frasi passive con valore di *dovere* o di *potere*, talvolta con un senso finale;

Un libro che deve essere letto. = Un libro **da leggere.**
Acqua che può essere bevuta, per bere. = *Acqua* **da bere.**
Niente che può essere perso. = Niente **da perdere.**

▸ la formula **da + infinito** sottolinea in modo enfatico l'effetto di qualcosa.

Una storia **da ridere.**
Stanco **da morire.**
Bella **da impazzire.**

G A + infinito e DI + infinito

■ **A + infinito**:

▸ la preposizione **a + infinito** funziona come prima parte di un discorso ipotetico (anche se in alcune di queste frasi si può leggere un forte significato modale e limitativo).

A avere *tempo libero si potrebbe andare in vacanza!*
A dire *la verità non ci ho pensato.*
A pensarci bene *è proprio così.*
A pensar *male si fa peccato ma ci si azzecca.*

■ **DI + infinito**:

▸ nel discorso indiretto **di + infinito** è la formula che rende le frasi che nel discorso diretto avevano un imperativo;

discorso diretto:
"Scrivi!"
"Vada!"
"Combattiamo!"
"Ascoltate!"

discorso indiretto:
Lui ha detto **di scrivere.**
Lui ha detto **di andare.**
Lui ha detto **di combattere.**
Lui ha detto **di ascoltare.**

▸ va ricordato che, come del resto nel discorso indiretto, nelle frasi secondarie introdotte da verbi volitivi o di comando (*comandare, concedere, consentire, imporre, ingiungere, intimare, ordinare, permettere, proibire, raccomandare, suggerire, vietare*) è ammesso che il soggetto dell'infinito sia diverso da quello della frase principale.

Ha ordinato *ai suoi soldati* **di attaccare.**
Abbiamo vietato *ai bambini* **di guardare** *la tv.*

10 L'infinito

H Frasi relative espresse con l'infinito

■ L'infinito si usa anche in frasi oggettive che dipendono da una frase relativa:

▶ l'oggettiva in questo caso può perdere il *che* e il verbo resta all'infinito (ma attenzione: il soggetto del verbo all'infinito deve coincidere con il *che* relativo);	*Questa è una cosa che tutti credono che sia importante. = Questa è una cosa che tutti credono* **essere** *importante.* *Ho letto un libro che mi hanno detto che è stato scritto prima della guerra. = Ho letto un libro che mi hanno detto* **essere** *stato scritto prima della guerra.* *Ho conosciuto una persona che, in seguito, ho scoperto che è un famoso cantante. = Ho conosciuto una persona che, in seguito, ho scoperto* **essere** *un famoso cantante.*
■ in frasi relative introdotte da **indefinito** è possibile un'altra costruzione con **a + infinito**.	*È l'<u>unico</u> che mi capisce. = È l'unico* **a capirmi**. *Non c'è <u>nessuno</u> che mi aiuta? = Non c'è nessuno* **a aiutarmi**? *Ci sono <u>poche</u> persone che sanno fare questo. = Ci sono poche persone* **a saper fare** *questo.*

ESERCIZI

Pinocchio: "Fra i mestieri del mondo, non ce n'è che uno solo che veramente mi vada a genio."
Grillo parlante: "E questo mestiere sarebbe?"
Pinocchio: "Quello di mangiare, bere, dormire, divertirmi e fare dalla mattina alla sera la vita del vagabondo."

Carlo Collodi, "Pinocchio"

1 (C) Unisci ogni frase al luogo in cui la si può trovare scritta.

1. Non fumare	a. Ai giardini pubblici
2. Non sporgersi dai finestrini	b. Sull'autobus
3. Obliterare il biglietto	c. Sulla lavatrice
4. Tenere la destra	d. Sul maglioncino di lana
5. Non fare rumore	e. In treno
6. Mettere il detersivo nella vaschetta	f. Al cinema
7. Fare una doccia prima di entrare	g. Allo zoo
8. Lavare a mano	h. All'ospedale
9. Non dare da mangiare agli animali	i. In piscina
10. Non calpestare le aiuole	l. Per strada

2 (C) **Che dicono queste persone? Scegli la frase adatta per ogni personaggio.**

a   b   c

d   e   f

1 - Oh, aver mangiato meno! **2** - Ah, essere ancora un ragazzino! **3** - Ah, aver prenotato un ristorante! **4** - Oh, aver accettato di pagare alla romana*! **5** - Ah, essere andato meno veloce! **6** - Ah, vivere ai Caraibi!

Note: *pagare alla romana: al ristorante, dividere la spesa del pranzo o della cena in parti uguali.

3 (C - G) **Completa il testo inserendo al posto giusto le forme verbali della lista, come nell'esempio. In due casi puoi usare sia "dire" che "pensare".**

> sarà - *usciva* - mangiare - dire - pensare - raccomandargli - salutare - dimenticare - passare - sei - avere - fare - sta - bere - smetterà - vivere - accettare

Omar si sente oppresso dalla vita familiare. Questa mattina doveva partire per un viaggio di lavoro e, persino mentre _usciva_ , la madre a _____: "Non _____ troppo, non _____ di telefonarmi, non _____ i funghi, lo sai che _____ allergico!". E _____ che ha più di trent'anni! È inutile, sua madre non _____ mai di considerarlo come un bambino e... riuscirà ad _____ che vada a vivere da solo? Non se ne parla nemmeno! Che _____? Una volta che ha accennato ad un appartamentino in centro, più vicino alla ditta, la mamma ha commentato: "Tu? _____ da solo? Ma nemmeno fra cent'anni!". Ah, _____ il coraggio di dirle che vuole andare a vivere con Laura e di dirle che non _____ partendo per un viaggio di lavoro, ma per una breve vacanza con lei ... Beh, meglio concentrarsi sul da fare: _____ la mamma, prendere la macchina, _____ da Laura e partire. _____ una vacanza da non dimenticare, la loro prima, e pensare che stanno insieme da quasi due anni! E _____ che non l'ha ancora detto a mamma! Bah ... ci penserà al ritorno!

10 *L'infinito*

4 **(E - G) Trasforma le frasi all'indicativo in frasi con un infinito ipotetico, preceduto dalla preposizione "a" o con un infinito finale, preceduto dalla preposizione "per". Segui gli esempi.**

Es: *Se devo dire la verità, non credo che questa sia una buona soluzione.* =
   A dire la verità, non credo che questa sia una buona soluzione.
   Carlo ha lavorato tutto il mese perché voleva guadagnare un po' di soldi per le vacanze =
   Carlo ha lavorato tutto il mese per guadagnare un po' di soldi per le vacanze.

1. Se avessi i soldi, mi comprerei una casa al mare.

2. Se si fa troppo sport, prima o poi ci si fa del male.

3. Ti ho telefonato perché volevo sapere come stavi.

4. Se dobbiamo essere sinceri, non pensiamo di venire alla festa.

5. Laura è andata in banca perché aveva intenzione di aprire un conto.

6. Se parli troppo, ti si secca la gola.

5 **(D) Inventa una storia che contenga almeno 6 delle congiunzioni della lista.**

> a costo di - oltre a - senza - invece di - tanto da - in modo da - neanche a - a meno di - piuttosto che

6 **(D) Completa le frasi con le congiunzioni della lista.**

> modo da - neanche - anziché - a costo di - abbastanza da - oltre a - tanto da - piuttosto che

1. Ho corso _____ poter vivere cent'anni come una tartaruga.

2. Comprendere _____ combattere è il motto di molti pacifisti.

3. A Capri c'è così _____ vedere.

4. Questo documento descrive come configurare Norton AntiVirus in _____ effettuare una scansione di tutti i file.

5. _____ apparire snob ho deciso che mi compro la barca.

6. Luca è astemio, a casa sua di vino _____ a parlarne!

7. _____ uscire con quello lì mi faccio suora!

8. È un artista a tutto tondo, _____ cantare sa anche ballare molto bene e recitare.

7 (F) Trasforma le frasi nella forma con l'infinito.

1. Un film che tutti dovrebbero vedere - *Un film* _____
2. Un giorno che è meglio evitare - *Un giorno* _____
3. Delle medicine che bisogna prendere - *Delle medicine* _____
4. Un uomo che vogliamo dimenticare - *Un uomo* _____
5. Una macchina che qualcuno deve riparare - *Una macchina* _____
6. Dei soldi che bisogna cambiare - *Dei soldi* _____
7. Un uomo che si fa bene a sposare - *Un uomo* _____
8. Acqua che si può bere - *Acqua* _____

8 (H) Trasforma, quando è possibile, le frasi oggettive in frasi con l'infinito. Segui gli esempi.

Quella è la scultura che tutti pensano che sia la più rappresentativa di quell'artista. = **Quella è
la scultura che tutti pensano essere la più rappresentativa di quell'artista.**
Quella è la scultura che tutti pensano che abbia fatto Michelangelo. = (trasformazione
impossibile) *Quella è la scultura che tutti pensano aver fatto Michelangelo.*

1. È proprio quel tipo di fungo che i medici dicono che mi abbia causato allergia.
2. Quell'uomo che vedi è uno che dicono che abbia fatto il giro del mondo in barca a vela.
3. Quella è la casa in cui credo che Verdi abbia vissuto.
4. Ho comprato un libro che, ho scoperto, era appartenuto a Mazzini.
5. La persona con cui ho parlato al telefono credo che sia il direttore commerciale dell'azienda.
6. Questa è la pizzeria in cui tutti dicono che si mangia la pizza più buona di Napoli.

**9 (H) Trasforma le frasi con la costruzione *a + infinito* in frasi relative introdotte da un indefinito.
Segui l'esempio.**

Sono davvero in molti a parlare in dialetto in questo paese! = **Sono davvero in molti che
parlano in dialetto in questo paese!**

1. Questo numero verde* è inutile! Non c'è mai nessuno a rispondere al telefono!
2. Questa volta sono stati davvero in tanti a votare.
3. Sono in pochi a credere all'innocenza di quell'uomo.
4. Ieri ne ho visti molti in piazza a protestare.
5. Guardali! Sono tutti seduti lì ad aspettare che gli portiamo la cena.
6. Erano migliaia a festeggiare la vittoria dei Mondiali in piazza!
7. Al bar oggi erano solo in 3 a giocare a biliardo.
8. Domani saremo moltissimi ad andare alla manifestazione a Roma!

Note: * *numero verde: un numero di telefono gratuito offerto da molte aziende per i rapporti con i clienti.*

10 L'infinito

La costruzione *far fare*

Il verbo *fare* + un altro verbo all'infinito è una costruzione molto usata in italiano.

A Costruzioni con *FAR FARE* (*FARE* + infinito)

■ Se io non compio una determinata azione, ma faccio in modo che questa azione sia compiuta da qualcun altro, uso la costruzione *fare* + **infinito**.

Io apro la finestra. (Io compio l'azione)
*Io **faccio aprire** la finestra.* (Un altro compie l'azione)

■ La persona che deve compiere l'azione (nell'esempio sopra la persona che deve aprire la finestra) viene segnalata in modi diversi a seconda del tipo di frase:

▶ **CASO 1** - Con **verbo intransitivo** (come *andare* o *camminare*) o comunque **senza oggetto** ("*scrivere*", non "*scrivere una lettera*") la persona che compie l'azione espressa dal verbo all'infinito è introdotta in genere da un articolo o altro determinante. Posso usare in questo caso un pronome diretto per indicarla.

*Faccio dormire **il** bambino.* - ***Lo** faccio dormire.*
*Faccio scrivere **gli** studenti.* - ***Li** faccio scrivere.*
*Faccio incontrare **due** amiche.* - ***Le** faccio incontrare.*

▶ **CASO 2** - Con un **verbo transitivo** con oggetto **diretto**, ("*scrivere una lettera*", "*cantare una canzone*") la persona che compie l'azione espressa dal verbo all'infinito è introdotta normalmente dalla preposizione *a*. In questo caso, se vorrò usare un pronome, dovrò usare un pronome indiretto.

*Faccio leggere un libro **al bambino**.* - ***Gli** faccio leggere un libro.* - ***Glielo** faccio leggere.*
*Faccio bere un bicchiere di vino **a mia sorella**.* - ***Le** faccio bere un bicchiere di vino.* - ***Glielo** faccio bere.*
*Faccio cantare una canzone **ai miei studenti**.* - ***Gli faccio** cantare una canzone.* - ***Gliela** faccio cantare.*

▶ **CASO 3** - Con verbo che ha oggetto **diretto** e **termine** (se il verbo porta cioè con sé sia un oggetto diretto che un complimento di termine introdotto da *a*, per es: "*scrivere una lettera ai nonni*"), la persona che compie l'azione espressa dal verbo all'infinito può essere ancora segnalata dalla preposizione *a*. Ma in questo caso abbiamo due "persone" introdotte da *a* e questo può creare confusione. Per questo, se necessario, la persona che compie l'azione espressa dal verbo può essere segnalata dalla preposizione *da*.

Faccio scrivere una lettera (oggetto diretto) ***ai miei** genitori* (termine) ***da (a)** mio fratello.* - ***Gliela** faccio scrivere da mio fratello.*
*Faccio fare una serenata a Maria **da (a)** un musicista.* - ***Gliela** faccio fare da un musicista.*
*Faccio raccontare una storia a mia figlia **da (a)** suo nonno.* - ***Gliela** faccio raccontare da suo nonno.*

▶ In ogni caso la persona che compie l'azione espressa dal verbo all'infinito può essere introdotta comunque dalla preposizione *a*, senza possibilità di confusione, specialmente se il significato della frase e l'intonazione della voce nel parlato aiutano in questo senso.

*Lui fa scrivere una lettera ai suoi genitori **a me**!*
*Proprio **a me** lui fa fare questo!*

B FAR FARE e i riflessivi

■ Nelle costruzioni con il *fare* + infinito **i verbi riflessivi perdono il pronome riflessivo**.

Faccio **arrabbiare** *un mio amico.*
Faccio **pettinare** *il bambino.*

■ Il verbo riflessivo all'infinito **non può legarsi** nemmeno con altre particelle pronominali, che dovranno quindi essere poste in altre posizioni:
- o unite al verbo *fare;*
- o prima del verbo *fare;*
- o prima di altri verbi che lo reggono.

Voglio **farlo** *arrabbiare.*
Lo voglio *far arrabbiare.*
Lo stai *facendo arrabbiare.*

■ Il verbo *fare* può avere un pronome riflessivo.

Mi faccio *telefonare*   **Ci facciamo** *telefonare*
Ti fai *telefonare*   **Vi fate** *telefonare*
Si fa *telefonare*   **Si fanno** *telefonare*

C FAR FARE - LASCIAR FARE

■ *Fare* + **infinito** significa provocare qualcosa, fare in modo che qualcosa avvenga.

Faccio *credere questo a qualcuno.* (Dico forse una bugia)
Faccio *capire che questo è vero.* (Cerco di spiegare la verità)

■ *Lasciare* + **infinito** significa non impedire che qualcosa avvenga.

Lascio *credere questo a qualcuno.* (Nascondo la verità)
Lascio *credere che questo è vero.* (Anche se so che non è vero)

D Usi del FAR FARE

■ La costruzione con il *fare* + infinito è molto usata:

▸ quando non si compie direttamente un'azione ma si fa in modo che la compia un altro;

Faccio **studiare** *gli studenti.*
Apro la porta e **faccio** *entrare i clienti.*

▸ nelle **frasi finali in cui il soggetto è diverso da quello della principale:**

- se una frase finale ha il soggetto uguale a quello della principale, infatti, la costruzione è semplicissima: ***per* + infinito**;

Lavoro (io) **per diventare** (io) *ricco.*
Tu corri **per arrivare** (tu) *presto.*
Lui studia le lingue **per viaggiare** (lui).

II La costruzione *far fare*

- se una frase finale invece ha il soggetto diverso da quello della principale, la frase è introdotta da **perché + congiuntivo** oppure da una costruzione (più semplice) con il **far fare**;

Parlo (io) **perché tu possa** capire. - *Parlo* (io) **per farti capire** (tu).

Mi ha telefonato **perché io cambiassi** idea. - *Mi ha telefonato* **per farmi cambiare** idea.

Si comporta così **perché tutti si arrabbino**. - *Si comporta così* **per fare arrabbiare** tutti.

▶ in una serie di frasi in cui si desidera **spersonalizzare il soggetto** che compie l'azione espressa dal verbo all'infinito.

Questo è un libro che mi **ha fatto capire** molte cose. (ben diverso da: "**Io** ho capito molte cose dopo aver letto quel libro.")
Le cose che hai detto **fanno ridere**.
Arrivo alle sette: non **farmi aspettare** eh?

ESERCIZI

Lo pianto stesso lì pianger non lascia
e 'l duol che trova in su li occhi rintoppo
si volge in entro a far crescer l'ambascia

Dante, "Divina Commedia, Inferno, Canto XXXIII"

I **(A - B) Chi parla con chi? Leggi le frasi e decidi chi sta parlando. Scegli tra i personaggi della lista.**

il manager alla segretaria - il parrucchiere alla cliente - il cuoco all'apprendista - il fidanzato alla ragazza - uno studente ad un altro - la commessa della lavanderia alla cliente - il commesso del negozio di dischi al ragazzo - il negoziante alla cliente

1. Te lo faccio vedere io come si prepara il tiramisù! _____

2. Signorina, se lo faccia mostrare dalla collega come funziona il fax. _____

3. Signora, l'abito glielo faccio lavare a secco, non si preoccupi. _____

4. Signora, la spesa gliela faccio portare a casa dal ragazzo. _____

5. Mia madre? Te la farò conoscere presto, cara. _____

6. Oggi glieli faccio più chiari del solito i capelli, va bene? _____

7. Perché non ce lo facciamo spiegare da tuo padre questo problema di fisica? _____

8. Vuoi che ti faccia sentire il nuovo disco di Jovanotti? _____

1.

5.

a. **suona il pianoforte**

b. **fa portare le valigie al marito**

c. **scrive una lettera**

d. **fa suonare l'allievo**

6.

2.

e. **porta le valigie**

f. **fa mangiare il coniglio**

g. **fa scrivere una lettera**

3.

7.

h. **mangia il coniglio**

4.

8.

La costruzione *far fare*

II

3 **(A) Completa il testo con le espressioni della lista.**

far analizzare - ha fatto produrre - farci capire - fa divertire -
ha fatto lavorare - farlo tradurre - farli corrispondere

Il dispositivo che fa parlare i mici

News - Tokyo (Giappone) - Dopo la creazione di un apparecchio che _____ i padroni di cani perché ne traduce il linguaggio, il colosso giapponese dei giocattoli Takara _____ per il mercato giapponese un analogo gingillo, chiamato Meowlingual, che promette di interpretare i miagolii dei gatti per tradurli in parole ed espressioni facciali. Il produttore sostiene che può _____ al suo traduttore felino i miagolii di 24 diverse specie di gatti e _____ a un'espressione (tra oltre 200) della lingua giapponese, come: "ho fame", "sono stanco", "voglio giocare", ecc.

L'apparecchio non è un giocattolo: per la sua produzione infatti la Takara _____ a stretto contatto i Japan Acoustic Laboratories e la Kogure Companion Animal Clinic, fino ad ottenere un risultato scientificamente valido.

Il dispositivo, che costa 8.800 yen (circa 67 euro), è composto da un microfono e da un display in cui vengono visualizzate le "faccine" che esprimono lo stato emotivo del gatto. L'apparecchio include anche delle domande pre-registrate che possono _____ lo stato di salute del nostro gatto.

Per la fine del prossimo marzo, Takara conta di vendere 300.000 Meowlingual, vuole _____ in inglese e commercializzarlo anche negli Stati Uniti, dove è già disponibile il traduttore per cani.

(http://punto-informatico.it)

4 **(A) Sostituisci le frasi sottolineate con delle forme con "*fare* + infinito".**

Es: *si nasconde così che non lo vede nesuuno* = *non si fa vedere*

GattoMatto - Roberto Angelini
...
Mi fissa con diffidenza
sul ciglio della porta
lo tocco, si gonfia, mi graffia
poi scappa, **si nasconde così che non lo vede nessuno**
il gatto matto si nasconde nel cortile
ma è curioso e lui lo sa
gira tutta la città
ma questa notte fa rumore così che non posso dormire
vuole entrare qua

Ehi, ehi! Apri così posso entrare
mi chiede per favore
ehi, dai, fuori c'è un cane
che mi vuole fare male

ehi, ehi, se mi vuoi bene
non <u>lasciare che io aspetti</u>
<u>apri così posso entrare</u>
sarò il gatto più fedele
che tu abbia conosciuto mai

Il gatto matto dorme nel mio letto
e per dispetto mangia pure nel mio piatto
e non solo, mi sporca anche tutto il pavimento
il gatto matto è molto furbo e attento
e quando ho gente a casa mia
non sa fare compagnia
ma che convivenza
ho perso la pazienza
vai fuori di qua!

Lui mi fissa con arroganza
sul ciglio della porta
lo tocco, si gonfia, mi graffia
poi scappa, <u>si nasconde così non lo vediamo</u>
il gatto matto si nasconde per le scale
è testardo e lui lo sa
lo sa tutta la città
che questa notte nonostante tutto
lui ritornerà
…
Gatto, Matto
gatto, se fai così <u>va a finire che io divento matto</u>
mi hai contagiato con il ritmo del tuo passo
il gatto matto che s'infila dentro il letto
e per dispetto <u>fa sì che io non dormo più</u>
…

(adattata da www.robertoangelini.it)

5 **(B - C) Unisci le frasi di sinistra con quelle di destra.**

1. Dario non sa dov'è il bagno,	a. falla raffreddare un po'.
2. Non mangiare ancora la torta,	b. lasciami vedere la TV in pace!
3. Se ne vuole proprio andare?	c. E allora lascialo andare no?
4. Basta con tutta questa confusione,	d. faglielo vedere tu.
5. Gli uomini italiani pensano di essere grande amatori	e. gli ho fatto credere che aveva vinto una vacanza ai Caraibi!
6. Che pesce d'aprile! Ho telefonato al mio amico e	f. e le donne italiane glielo lasciano credere.

6 (D) Inserisci le frasi nella tabella in base al significato che hanno le costruzioni con *"fare* + infinito*"*.

1. Devo far vedere questo gatto al veterinario, mi pare che non stia per niente bene.
2. Ho fatto riparare la porta al padrone di casa, non si chiudeva più.
3. Ieri Maria mi ha telefonato a mezzanotte passata! Mi ha fatto venire un colpo!
4. Mia madre è dovuta venire a scuotermi per farmi alzare, ero così stanca!
5. Quello che sta succedendo nel mondo fa pensare.
6. Per far venire anche Aldo devi dirgli che il pranzo è gratis, lo sai quanto è tirchio!
7. Dove hai messo l'anello di fidanzamento? Dai, fammelo vedere!
8. Parlare con tua madre mi ha fatto capire molte cose.
9. Ogni volta che lo vedo, quel film mi fa piangere.
10. Il capo di mio marito lo fa lavorare troppo!

far compiere l'azione a un altro	frase finale	spersonalizzazione del soggetto

7 (A - C) Inserisci nel testo *"fare* + infinito*"* o *"lasciare* + infinito*"* al posto delle frasi <u>sottolineate</u>, a seconda del significato. Segui l'esempio. Indovina poi chi è questo personaggio italiano.

Questa storia nasce dalla passione di un uomo che amava i motori e le competizioni sportive e che <u>ha fatto sì che il suo nome diventasse</u> sinonimo di qualità e velocità in tutto il mondo. Quest'uomo nacque a Modena nel 1898 e nel 1920 l'Alfa Romeo <u>lo prese prima a lavorare</u> come collaudatore, pilota, collaboratore commerciale e, infine, <u>non impedì che diventasse</u> direttore del reparto Alfa-Corse. Nel 1929 fondò a Modena una società sportiva <u>con l'intento che i soci corressero</u> e che diventò poi una filiale dell'Alfa Romeo. Nel 1940 però questa società si staccò dall'Alfa Romeo e diventò un'industria che produceva solo accessori per l'aeronautica, perché il contratto con l'Alfa <u>non permetteva che lavorassero</u> nell'ambito delle corse. Solo nel 1947, alla scadenza del contratto, progettò un'auto sportiva che <u>fece sì che guidasse Cortese</u> e che vinse sul circuito di Caracalla a Roma. Nel 1950 <u>fece sì che la sua scuderia prendesse parte</u> al primo campionato del mondo di formula uno, ed è al momento l'unica scuderia ad aver partecipato a tutti i successivi campionati. Al momento questa è anche l'unica "vera" scuderia costruttrice di automobili perché costruisce sia i motori che il telaio. Il fondatore morì nel 1988 ma il suo mito gli sopravvive.

Questa storia nasce dalla passione di un uomo che amava i motori e le competizioni sportive
*e che **ha fatto diventare il suo nome** sinonimo ...*

8 **(C)** **Avrai certamente capito che stiamo parlando di Ferrari, ma sai qual era il nome di questo famoso personaggio italiano?**
Per scoprire il nome di Ferrari scegli le frasi corrette fra le seguenti, le lettere ad esse abbinate ti daranno il nome.

1. Anche se non vuole, devi fargli prendere quella medicina, è importante!   **E**

2. Anche se non vuole, devi lasciargli prendere quella medicina, è importante!   **A**

3. Paolo è molto pigro, fagli fare del movimento, gli fa bene.   **N**

4. Paolo è molto pigro, lasciagli fare del movimento, gli fa bene.   **S**

5. Lasciami andare a casa, sono stanchissimo!   **Z**

6. Fammi andare a casa, sono stanchissimo!   **I**

7. Il cane non voleva, ma Matteo lo ha fatto uscire, perché in casa
   non dovrebbe stare.   **O**

8. Il cane non voleva, ma Matteo lo ha lasciato uscire, perché in casa
   non dovrebbe stare.   **N**

Il nome è __ __ __ __ Ferrari

La negazione

La frase negativa in italiano indica generalmente negazione, ma in alcuni casi può avere un senso affermativo.

A — Costruzioni con il *NON* pleonastico

■ Una funzione particolare della negazione (*non*) riguarda una serie di frasi in cui si può **facoltativamente** usare senza che il valore negativo abbia effetti significativi sul senso della frase. Si tratta insomma di un *non* pleonastico. Elenchiamo qui una serie di casi in cui questo tipo di negazione può essere presente:

▶ nelle frasi **comparative di disuguaglianza**;	*È una casa **più** grande **di quanto** tu (**non**) possa immaginare.* *È un discorso **meno** sorprendente **di quanto** io (**non**) credessi.* *L'esame è andato **meglio di quanto** (**non**) avessi sperato.* *I risultati sono stati **peggiori di quanto** (**non**) ci meritassimo.*
▶ nelle frasi introdotte da "**indicatori di un evento non accaduto**" (tipo *per poco*, *mancarci poco che*, *a momenti*, ecc.);	*Ieri ho litigato con un carabiniere e **per poco** (**non**) mi arrestavano.* *La macchina ha sbandato e **c'è mancato poco che** (**non**) finissimo nel fiume.*
▶ nelle farsi di tipo **eccettuativo** (introdotte da *a meno che*, *eccetto che*, ecc.) e in quelle introdotte da *senza che*; in questi casi l'uso del *non* è decisamente frequentissimo;	*Verrò da te **a meno che non** debba lavorare.* *Sarebbe tornato **salvo che non** avesse avuto problemi.* *A quest'ora sarà sicuramente a casa, **a meno che non** sia rimasto bloccato dal traffico.* *Non posso dire una parola **senza che** tu **non** mi contraddica.* *Non passa giorno **senza che non** succeda qualcosa.*
▶ davanti a ***appena***.	*(**Non**) appena l'ho visto l'ho riconosciuto.* *(**Non**) appena arriveranno gli darò la bella notizia.* *(**Non**) appena fossero arrivati avrebbero scoperto la verità.*

B — FINCHÉ NON

■ Il *non* pleonastico può essere usato anche nelle frasi temporali introdotte da *finché*.	*Tutto andava bene **finché non** è arrivato lui.* *Ha letto per ore e ore, **finché non** si è addormentato.* *Sono rimasto lì **finché non** è arrivata lei per sostituirmi.* *Parlerò **finché non** sarai stanco.*

■ Tuttavia in alcuni casi l'uso del **non** o la sua assenza può cambiare il senso della frase:

▷ quando il senso di **finché** è prevalentemente quello di **fino al momento che (in cui)**, l'uso del **non** è da considerarsi facoltativo;	*Tutto andava bene* **finché non** *è arrivato lui.* = *Tutto andava bene* **finché** *è arrivato lui.* (fino al momento in cui è arrivato lui) *Ha letto* **finché non** *si è addormentato.* = *Ha letto* **finché** *si è addormentato.* (fino al momento in cui si è addormentato)
▷ quando **finché** indica prevalentemente **per tutto il tempo che**, l'uso del **non** cambia decisamente il senso della frase.	*Sono stato bene* **finché** *ho abitato a Milano.* = *Sono stato bene* **per tutto il tempo che** *ho abitato a Milano.* *Sono stato bene* **finché non** *ho abitato a Milano.* = *Sono stato bene* **per tutto il tempo che non** *ho abitato a Milano.* (fino al momento in cui mi sono trasferito a Milano)

C Cumulo di negazioni

■ In Italiano non vale la regola "matematica" per cui una doppia negazione afferma. Per questo troviamo frasi che a volte sono di difficile comprensione. Le "regole" generali sull'uso della doppia negazione possono riassumersi così:

▷ indefiniti negativi come **niente**, **nessuno** e **nulla**, quando seguono il verbo, pretendono che il verbo sia **negativo** (cioè introdotto dal **non**);	**Non** *ho visto* **niente.** **Non** *conosco* **nessuno.** **Non** *so* **nulla** *di questo argomento.*
▷ la negazione **non** può essere evitata in frasi interrogative;	*Hai visto* **niente?** (**Non** *hai visto* **niente?**) *Conosci* **nessuno?** (**Non** *conosci* **nessuno?**) *Ne sai* **nulla?** (**Non** *ne sai* **nulla?**)
▷ se **niente**, **nessuno** e **nulla** precedono il verbo, il verbo non ha bisogno di essere "negato" dal **non**;	**Niente** *è importante per lui.* **Nessuno** *parla tedesco qui.* **Nulla** *può cambiare questa mia opinione,*
▷ anche l'avverbio di tempo **mai**, se segue il verbo, pretende che il verbo sia negativo, cioè introdotto da **non** o da **niente**, **nessuno**, **nulla**;	**Non** *vado* **mai** *al cinema.* **Nessuno** *ha* **mai** *parlato di questo.* **Niente** *è* **mai** *cambiato negli ultimi tempi.* *L'erba cattiva* **non** *muore* **mai.**
▷ anche parole correlate dal nesso **né... né...** seguono la stessa regola;	**Non** *mangio* **né** *carne* **né** *pesce* **Né** *fumo* **né** *alcool fanno bene alla salute.* **Non** *ho* **mai** *studiato* **nessuna** *lingua classica,* **né** *latino* **né** *greco.*

▸ allo stesso modo richiedono un verbo negativo formule come *da nessuna parte*, *in nessun caso*, *per niente*, *mica*, *affatto*;

Non vado *da nessuna parte*.
Non ti perdonerò *in nessun caso*.
Non ti capisco *per niente*.
Non sono *mica* matto.
Non ho *affatto* fame.

▸ per questo motivo in una frase italiana possiamo avere una grande abbondanza di negazioni che si rafforzano fra loro;

Non ha *mai* fatto *niente* di buono.
A casa nostra *non* viene *mai nessuno*.
Non ho *mica* preteso *mai nulla*.
Niente ci separerà *mai in nessun caso*.
Non l'avessi *mai* fatto!
Lui *non* ci trovava *per niente nulla* da ridere.
Non si ferma *mai* davanti a *niente*.
Non è *mai* contenta di *nulla*, *né dei soldi né della fortuna*.
Non ne ho *mai* parlato con *nessuno*.
Nessuno gli ha *mai* insegnato *nulla*.
Non serve a *niente*.

▸ l'avverbio *senza* seguito da un indefinito richiede l'uso di un indefinito negativo (*nessuno* invece di *qualcuno*, *niente* invece di *qualcosa*);

Con la morte della moglie è rimasto solo, *senza nessuno*.
Non ha più né una casa né un lavoro. È rimasto *senza niente*.

▸ la negazione *non* può inoltre introdurre una frase interrogativa;

Scusa, *non* hai una sigaretta per me?
Non avreste per caso scarpe numero 50?

▸ l'interrogativa introdotta da *non* può avere anche un forte valore enfatico (come dire "incredibile!");

Al cinema *non ho incontrato la mia ex-moglie?*
Ancora tu? *Ma non dovevamo non vederci più?*

▸ i testi scientifici, i testi giuridici e quelli importanti per la precisione del messaggio evitano le frasi con doppia negazione per non provocare confusione. Nella lingua comune invece la doppia negazione è frequente e, spesso, obbligatoria.

(lingua giuridica): *Non c'è alcun obbligo di residenza nel comune in cui si sia presentata domanda di assunzione.*
(lingua comune): *Non c'è nessun motivo di preoccuparsi.*

Vivendo bene, si muore meglio; desiderando nulla, si possiede tutto. Non desiderare la roba d'altri. Però non bisogna né disprezzare né rifiutare per non offender nessuno

Ippolito Nievo, "Le confessioni di un italiano"

1 **(A) Leggi il brano e decidi quando il *NON* è usato in modo pleonastico. Segui l'esempio.**

Cara Laura,
scusami se ***non (1)*** ho risposto subito alla tua lettera, ***non (2)*** puoi immaginare lo stress degli ultimi giorni! Come ti avevo detto, abbiamo comprato una casa più vicina al centro e il trasloco ci ha portato via molto più di quanto ***non (3)*** immaginassimo. Tanto per cominciare, la ditta che avevamo contattato ***non (4)*** si è presentata il giorno del trasloco! Ma ti rendi conto? Naturalmente abbiamo telefonato e, ***non (5)*** appena hanno sentito il nostro nome, hanno inventato tutta una serie di scuse, Gianni si è così arrabbiato che ci è mancato poco che ***non (6)*** li mandasse a quel paese!
Insomma … abbiamo cambiato ditta.
Due giorni dopo la Trasportitalia si è presentata alla porta, ***non (7)*** un minuto di ritardo! Anzi, quasi in anticipo! Hanno caricato il camion e sono partiti. ***Non (8)*** avevamo avuto problemi ed eravamo davvero soddisfatti. Insomma, era andato tutto bene … finché ***non (9)*** siamo arrivati alla nuova casa.
Non (10) c'era nessuno!
Non (11) ti puoi immaginare l'angoscia! Abbiamo subito telefonato alla sede ma, essendo ora di pranzo, ***non (12)*** rispondeva nessuno. Abbiamo fatto un giro della zona, per vedere se il camion aveva sbagliato indirizzo … ma niente! Anzi, Gianni era così nervoso che per poco ***non (13)*** abbiamo avuto un incidente.
Non (14) sapevamo più che fare …
Per farla breve: il camion è arrivato dopo più di un'ora, quando ormai avevamo perso le speranze. E sai che ci hanno detto? Che stavano facendo uno sciopero a singhiozzo e, ogni 4 ore smettevano di lavorare per un'ora! E la ditta ***non (15)*** ci aveva detto niente per paura che ***non (16)*** gli commissionassimo il trasloco!
Meglio di quanto ***non (17)*** ci aspettassimo comunque, visto che ormai avevamo dato per persi tutti i mobili!
Beh, ora la nuova casa è pronta; ci siamo sistemati e ***non (18)*** vediamo l'ora di vedervi. Vi va di venire a passare qualche giorno qui da noi? Posso farvi da guida della città, a meno che ***non (19)*** mi arrivi qualche progetto di lavoro all'ultimo momento …ma mi farebbe molto piacere passare un po' di tempo con voi.
Un bacio e a presto
Sonia

12 La negazione

	Pleonastico	Non pleonastico		Pleonastico	Non pleonastico		Pleonastico	Non pleonastico
1		x	8			15		
2			9			16		
3			10			17		
4			11			18		
5			12			19		
6			13					
7			14					

2 (A - B) Riordina le frasi. Decidi se è o no possibile inserire il *NON* pleonastico. Segui l'esempio.

Es: Quel/ trovo/ meno/ lo/ di quanto/ anni/ fosse/ divertente/ fa/ comico/ lo =
Quel comico lo trovo meno divertente di quanto (non) lo fosse anni fa.

1. Ieri/ di quanto/ Schumacher/ l'/ scorso/ avesse fatto/ anno/ peggio/ ha guidato/molto
2. Due/ è mancato/ fa/ mi innamorassi/ estati/ che/ poco/ ci
3. Lo/ senza che/ nessuno/ farò/ dica niente
4. arrivo/ Appena/ ti/ casa/ telefono/ a
5. il volo/ finché/ Non ho potuto/ il/ ho saputo/ che/ avevo/ confermare/ le ferie
6. mi/ mia/ Stamani/ finché/ madre/ ho dormito/ ha svegliato

3 (B) Scegli se usare o no il *NON* pleonastico dopo *FINCHÉ*, a seconda del significato della frase.

1. Lucia conduceva una vita felice, poi un giorno ha incontrato Giorgio, si sono sposati, ma lui l'ha resa così infelice che lei lo ha lasciato dopo pochi mesi. = Lucia conduceva una vita felice finché _____ ha incontrato Giorgio.
2. Sono andato a vivere da solo da pochi mesi e da allora mangio sempre poco e male, invece quando stavo dai miei mangiavo benissimo. = Ho mangiato molto bene finché _____ ho vissuto con i miei.
3. Mio figlio era un bambino calmo, quando ha cominciato ad andare all'asilo è cambiato completamente ed è diventato uno scalmanato. = Mio figlio è stato un bambino calmo finché _____ è andato all'asilo.
4. Siobhan si era iscritta a italiano all'università perché pensava che fosse una lingua molto facile, quando ha iniziato a frequentare il corso però ha cambiato idea. = Siobhan pensava che l'italiano fosse una lingua facile finché _____ si è iscritta all'università.
5. Olivia ha fatto sport per molti anni, quando ha smesso ha messo su diversi chili. = Olivia ha mantenuto il peso forma finché _____ ha fatto sport.
6. Paolo è cresciuto in Francia e ha imparato il francese molto bene, purtroppo quando la famiglia si è trasferita non ha avuto più la possibilità di usarlo e lo ha in gran parte dimenticato. = Paolo ha parlato bene francese finché _____ è vissuto in Francia.

4 (A) Janet dà consigli a una sua amica che vuole andare in Italia per un anno. Completa le frasi con le espressioni della lista.

meno di quanto non - senza che - non appena - a meno che - appena - a meno che non - più di quanto non

1. _____ paghi per qualcosa ti danno uno scontrino, non buttarlo o potresti avere problemi con la Guardia di Finanza!
2. _____ piove trovi qualcuno che ti vuole vendere un ombrello. Molto comodo!
3. Non sempre riesci ad entrare nel bagno di un bar _____ tu non compri qualcosa al banco.
4. Non passa quasi mai un giorno _____ qualcuno non litighi con qualcun altro, abituatici.
5. L'Italia non è così economica, infatti anche gli affitti costano _____ si pensi.
6. Gli italiani bevono _____ si creda.
7. Spesso non puoi usare la carta di credito _____ abbia con te un documento d'identità.

5 (C) Scegli la forma corretta tra (a) o (b). Segui l'esempio.

Es: (a) _**Non ho mai visto un monumento così bello.**_ (b) _Ho mai visto un monumento così bello._

1. (a) _Non capisco niente di architettura._ (b) _Capisco niente di architettura._
2. (a) _In casa non c'è qualcuno._ (b) _In casa c'è qualcuno._
3. (a) _Non ho detto nulla di male._ (b) _Ho detto nulla di male._
4. (a) _Non ha detto di non sapere niente._ (b) _Non ha detto di sapere niente._
5. (a) _Nessuno non beve un cappuccino dopo pranzo._ (b) _Nessuno beve un cappuccino dopo pranzo._
6. (a) _Non bevo nessun alcolico._ (b) _Bevo nessun alcolico._
7. (a) _Non sono mica un bambino!_ (b) _Sono mica un bambino!_
8. (a) _Non mica male questa storia!_ (b) _Mica male questa storia!_
9. (a) _Non sono più tornato in quell'albergo._ (b) _Sono più tornato in quell'albergo._

6 (C) Decidi quale delle spiegazioni a destra corrisponde alla frase a sinistra. Segui l'esempio.

1. Se dico che "**non ho detto di non sapere niente**" significa che:	a. _so qualcosa._ b. _so tutto._ c. _non so niente._
2. Se dico che "**non nego di non essere la persona giusta per fare un certo lavoro**" significa che:	a. _penso di non essere la persona giusta._ b. _penso di essere la persona giusta._ c. _penso di non essere la persona sbagliata._
3. Se dico che "**non ho mai fatto male a nessuno**" significa che:	a. _ho sempre fatto male a qualcuno._ b. _qualche volta ho fatto male a qualcuno._ c. _sono una persona buonissima, quasi un santo._
4. Se dico che "**il giudizio non era per niente negativo**" questo significa che:	a. _il giudizio non era positivo._ b. _il giudizio era molto negativo._ c. _il giudizio era positivo._
5. Se dico che "**non ho mai rifiutato nessun lavoro finché non sono diventato ricco**" questo significa che:	a. _quando ero povero non facevo tutti i lavori che mi offrivano._ b. _ora sono ricco ma prima facevo tutti i lavori che mi offrivano._ c. _non sono ricco ma ho sempre lavorato._
6. Se a una persona che mi racconta un fatto dico: "**non me lo dire!**" questo significa:	a. _sta' zitto!_ b. _stai dicendo cose non vere!_ c. _non ci posso credere!_
7. Se dico a qualcuno "**non puoi negare di non avere mai avuto un carattere ottimista**" intendo dire:	a. _non sai di essere ottimista._ b. _sai benissimo di essere ottimista._ c. _sai benissimo di essere pessimista._

Le alterazioni del nome

I <u>suffissi</u> alterativi caratterizzano un nome in senso quantitativo o qualitativo e servono anche a stabilire col sostantivo stesso un rapporto di tipo affettivo.

A Gli alterati

■ I suffissi alterativi si usano per:

▶ dare al nome un significato di maggiore o minore dimensione;	*Sto leggendo un librone di 500 pagine.* *È un libretto di poche pagine, ma pieno di cose interessanti.*
▶ dare al nome un significato di maggiore o minore qualità;	*È un professorone, uno che ha scritto molti libri.* *Ada abita in un quartieraccio e la sera non esce mai da sola.*
▶ stabilire con il nome un rapporto di tipo affettivito.	*Ciao fratellone!* *Questo è il mio cuginetto.*

■ Un nome alterato può assumere molte volte un significato autonomo: ad es. *portone* non è necessariamente "una porta grande" ma è "la porta della casa che dà sulla strada", così come la *vetrina* non è "un vetro piccolo", ma "la parte esterna di un negozio nella quale vengono esposti i prodotti".

porta ➔ **portone** (= porta della casa che dà sulla strada)
vetro ➔ **vetrina** (= parte esterna di un negozio nella quale vengono esposti i prodotti)

■ In alcuni casi un nome può subire più alterazioni.

porta ➔ **portone** ➔ *portoncino* (= piccolo portone)
spago ➔ **spaghetti** ➔ *spaghettini* (= spaghetti molto sottili)

■ La scelta di un determinato suffisso alterativo dipende esclusivamente dall'uso e dalla consuetudine linguistica:
si dice *ponticello* e non *pontino*; si dice *chiodino* e non *chiodetto*; si dice *tuffetto* e non *tuffino*, ma si può dire *tuffettino*.
Di solito comunque nella scelta del suffisso si evita l'accumulo di suoni uguali: si dice *asinello* e non *asinino*, *tettuccio* e non *tettetto*.

ponte ➔ *ponticello* (e non: *pontino)
chiodo ➔ *chiodino* (e non: *chiodetto)
tuffo ➔ *tuffetto* (e non: *tuffino)
asino ➔ *asinello* (e non: *asinino)
tetto ➔ *tettuccio* (e non: *tettetto)

■ Alcune parole, quando vengono alterate, cambiano genere e da femminili diventano maschili o viceversa.

una donna ➔ **un** donnone
una cravatta ➔ **un** cravattone
un palazzo ➔ **una** palazzina

Alcune parole possono sembrare alterate ma in realtà non lo sono, perché hanno un significato del tutto diverso dall'ipotetica forma base. Ad es. un *mattone* non è "un uomo molto matto" ma un tipo di pietra che si usa per costruire le case.

mattone (tipo di pietra usato per costruire case e non: *uomo molto matto)

mattino (parte della giornata e non: *uomo un po' matto)

tacchino (animale simile al pollo e non: *piccolo tacco)

■ Oltre che con i nomi, i suffissi alterativi possono essere usati anche con:

▸ **aggettivi**;

bello ➤ *bellino*
ingenuo ➤ *ingenuotto*
furbo ➤ *furbastro*

▸ **verbi**.

cantare ➤ *canticchiare*
fischiare ➤ *fischiettare*
saltare ➤ *saltellare*

Nome	Alterato con cambio di significato	Alterato con cumulo di suffissi alterativi
bottiglia	bottiglione	bottiglioncino
porta	portone	portoncino
campana	campanello	campanellino
gioco	giochetto	giochettino
giubba	giubbotto	giubbottaccio
grano	granello	granellino
penna	pennacchio	pennacchietto
scarpa	scarpone	scarponcino
spago	spaghetti	spaghettini
spina	spinotto	spinottino
vetro	vetrina	vetrinetta

B Il diminutivo

■ Il **suffisso** *-ino/-ina*:

▸ *-ino/-ina* significa **piccolo** e normalmente determina col sostantivo un rapporto affettivo e positivo.

*Mi dai un **bacino**?*
*Marco, lo vuoi il **cavallino** a dondolo per Natale?*

▸ è molto usato nel linguaggio dei bambini ed è frequentemente impiegato nel cumulo di suffissi;

*Ti fa male il **pancino**?*
*Che bella **giacchettina**!*

▸ alcuni sostantivi col suffisso *-ino/-ina* cambiano parzialmente o totalmente il loro significato.

Guarda quest'arancia com'è rossa!
*Ieri a Catania ho mangiato un **arancino** buonissimo.*
(specialità gastronomica siciliana a base di riso a forma di arancia)

B Le alterazioni del nome

Diminutivi in *-ino/-ina*		Diminutivi in *-ino/-ina* con cambio di significato	
bacio	**bacino**	boccone	**bocconcino** (genericamente cosa appetitosa)
cavallo	**cavallino**	bottega	**botteghino** (biglietteria)
chiodo	**chiodino**	formaggio	**formaggino** (un tipo particolare di formaggio fuso)
fanale	**fanalino**	palla	**pallino** (palla piccola nel biliardo o nel gioco delle bocce)
furgone	**furgoncino**	pasta	**pasticcino** (dolce adatto ad essere consumato col tè)
osso	**ossicino**	peperone	**peperoncino** (varietà piccante del peperone)
piede	**piedino**	ricordo	**ricordino** (souvenir, regalo fatto per lasciare un ricordo)
uccello	**uccellino**	tasca	**taschino** (la tasca piccola della giacca)
		telefono	**telefonino** (il telefono portatile)

■ Il **suffisso** *-etto/-etta*:

▶ *-etto/-etta* insieme con *-ino/-ina*, è il suffisso diminutivo più diffuso. Se *-ino/-ina* è quello preferito a Firenze e in Toscana, *-etto/-etta* prevale a Roma e nel Lazio;

Prendi il falcetto che tagliamo un po' d'erbacce.
Mi si è rotto il tacchetto della scarpa, aspetta!

▶ alcuni nomi col suffisso *-etto/-etta* cambiano il loro significato.

Aspetta, ti porto il cavalletto così la fotografia non viene mossa.

Diminutivi in *-etto/-etta*		Diminutivi in *-etto/-etta* con cambio di significato	
arco	**archetto**	ballo	**balletto** (ballo classico)
cerchio	**cerchietto**	cavallo	**cavalletto** (attrezzo per sostenere qualcosa)
falce	**falcetto**	cervello	**cervelletto** (parte posteriore del cervello)
falco	**falchetto**	collo	**colletto** (parte di un capo di abbigliamento intorno al collo)
gioco	**giochetto**	gambero	**gamberetto** (varietà di gambero)
graffio	**graffietto**	giornale	**giornaletto** (giornale a fumetti per ragazzi)
palco	**palchetto**	grillo	**grilletto** (componente meccanico di una pistola)
tacco	**tacchetto**	maglia	**maglietta** (canottiera, t-shirt)
borsa	**borsetta**	spago	**spaghetto** (tipo di pasta)
		uncino	**uncinetto** (strumento per lavorare a maglia)

■ Il **suffisso** *-ello/-ella*:

▶ *-ello/-ella* è usato in particolare in sud Italia;

Dopo il ponticello giri a sinistra e sei arrivato.

▶ alcuni nomi col suffisso *-ello/-ella* cambiano il loro significato.

Dopo essere stato al mare sono sempre pieno di granelli di sabbia.

Diminutivi in *-ello/-ella*	Diminutivi in *-ello/-ella* con cambio di significato	
albero	**alberello**	campana	**campanello** (per suonare alla porta di un appartamento)
fatto	**fatterello**	forno	**fornello** (la piastra elettrica o a gas per cucinare)
frate	**fraticello**	grano	**granello** (elemento piccolo, soprattutto di sabbia)
lardo	**lardello**	penna	**pennarello** (tipo speciale di penna)
ponte	**ponticello**	pomo	**pomello** (elemento decorativo a forma di sfera o di pomo)
povero	**poverello**	secchio	**secchiello** (piccolo secchio usato dai bambini al mare)
ramo	**ramoscello**	spina	**spinello** (sigaretta con droga)
riga	**righello**	verme	**vermicello** (tipo di pasta)
catena	**catenella**		

■ Il **suffisso** *-otto/-otta*:

▶ *-otto/-otta* è sempre un suffisso diminutivo, ma collegato spesso ad un'idea di semplicità, qualche volta un po' grossolana, o a una forma bombata.

*Vieni a pranzo a casa mia? Ho fatto il ris**otto** ai funghi.*
*È un ragazz**otto** di buon cuore.*
*Come sto con il panci**otto**? Sono elegante?*

Diminutivi in *-otto/-otta*	
cucina	**cucinotto** (una piccola cucina, un angolo cottura)
giubba	**giubbotto** (tipo di giacca un po' bombata)
orso	**orsacchiotto** (pupazzo per bambini)
palazzo	**palazzotto** (palazzo signorile o nobiliare)
pancia	**panciotto** (gilet)
pizzico	**pizzicotto** (pizzico grossolano)
riso	**risotto** (specialità gastronomica)
salsiccia	**salsicciotto** (tipo di salsiccia)
scimmia	**scimmiotto** (ironicamente detto a persona o bambino)
spina	**spinotto** (tipo di spina in impianti elettrici)

■ Il **suffisso** *-uccio/-uccia*:

▶ *-uccio/-uccia* indica spesso una caratteristica di tenerezza o di affetto ed è perciò usato nella lingua riferita a bambini.

*Ti sei sporcato tutto con la terra, vatti a lavare le man**ucce**.*

Diminutivi in *-uccio/-uccia*	
cavallo	**cavalluccio**
bocca	**boccuccia**
cosa	**cosuccia**
mezzo	**mezzuccio**

Tutti i diminutivi, riferendosi comunque a una dimensione piccola, possono assumere un significato negativo se sono abbinati a determinati nomi:

filmetto (un film senza pretese)
lavoretto (un lavoro occasionale, senza prospettive per il futuro)
mezzuccio (un mezzo sleale per raggiungere un risultato)

musichetta (una musica anche carina o orecchiabile, ma non "importante")
professorino (professore giovane, inesperto, forse un po' presuntuoso)

C L'accrescitivo

■ Il **suffisso** *-one/-ona*:

▶ *-one/-ona* è il suffisso accrescitivo più usato in italiano. Implica un giudizio positivo o negativo a seconda del nome che va ad alterare (un *filmone* è un bel film, un grande film; un *fanciullone* è una persona adulta che si comporta come un bambino);

*Ieri ho visto un **film**one, era proprio bello.*
*Ha 40 anni, ma è proprio un fanciull**one**.*

▶ alcuni nomi col suffisso *-one/-ona* cambiano il loro significato.

*Quel professore è proprio un parrucc**one**!*

Accrescitivi in *-one/-ona*		Accrescitivi in *-one/-ona* con cambio di significato	
armadio	**armadione**	banco	**bancone** (il banco del bar o di un negozio)
finestra	**finestrone**	barca	**barcone** (tipo particolare di galleggiante)
lavoro	**lavorone**	bottiglia	**bottiglione** (bottiglia da due litri con forma speciale)
libro	**librone**	cena	**cenone** (cena di capodanno)
macchina	**macchinone**	cupola	**cupolone** (la cupola di San Pietro in Vaticano)
strada	**stradone**	falco	**falcone** (particolare tipo di falco)
scapolo	**scapolone**	parrucca	**parruccone** (persona conformista e tradizionalista)
volume	**volumone**	tromba	**trombone** (particolare tipo di tromba)

D Lo spregiativo

■ Il **suffisso** *-accio/-accia*:

▶ *-accio/-accia* è il suffisso che tende generalmente a caratterizzare un giudizio negativo;

*È successo un fatt**accio** che ti devo raccontare.*
*Ma questo latte ha un sapor**accio**! È andato a male!*

▶ il suffisso *-accio* può comunque avere anche una connotazione simpaticamente positiva, sia aggiunto a nomi comuni, sia a nomi propri;

*Quell'atleta aveva un talent**accio** come nessuno oggi!*
*Il mio amico è un geni**accio**, trova sempre una soluzione!*

▶ alcuni nomi col suffisso *-accio/-accia* cambiano il loro significato.

*Le mucche portano il campan**accio** al collo.*

Spregiativi in *-accio/-accia*		Spregiativi in *-accio/-accia* con significato positivo	Spregiativi in *-accio/-accia* con cambio di significato	
fatto	**fattaccio**	*fratellaccio* (quel fratello terribile, detto affettuosamente)	campana	**campanaccio** (la campana delle mucche)
giornata	**giornataccia**			
libro	**libraccio**	*geniaccio* (una persona di capacità creative non comuni)	coltello	**coltellaccio** (il coltello per tagliare la carne)
macchina	**macchinaccia**			
persona	**personaccia**	*talentaccio* (un talento grande, incredibile, da far invidia)	tavolo	**tavolaccio** (il letto per i prigionieri in cella)
sapore	**saporaccio**			
storia	**storiaccia**	*Lorenzaccio* (per dire che Lorenzo è stato cattivo, affettuosamente)		
tempo	**tempaccio**			

■ Il **suffisso** *-icchio/-acchio*:

▶ *-icchio/-acchio* significa quasi sempre piccolo in senso negativo (= *con poco valore*);

Non andare dall'avvocato Rossi, è un avvocaticchio da quattro soldi.

▶ alcuni nomi col suffisso *-icchio/-acchio* cambiano il loro significato.

Ti piacciono i cannolicchi o preferisci le penne?

Spregiativi in *-icchio/-acchio*		Spregiativi in *-icchio/-acchio* con cambio di significato	
avvocato	**avvocaticchio**	cannolo	**cannolicchio** (tipo di pasta)
uomo	**ominicchio**	croce	**crocicchio** (incrocio di più strade, spesso secondarie)
		penna	**pennacchio** (ciuffo di penne usato per decorazione sui capelli o sul cappello)

■ Il **suffisso** *-astro/-astra*:

▶ *-astro/-astra* significa *simile a*, *quasi*, usato però sempre in senso negativo;

Non ha mai scritto niente di buono, è solo un poetastro.

▶ i nomi *fratellastro* e *sorellastra*, per vecchia tradizione, hanno sempre una caratteristica "negativa". Oggi, sono parole cadute un po' in disuso (come anche *patrigno* e *matrigna*).

Le sorellastre di Cenerentola.

Spregiativi in *-astro/-astra*	
giovane	**giovinastro**
poeta	**poetastro**
pollo	**pollastro**
fratello	**fratellastro**
sorella	**sorellastra**

E *Altre alterazioni*

■ Il nome può essere alterato con molti altri suffissi e anche in modi diversi:

▶ fra i suffissi più "impropri" c'è certamente la forma *-issimo* che normalmente si usa per alterare il grado di un aggettivo, ma che può essere usata nella lingua parlata, nel linguaggio pubblicitario o solo ironicamente anche per alterare un nome, indicandone caratteristiche estremamente positive;

*Le mel**issime** (le mele buone, buonissime - pubblicità)*
*L'amar**issimo** (l'amaro saporito, saporitissimo - pubblicità)*
*Canzon**issima** (titolo di un programma televisivo di musica).*
*Il General**issimo** (il Generale Franco di Spagna)*
*Il Veglion**issimo** (il veglione di capodanno del 31 dicembre)*

▶ nel parlato possiamo poi inventare qualunque neologismo aggiungendo a un sostantivo (o anche a un nome proprio, perfino a un avverbio o a qualunque parola) il suffisso *-issimo*;

*Stasera in tv c'è Milan-Real Madrid. È una part**issima**. (= una partita importante, da non perdere)*
*Arrivo subito, subit**issimo**!*

un'altra alterazione del nome molto diffusa è quella di **ripetere** il sostantivo due volte per indicarne la genuinità, l'autenticità;

*Da noi avrete solo **latte latte** fatto da mucche, ma **mucche mucche**!* (cioè latte vero, fatto non da mucche qualunque, ma da mucche davvero eccellenti)
*Ora abito in un appartamento piccolo, ma quando avrò una **casa casa** la mia vita sarà diversa…* (= una casa vera)

allo stesso modo, per indicare genuinità e autenticità di un sostantivo, possiamo farlo precedere dal titolo *signor/signora*;

*Non è un film qualunque, è un **signor film**!*
*Ho comprato una macchina, una **signora macchina**!*

il raddoppiamento del nome o il titolo di *signor* corrispondono alle locuzioni, pure molto usate, **con i fiocchi**, **a regola d'arte**, **ben fatto**.

*Non è un film qualunque, è un **film con i fiocchi**!*
*Questo è un lavoro fatto **a regola d'arte**!*
*Se provi un caffè **ben fatto** non riuscirai più a bere il caffè americano!*

ESERCIZI

A Natale due barboni si incontrano e uno dei due chiede: "Ciao, cosa hai mangiato oggi?" "Un tacchino" risponde l'altro. "Cooosa? Un tacchino? E dove l'hai trovato?" E con un sospiro l'altro risponde: "Sotto una scarpina".

1 (Tutti) Correggi la "Filastrocca Corta e Matta" spostando nel giusto spazio tutte le parole sottolineate.

Filastrocca corta e matta	***Filastrocca corta e matta***
Filastrocca corta e matta,	*Filastrocca corta e matta,*
*il porto vuole sposare la **terra**,*	*il porto vuole sposare la _____,*
*la viola studia il **melone**,*	*la viola studia il _____,*
*il mulo dice: "Mio figlio è il **violino**",*	*il mulo dice: "Mio figlio è il _____",*
*la mela dice: "Mio nonno è il **mattone**",*	*la mela dice: "Mio nonno è il _____",*
*il matto vuole essere un **mulino**,*	*il matto vuole essere un _____,*
*e il più matto della **porta**,*	*e il più matto della _____,*
sapete che vuole? Fare la guerra!	*sapete che vuole? Fare la guerra!*

2 (A - B - C) Scrivi sotto ogni disegno il sostantivo corretto fra quelli della lista.

albero - macchina - tazza - campana - palla - porta - scarpa - scarpina - macchinone - portone - macchinina -
ponte - alberello - campanellino - tazzina - scarpone - pallone - pallina - campanello - portoncino - ponticello

1.

_____   _____

2.

_____   _____

3.

_____   _____   _____

4.

_____

_____

_____

5.

_____   _____   _____

6.

_____   _____   _____

7.

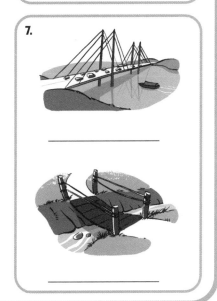

_____

_____

8.

_____   _____   _____

B Le alterazioni del nome

3 **(A - B - C)** Fornisci una definizione per ogni sostantivo alterato che ti viene dato e trova la parola da cui è derivato, puoi aiutarti con il dizionario. Segui l'esempio.

1.	**giubbotto**	*una giubba corta, una giacca corta sportiva. Deriva da giubba.*
2.	cantuccino	
3.	spaghetti	
4.	spinotto	
5.	uccellino	
6.	trenino	
7.	ossicino	
8.	giochetto	
9.	tacchetto	
10.	campanello	
11.	righello	
12.	ramoscello	
13.	lavorone	
14.	librone	
15.	fattaccio	
16.	giornataccia	

4 **(B)** *-ino* o *-etto*? Come hai visto spesso la scelta di *-ino* o *-etto* dipende dall'uso e può cambiare da regione a regione. Forma i diminutivi delle parole seguenti.

1. Una giacca non pesante è una _____

2. Un piccolo furgone è un _____

3. Se porti scarpe numero 36 hai davvero dei _____

4. Mio figlio vorrebbe un piccolo cavallo, un _____

5. Un piccolo libro con il testo di un'opera lirica si chiama _____

6. Non ti preoccupare se il gatto mi ha graffiato, è solo un _____

7. Una piccola casa è una _____

8. Un piccolo tacco è un _____

5 **(B - C)** Leggi la descrizione di questo personaggio, trova i sostantivi alterati e scrivi da quale parola derivano.

Questo personaggio visse nel secolo scorso. Nel 1900 divenne una figura molto importante. Era un omino basso, con dei baffetti e gli occhietti vispi. Nonostante fosse una figura di potere, sembrava un ragazzino negli abiti di papà. Il giaccone militare era sempre un po' troppo largo e i pantaloni sempre un po' troppo lunghi, la giacchetta era coperta di medaglie e mediagliette, stelle e stellette. Ogni volta che attraversava la città alzava la manina a salutare la folla e i militari del battaglione. Per i primi 12 anni del suo regno l'Italia progredì in un periodo di pace, fino alla prima guerra mondiale e poi l'avvento del Fascismo. Sai come si chiamava questo personaggio?

1. _____ viene da _____
2. _____ viene da _____
3. _____ viene da _____
4. _____ viene da _____
5. _____ viene da _____
6. _____ viene da _____
7. _____ viene da _____
8. _____ viene da _____
9. _____ viene da _____

6 **(A - B - C)** Scopri il nome del personaggio dell'esercizio precedente. Identifica nella lista i falsi alterati (cioè le parole che possono sembrare alterate ma in realtà non lo sono) e arriva così al nome corretto. Inizia dal sostantivo in neretto.

TACCHINO	SCARPINA	FAZZOLETTINO	MAGLINA
MAGLIETTA	BAMBINO	LIBRICCINO	CALZINO
LIBRONE	STATUETTA	MATTONE	OCCHIOLINO
TORTINO	BIDELLO	FIORELLINO	RAGAZZACCIO
AMORETTO	VIZIACCIO	PRIGIONE	PANINO
AGENDINA	CASETTA	DONNONE	LIMONE

Benito Mussolini	**Giulio Cesare**	**Adolf Hitler**	**Vittorio Emanuele III**

7 **(A - B - C) Completa le frasi con le parole della lista.**

balletto - palazzotto - seratina - pasticcini - fumetti - campanello - pennarelli - giornaletto - cavalletto

1. Ieri sono andata a prendere il tè da Mary. È stata un'esperienza indimenticabile, i _____ che prepara sono deliziosi!

2. Conosci Mary, no? È quella signora inglese che vive in un _____ del centro, vicino a Piazza Mercanti.

3. Mentre parlavamo ho notato che in un angolo della sala aveva un _____ per dipingere.

4. Mi ha spiegato che la pittura è un nuovo hobby, le è sempre piaciuto disegnare, infatti da ragazza illustrava _____ per un _____ per ragazzi.

5. Il quel momento è suonato il _____.

6. Mary aveva ordinato dei _____ per colorare la tela. Quando è tornata mi ha mostrato come vanno usati.

7. In questo periodo sta preparando dei quadri moderni per la coreografia di uno spettacolo di danza della figlia, un _____ sul tema del Rocky Horror Picture Show.

8. Insomma, davvero una _____ interessante!

8 **(B - C - D) Completa le frasi con le parole della lista e rispondi VERO o FALSO alle affermazioni.**

spaghetti - peperoncino - cenone - fornello - granelli - cucinotto - gamberetti - coltellaccio - risotto - formaggino

		V	F
1.	La cucina del nord Italia usa molto _____.	☐	☐
2.	I _____ fritti sono una specialità delle località di mare.	☐	☐
3.	Per cuocere la frittata occorre avere il _____ molto caldo.	☐	☐
4.	Il miglior formaggio per la pizza è il _____.	☐	☐
5.	Gli _____ alla carbonara sono originari di Roma.	☐	☐
6.	Molte case moderne, non hanno più una cucina grande, abitabile ma un _____.	☐	☐
7.	A Milano si cucina un piatto speciale di riso: il _____ alla Milanese.	☐	☐
8.	Di solito a Pasqua si organizza una grande cena con gli amici o con la famiglia, il _____.	☐	☐
9.	Per tagliare il pane si usa il _____.	☐	☐
10.	Normalmente sulla schiacciata si mettono dei _____ di sale grosso.	☐	☐

9 (B - C - D) Risolvi il cruciverba.

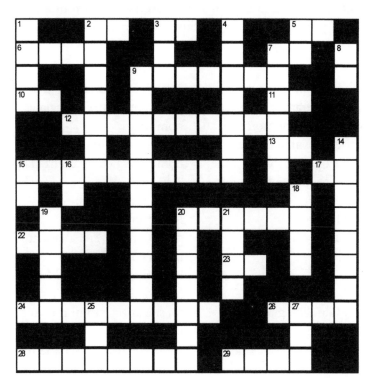

Orizzontali ➔

2. La sigla della provincia di Bari

3. L'articolo indeterminativo di *geniaccio*.

5. La sigla automobilistica di Lucca.

6. Una donna poco raccomandabile: una *donna* _____.

7. La sigla della provincia di Cagliari.

9. Una donna grande e grossa.

10. Un altro modo per scrivere *"o"*.

11. Il contrario di *sì*.

12. La biglietteria di un teatro.

13. La sigla della provincia di Nuoro.

15. Così si chiama anche il cellulare.

17. La sigla della provincia di Arezzo.

20. Un gioco breve e facile si dice *gio_____*.

22. Quando un adulto porta un bambino dietro le spalle si dice che sta a *cavallu_____*.

23. La sigla della provincia di Taranto.

24. Un altro nome per il *gilet*.

26. Un primo piatto fatto con riso è il *ris_____*.

28. Una sigaretta fatta con hashish o marijuana.

29. Un piccolo libro si dice *libri_____*.

Verticali ↓

1. Un brutto libro è un *libra_____*.

2. Il banco del bar.

3. L'articolo indeterminativo per *spinotto*.

4. Un piccolo cane si chiama *ca_____*.

5. L'articolo determinativo per *musichetta*.

7. Così si chiama la cena di Capodanno.

8. Un professore giovane e inesperto è un *professori_____*.

9. Un dottore inesperto, poco bravo.

14. Una specialità gastronomica siciliana a base di riso, a forma di arancia.

15. La sigla della provincia a di Torino.

16. Sinonimo di *là*.

18. Il collo di una camicia si chiama *_____etto*.

19. La bocca di un bambino piccolo si può anche chiamare *bocc_____*.

20. Un orso di peluche si chiama *orsac_____*.

21. La danza classica si chiama anche *ball_____*.

25. Insieme, in compagnia.

27. Un piccolo pizzico si dice *pizzico_____*.

10 **(A - B - C - D)** In questo racconto Gianni Rodari gioca con i falsi alterati, cioè quelle parole che sembrano alterate ma in realtà non lo sono. Inserisci tu i nomi alterati sbagliati. Segui l'esempio. Cerca poi il significato dei falsi alterati che danno Marco e Mirco.

Il matto

Marco e Mirco, i gemelli terribili, non hanno il minimo rispetto per i nomi alterati. Ieri, per compito, essi dovevano trovare per l'appunto certi accrescitivi, diminuitivi, vezzeggiativi eccetera. "Come chiamereste con una parola sola un cane molto grosso?" domandava gentilmente la grammatica.

"Un ***cannone***" ha risposto Marco.

E Mirco ha fatto eco: "Bum!"

"Un monte assai alto?"

"Un _____ "

"Un tacco piccolo e sottile?"

"Un _____. Glù, glù, glù!"

"Una torre robusta e imponente?"

"Un _____".

Così sono andati avanti per un pezzo, facendo scempio dei poveri nomi. Una brutta foca, per colpa loro è diventata una _____ pronta per essere mangiata. Un baro è stato nominato _____.

"Un tipo matto grande, grosso e sempre allegro?" domandava con pazienza la grammatica.

"Un _____!" hanno risposto a una voce i due gemelli.

Ma scherzare con i matti è pericoloso. A questo punto, infatti, si è affacciato nella stanza, dalla finestra aperta, un matto armato di un mattone e lo ha tirato in testa a Marco. Poi ha scavalcato la finestra, è entrato, ha raccolto il mattone, è uscito, si è affacciato di nuovo e ha tirato il mattone in testa a Mirco. Poi è entrato di nuovo, ha raccolto il mattone, lo ha fatto a pezzettini e lo ha mangiato.

(adattato da Gianno Rodari, "I cinque libri", Einaudi, 1993)

sostantivo	falso significato	vero significato
cannone		

11 **(E)** Inventa la lingua! Prova a completare le frasi di queste pubblicità con un'alterazione adatta. Ricorda che puoi inventare quello che vuoi!

1. Prova il nuovo sugo al pomodoro UNTONI. È davvero un _____!

2. L'Hotel Relax è un _____! Solo da noi puoi veramente passare una vacanza _____.

3. Vuoi viaggiare con gusto e senza stress? Comprati la Maserati-city, una _____!

4. Per un pranzo _____ vieni da noi: ristorante Er Buchetto, vera cucina romana!

5. Condizionatore portatile De Corti, finalmente anche tu avrai un'estate non fresca, ma _____!

I nomi irregolari

Generalmente i nomi in -*a* sono femminili e quelli in -*o* maschili. Ma in molti casi le cose non stanno così.

A I nomi in -*a*

■ I nomi che finiscono con -*a* sono generalmente femminili e al plurale finiscono con -*e*. Fanno eccezione alla regola:	*la casa - le case* *la donna - le donne* *l'idea - le idee*
▶ alcuni nomi femminili con il singolare in -*a* e con il **plurale in -*i***;	*l'ala - le ali* *l'arma - le armi*
▶ un grande gruppo di nomi in -*a* di genere **maschile**: molti finiscono con -*i* **al plurale**. Fra questi distinguiamo la grande famiglia di nomi in -*ma* (plurale -*mi*).	*Gli ultimi due **papi** (singolare: papa) sono stati stranieri.* *Il sistema solare ha 9 **pianeti** (singolare: il pianeta).* *Odio i **teoremi** (singolare: il teorema) di matematica!* *I **programmi** (singolare: il programma) non sono sempre interessanti.*

il battericida - i battericidi l'erbicida - gli erbicidi il funghicida - i funghicidi lo spermicida - gli spermicidi l'uxoricida - gli uxoricidi il despota - i despoti il duca - i duchi	il geometra - i geometri il gerarca - i gerarchi il menarca (*difettivo del plurale*) il monarca - i monarchi il papa - i papi il parassita - i parassiti il patriarca - i patriarchi	il pederasta - i pederasti il pianeta - i pianeti il pilota - i piloti il pirata - i pirati il poeta - i poeti il profeta - i profeti lo scriba - gli scribi

l'aforisma - gli aforismi l'anagramma - gli anagrammi l'anatema - gli anatemi l'aroma - gli aromi l'automa - gli automi il carcinoma - i carcinomi il carisma (*difettivo del plurale*) il cataclisma - i cataclismi il clima - i climi il comma - (*raro:* i commi) il crisma - (*raro:* i crismi, *per lo più nell'espressione* "con tutti i crismi") il cromosoma - i cromosomi il diadema - i diademi il diaframma - i diaframmi il diagramma - i diagrammi il dilemma - i dilemmi	il diploma - i diplomi il dogma - i dogmi il dramma - i drammi l'eczema - gli eczemi l'ematoma - gli ematomi l'emblema - gli emblemi l'enfisema - gli enfisemi l'enzima - gli enzimi il fantasma - i fantasmi il fotogramma - i fotogrammi il glaucoma - i glaucomi l'idioma - gli idiomi il linfoma - i linfomi il marasma - i marasmi il pachiderma - i pachidermi il panorama - i panorami il pentagramma - i pentagrammi	il perizoma - i perizomi il pigiama - i pigiami il poema - i poemi il prisma - i prismi il proclama - i proclami il programma - i programmi lo schema - gli schemi lo scisma - gli scismi il sisma - i sismi il sistema - i sistemi il sofisma - i sofismi lo stratagemma - gli stratagemmi il telegramma - i telegrammi il tema - i temi il teorema - i teoremi il trauma - i traumi

B I nomi in -*a* invariabili

■ Un altro gruppo di nomi in -*a* **maschili** comprende invece i sostantivi invariabili.	*Risolvete i due **cruciverba**. (singolare: cruciverba)* *Il Presidente ha almeno tre **sosia**. (singolare: sosia)*

il balilla - i balilla	il gorgonzola - i gorgonzola	il panda - i panda
il barracuda - i barracuda	il gorilla - i gorilla	il pigia-pigia - i pigia-pigia
il boa - i boa	il gota - i gota	il piranha - i piranha
il boia - i boia	il koala - i koala	il politeama - (raro i politeama)
il casanova - i casanova	il lama - i lama	il promemoria - i promemoria
il chihuahua - i chihuahua	il magnaccia - i magnaccia	il puma - i puma
il cinema(tografo) - i cinema(tografi)	il messia - i messia	il sosia - i sosia
il cobra - i cobra	il mea-culpa - i mea-culpa	il tanga - i tanga
il delta - i delta	il mitra - i mitra	il toccasana - i toccasana
il ferramenta - i ferramenta	il nullaosta - i nullaosta	il vaglia - i vaglia
il gianduia - i gianduia		

■ Un po' diverso è il caso di alcuni sostantivi in **-a maschili difettivi del plurale**.

*Lo **yoga** mi rilassa moltissimo.*

il carovita	il magma	il mascara	il nulla	lo sperma	lo yoga

C I nomi in -a con doppio plurale

■ Alcuni nomi in **-a** possono essere sia maschili che femminili: al plurale hanno il finale in **-e**, quando sono femminili e in **-i** quando sono maschili.

▶ Fra questi c'è un consistente gruppo di nomi in **-ista** (che indicano per lo più un'attività o a un'appartenenza ideologica) dei quali alcuni sono normalmente usati nelle due forme plurali mentre altri hanno di solito solo il plurale maschile generico.

*I **giornalisti** e le **giornaliste** (singolare: giornalista) del telegiornale sono in sciopero.*
*In questa strada ci sono due **erboristi**. (sia che si tratti di uomini che di donne)*

l'/l' artista - gli artisti - le artiste	il/la giornalista - i giornalisti - le giornaliste	il/la qualunquista - i qualunquisti - le qualunquiste
l'/l' autista - gli autisti - (le autiste)	l'/l'idealista - gli idealisti - le idealiste	il/la romanista - i romanisti - le romaniste
il/la barista - i baristi - le bariste	il/la latinista - i latinisti - le latiniste	il/la socialista - i socialisti - le socialiste
il/la caricaturista - i caricaturisti - le caricaturiste	il/la maglierista - i maglieristi - le maglieriste	lo/la spogliarellista - gli spogliarellisti - le spogliarelliste
il/la ciclista - i ciclisti - le cicliste	il/la nazista - i nazisti - le naziste	il/la turista - i turisti - le turiste
il/la dentista - i dentisti - (le dentiste)	il/la podista - i podisti - le podiste	l'/l' urbanista - gli urbanisti - le urbaniste
l'/l' egoista - gli egoisti - le egoiste	lo/la psicanalista - gli psicanalisti - le psicanaliste	il/la violinista - i violinisti - le violiniste
l'/l' erborista - gli erboristi - (le erboriste)	il/la professionista - i professionisti - le professioniste	
il/la fascista - i fascisti - le fasciste		
il/la femminista - i femministi - le femministe		

■ Non rientrano in questa serie alcuni nomi in **-ista** che sono comuni sostantivi femminili in **-a**.

*Ho letto una **rivista** (plurale: riviste) molto interessante.*

la conquista	la lista	la provvista	la svista
l'intervista	la pista	la rivista	la vista

- In modo simile ai nomi in **-ista** si comporta una serie di sostantivi, molti dei quali col suffisso **-cida**, **-iatra**, o con terminazione in **-ta**.

*Io ammiro molto i **ginnasti** e le **ginnaste** (singolare: ginnasta) cinesi.*
*Hai chiamato tutti i **colleghi** e tutte le **colleghe** (singolare: collega) per la festa?*

l'/l'antisemita - gli antisemiti - le antisemite	il/la ginnasta - i ginnasti - le ginnaste	il/la pediatra - i pediatri - le pediatre
l'/l'autodidatta - gli autodidatti - le autodidatte	l'/l'idiota - gli idioti - le idiote	il/la poliglotta - i poliglotti - le poliglotte
l'/l'atleta - gli atleti - le atlete	l'/l'ipocrita - gli ipocriti - le ipocrite	il/la psichiatra - gli psichiatri - le psichiatre
l'/l'analfabeta - gli analfabeti - le analfabete	l'/l'israelita - gli israeliti - le israelite	lo/la sciita - gli sciiti - le sciite
il/la belga - i belgi - le belghe	il/la kenyota - i kenyoti - le kenyote	lo/la stratega - gli strateghi - le strateghe
il/la cineasta - i cineasti - (le cineaste)	il/la liberticida - i liberticidi - (le liberticide)	il/la suicida - i suicidi - le suicide
il/la cipriota - i ciprioti - le cipriote	il/la matricida - i matricidi - le matricide	il/la terapeuta - i terapeuti - le terapeute
il/la collega - i colleghi - le colleghe	il/la moscovita - i moscoviti - le moscovite	il/la vietnamita - i vietnamiti - le vietnamite
il/la cosmopolita - i cosmopoliti - le cosmopolite	il/la neofita - i neofiti - le neofite	lo/la yemenita - gli yemeniti - le yemenite
il/la dalmata - i dalmati - le dalmate	l'/l'odontoiatra - gli odontoiatri - le odontoiatre	
il/la eremita - gli eremiti - le eremite	l'/l'omicida - gli omicidi - le omicide	
il/la fratricida - i fratricidi - le fratricide	il/la parricida - i parricidi - le parricide	
	il/la patriota - i patrioti - le patriote	

D I nomi in -cia, -gia

- I nomi in **-cia**, **-gia**, quando la **-i-** dell'ultima sillaba è accentata, hanno il plurale regolare in **-ie**.

*l'allergia - le **allergie***
*la bugia - le **bugie***
*la farmacia - le **farmacie***

- Quando la **-i-** dell'ultima sillaba non porta l'accento, **-cia** e **-gia** hanno in taluni casi il plurale **-ce -ge**, in altri il plurale **-cie -gie**. Il problema è esclusivamente ortografico (perché quella **-i-** non ha in realtà nessun valore dal punto di vista della pronuncia). Normalmente la **-i-** nel plurale si mantiene quando **-cia** e **-gia** sono precedute da vocale; si elimina quando **-cia** e **-gia** sono precedute da consonante.

*Ma quante **camicie** ti sei comprato!*
*Adoro le **ciliegie**!*

*"Attenti alle **lance**!", urlò il generale.*
*Adoro le **spiagge** toscane.*

la camicia - le camicie	la fiducia - le fiducie	la pronuncia - le pronunce
la ciliegia - le ciliegie	la cannuccia - le cannucce	la roccia - le rocce
la dacia - le dacie	la lancia - le lance	la spiaggia - le spiagge

E I nomi in -ca, -ga, -scia

- I nomi in **-ca**, **-ga** hanno tutti il plurale regolare in **-che**, **-ghe**.

*Vado al cinema con le **amiche**. (singolare: amica)*
*Ho comprato un CD con le **fughe** di Bach. (singolare: fuga)*

- I nomi in **-scia** hanno il plurale in **-sce**.

*Ho due tatuaggi sulle **cosce**. (singolare: coscia)*

l'amica - le amiche	l'angoscia - le angosce
la fabbrica - le fabbriche	la biscia - le bisce
la fuga - le fughe	la coscia - le cosce
la lettiga - le lettighe	la fascia - le fasce
l'ascia - le asce	la striscia - le strisce

F I nomi in -à

■ Come tutti i nomi accentati, anche i **femminili** terminanti in **-à** sono invariabili.

*Uno sport che si può fare a tutte le **età**.*

la caparbietà (*difettivo del plurale*)	la precarietà (*difettivo del plurale*)	la solidarietà (*difettivo del plurale*)
la città - le città	la pubblicità - le pubblicità	l'università - le università
l'età - le età	la realtà - le realtà	la verità - le verità
la notorietà (*difettivo del plurale*)	la società - le società	la viltà - (le viltà)

■ Sono invariabili anche i nomi **maschili** che terminano in **-à**.

*Ho comprato 10 **babà** con la crema.*

l'aldilà (*difettivo del plurale*)	il mistrà (*difettivo del plurale*)	lo scià - gli scià
il babà - i babà	il papà - i papà	lo sciuscià - gli sciuscià
il baccalà - i baccalà	il pascià - i pascià	il sofà - i sofà
il baccarà (*difettivo del plurale*)	il podestà - i podestà	l'ultrà - gli ultrà
il maragià - i maragià		

G I nomi in -e

■ I nomi in **-e** possono essere maschili o femminili. Il plurale è normalmente in **-i**.

*I migliori **ristoranti** sono in centro.*

■ I nomi in **-e con accento** non sono numerosi, sono quasi sempre maschili, **invariabili** e spesso di derivazione francese. Il tipo di accento acuto o grave (è, é) indica la pronuncia della **e** aperta o chiusa.

*Oggi ho bevuto due **caffè**. (singolare: caffè)*

il bidè - i bidè	il gilè - i gilè	il nontiscordardimé - i nontiscordardimé
il bignè - i bignè	il patè - i patè	il perché - i perché
il caffè - i caffè	il tè - i tè	

H I nomi in -i

■ I nomi in **-i** sono pochi e **invariabili**.
Fra i **maschili** troviamo per lo più avverbi
sostantivizzati, parole composte e anche nomi
comuni e propri.

*Pensiamo al **domani**.*
*Si vestono come **spaventapasseri**.*
*In città ci sono pochi **taxi**.*

l'alibi - gli alibi	lo gnorri - gli gnorri	il samurai - i samurai	il taxi - i taxi
il brindisi - i brindisi	lo ieri (*difettivo del plurale*)	lo spaventapasseri - gli spaventapasseri	il viavai (*difettivo del plurale*)
il domani - i domani	l'oggi (*difettivo del plurale*)	il Tamigi	lo Jeti - gli Jeti

■ Fra i femminili in **-i** troviamo per lo più
sostantivi in **-si**.

■ Altri sostantivi femminili invariabili in **-i** sono:
la bici(cletta) - le bici(clette); **la cisti - le cisti**;
la metropoli - le metropoli; **la pepsi (cola) - le
pepsi**.

*Hai fatto le **analisi**?*
*Stefano è proprio strano con tutte quelle **nevrosi**.*

*Non amo la vita nelle grandi **metropoli**. (singolare:
metropoli)*

l'analisi - le analisi	la diocesi - le diocesi	l'osmosi - le osmosi	la sclerosi - le sclerosi
l'anamnesi - le anamnesi	l'enfasi (*no plurale*)	la paralisi - le paralisi	la sintassi - le sintassi
l'antitesi - le antitesi	l'estasi (*no plurale*)	la paresi - le paresi	la sintesi - le sintesi
l'apoteosi - le apoteosi	la genesi - le genesi	la perifrasi - le perifrasi	la stasi - le stasi
la cosmesi (*no plurale*)	l'ipnosi (*no plurale*)	la profilassi - le profilassi	la tesi - le tesi
la crisi - le crisi	la nevrosi - le nevrosi	la prassi - le prassi	la trombosi - le trombosi
la dieresi (*no plurale*)	l'oasi - le oasi	la psicosi - le psicosi	la tubercolosi (*no plurale*)

■ Nomi maschili terminanti in **-i accentata**, e
quindi invariabili, sono i cinque giorni della
settimana e qualche altro sostantivo.

■ Raro il caso di nomi **femminili** in **-i** con
accento. Esiste infatti solo l'invariabile *la pipì*
che deriva dal linguaggio infantile.

*Ci vediamo **giovedì**?*
*Ho comprato gli **sci** nuovi!*

*Il bambino deve fare la **pipì**.*

il colibrì - i colibrì	lo sci - gli sci (*accentato sulla -i anche se l'accento non si scrive*)	il lunedì	il mercoledì
il supplì - i supplì		il martedì	il giovedì
			il venerdì

I I nomi in -u

■ I pochi nomi in **-u** sono tutti accentati e
invariabili.

*I **bambù** di questa zona sono i migliori.*

Alcuni nomi maschili in **-u**:		
il bambù (*difettivo del plurale*) il caucciù (*difettivo del plurale*) il cucù - i cucù l'igloo (*pronunciato "l'iglù"*) - gli igloo l'indù - gli indù	lo gnu - gli gnu (*la -u è accentata,* *anche se l'accento non si scrive*) il menù - i menù il Perù	il tabù - i tabù il tiramisù - i tiramisù il tutù - i tutù lo zulù - gli zulù

Alcuni nomi femminili in **-u**:		
la BMW (*pronunciato "biemmevvù",* *femminile come tutte le marche di* *automobili*) la gioventù	la gru (*la -u è accentata, anche se* *l'accento non si scrive*) la servitù	la schiavitù la tribù la virtù

L. I nomi in -o maschili

■ I nomi che finiscono con **-o** sono generalmente maschili e al plurale finiscono con **-i**.

> *il libro - i libri*
> *il tavolo - i tavoli*
> *il bambino - i bambini*
> *l'uomo - gli uomini*

▶ Sono "invariabili" i nomi propri (ironicamente si può dire che nella storia ci sono pochi *"Roberti"* famosi, ma più correttamente diremo che *ci sono pochi Roberto famosi*), e altre parole particolari.

> *il Roberto - i Roberto*
> *l'euro - gli euro*
> *il tornado - i tornado*
> *lo zoo - gli zoo*

▶ Alcuni nomi in **-o** al plurale diventano femminili e prendono la terminazione **-a**.

> *il centinaio - le centinaia*
> *il migliaio - le migliaia*
> *il paio - le paia*
> *il riso - le risa (nel senso di "ridere")*
> *l'uovo - le uova*

▶ Un caso particolare è costituito da **il mobilio** usato, sempre al singolare, anche nella forma **la mobilia**.

> *C'è già la **mobilia** nella tua nuova casa?*

▶ In alcuni casi i nomi maschili in **-o** hanno un doppio plurale: uno regolarmente in **-i**, e uno in **-a** (con cambiamento di genere dal maschile al femminile). I due plurali diversi conferiscono spesso alla parola anche un significato diverso.

> *Ha fatto dei **gesti** bruschi e si è slogato una spalla.*
> *Ti ho portato un libro sulle **gesta** di Garibaldi.*

▶ In altri casi i due plurali non portano un sostanziale cambiamento di significato.

> *Dopo quell'incidente le sue **ginocchia** (i suoi **ginocchi**) non sono mai tornati a posto.*

Nomi in **-o** con plurali diversi e significato diverso:	
il braccio - i bracci - le braccia	il fuso - i fusi - le fusa
il budello - i budelli - le budella	il gesti - i gesti - le gesta
il calcagno - i calcagni - le calcagna	il grido - i gridi - le grida
il cervello - i cervelli - le cervella	il labbro - i labbri - le labbra
il ciglio - i cigli - le ciglia	il lenzuolo - i lenzuoli - le lenzuola
il corno - i corni - le corna	il membro - i membri - le membra
il cuoio - i cuoi - le cuoia	il muro - i mura - le mura
il dito - i diti - le dita	l'osso - gli ossi - le ossa
il filo - i fili - le fila	l'urlo - gli urli - le urla
il fondamento - i fondamenti - le fondamenta	

Nomi in **-o** con plurali diversi e significato sostanzialmente uguale:	
il filamento - i filamenti - le filamenta	lo strido - gli stridi - le strida
il ginocchio - i ginocchi - le ginocchia	il vestigio - i vestigi - le vestigia
il sopracciglio - i sopraccigli - le sopracciglia	

M I nomi in -o femminili

■ Sono femminili i nomi di città e di automobili, qualunque sia la loro terminazione.

Milano è bella.
Oslo è bella.
La Uno è bella.
La Volvo è bella.

■ Un altro piccolo gruppo di nomi in **-o** è di genere femminile. Per lo più sono invariabili (o in qualche caso difettivi del plurale).

*In Italia ci sono molte **radio** private.*

■ Diverso dagli altri, per via del plurale in **-i**, il caso del nome: **la mano - le mani**.

*Non è un problema mio: me ne lavo le **mani**.*

l'auto(mobile) - le auto(mobili)	la flebo(clisi) - le flebo(clisi)	la metro(politana) - le metro(politane)
la biro - le biro	la foto(grafia) - le foto(grafie)	la moto(cicletta) - le moto(ciclette)
la dinamo - le dinamo	la libido (*difettivo del plurale*)	la radio - le radio
l'eco - gli echi (*il plurale è maschile*)		

N I nomi in -io

■ I nomi **maschili** in **-io**, se la **-i** della sillaba finale porta l'accento hanno il plurale in **-ii**. In questo gruppo di nomi troviamo soprattutto i "frequentativi" (tipo *ronzio* o *fruscio*).

*I miei **zii** vivono a Napoli.*

■ Fanno eccezione per il plurale totalmente irregolare: *(il) dio - gli dei*; *il tempio - i templi*.

*Gli **dei** greci vivevano nell'Olimpo.*

il balbettio - i balbettii il cigolio - i cigolii il fruscio - i fruscii	il mormorio - i mormorii il pigolio - i pigolii	il ronzio - i ronzii lo zio - gli zii

▪ Se il nome maschile terminante in *-io* ha invece l'accento tonico su una vocale diversa dalla *-i-*, allora il plurale è normalmente con una sola *-i*, senza raddoppiamento.

*La polizia ha scoperto 10 **omicidî**.*
*I **principî** sono importanti.*

l'assassinio - gli assassinî (*perché* assassini *è anche plurale di* l'assassino) l'arbitrio - gli arbitrî (*perché* arbitri *è anche plurale di* l'arbitro) il conservatorio - i conservatorî (*perché* conservatori *è anche plurale di* il conservatore)	l'omicidio - gli omicidî (*perché* omicidi *è anche plurale di* l'omicida) il principio - i principî (*perché* principi *è anche plurale di* il principe) il riformatorio - i riformatorî (*perché* riformatori *è anche plurale di* il riformatore)

ⓞ *I nomi in -co e -go*

▪ I nomi maschili che finiscono in *-co*, *-go* hanno il plurale talora in *-chi*, *-ghi* e talora in *-ci*, *-gi*. Per qualche nome sono perfino accettate entrambe le forme (per esempio *sarcofago* ha doppio plurale, *sarcofagi* e *sarcofaghi*).

▪ È impossibile dare una regola semplice che sia sempre valida per una corretta formazione del plurale di questi sostantivi: il plurale dei nomi in *-co*, *-go* è infatti il risultato di una evoluzione linguistica in cui hanno interferenze diversi fattori e non solo fonetici. L'unico suggerimento in qualche modo "utile" resta perciò:

▸ se la parola è accentata sulla penultima sillaba come **cuò-co** o **al-bèr-go**, il plurale è tendenzialmente *-chi*, *-ghi*;

*I **cuochi** italiani sono tra i migliori del mondo.*
*Ho comprato una guida agli **alberghi** toscani.*

▸ se la parola è accentata sulla terz'ultima sillaba come **mò-na-co** o **a-spà-ra-go** il plurale è tendenzialmente *-ci*, *-gi*.

*I **monaci** buddisti recitano i mantra.*
*Ho mangiato il riso con gli **asparagi**.*

plurale in -chi	arco - archi baco - bachi banco - banchi basco - baschi becco - becchi	bifolco - bifolchi cieco - ciechi cosacco - cosacchi cuoco - cuochi fico - fichi	fuco - fuchi fuoco - fuochi geco - gechi marco - marchi palco - palchi	picco - picchi stucco - stucchi tedesco - tedesco turco - turchi
plurale in -ghi	ago - aghi albergo - alberghi castigo - castighi	diniego - dinieghi dittongo - dittonghi fungo - funghi	mago - maghi (*ma "i tre re magi"*) rigo - righi rogo - roghi	spago - spaghi sugo - sughi tango - tanghi

I nomi irregolari

plurale in -ci	attico - attici equivoco - equivoci farmaco - farmaci	intonaco - intonaci medico - medici monaco - monaci	parroco - parroci sindaco - sindaci	stomaco - stomaci traffico - traffici
plurale in -gi	asparago - asparagi	astrologo - astrologi	esofago - esofagi	psicologo - psicologi

■ Le **eccezioni**, purtroppo, sono però numerose, tanto da rendere questa indicazione valida solo come tendenza:

▶ ci sono infatti importanti nomi in **-co** accentati sulla penultima sillaba che hanno il plurale in **-ci**;

*Quest'estate sono andato in vacanza con due **amici**.*

▶ e ci sono molti nomi in **-co**, **-go** accentati sulla terz'ultima sillaba che hanno il plurale in **-chi**, **-ghi**.

*Non sopporto i **pizzichi** sulle braccia!*
*Sto studiando i **dialoghi** di Platone per l'esame di filosofia.*

Eccezioni				
plurale in -ci	amico - amici	greco - greci	nemico - nemici	porco - porci
plurale in -chi/-ghi	carico - carichi pizzico - pizzichi valico - valichi	callifugo - callifughi catalogo - cataloghi chirurgo - chirurghi	dialogo - dialoghi naufrago - naufraghi monologo - monologhi	obbligo - obblighi profugo - profughi sarcofago - sarcofaghi

P I nomi in -ò

■ Terminano in **-o accentata** pochi nomi **maschili** invariabili, spesso di derivazione francese.

*Gli occhiali sono sul **comò**.*

■ Assenti anche i sostantivi **femminili** in **-o accentata** se si fa eccezione per il sostantivo *la kapò* (ma esiste anche il maschile *il kapò - i kapò*), termine che ha avuto una certa diffusione grazie alla cinematografia (è infatti il titolo di un noto film).

*Durante il nazismo, <u>la</u> **kapò** era una prigioniera che controllava le altre detenute nel lager.*

il borderò - i borderò il comò - i comò	il falò - i falò l'oblò - gli oblò	il risciò - i risciò il rondò - i rondò

ESERCIZI

"Quante donne hai avuto?"
"Mah ... una trentina ..."
"Così tante?"
"No ... era di Trento!"

1 **(Tutti) Il cruciverba dei plurali. Risolvi il cruciverba.**

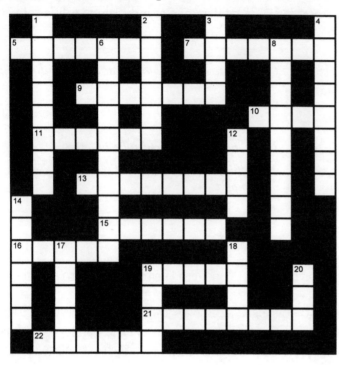

Orizzontali →

5. Gli arti superiori del corpo umano.
7. Il plurale di "carico".
9. Coloro che si tolgono volontariamente la vita.
10. Il plurale di "papa".
11. Il contrario di "amici".
13. Il plurale di "geometra".
15. Quelli della scuola non si chiamano tavoli, ma _____ .
16. Armi usate per scagliare le frecce.
19. Pachiderma, Pachi_____ .
21. Il plurale di "castigo".
22. Sinonimo di "dottori".

Verticali ↓

1. Il plurale di "pronuncia".
2. In Germania invece dell'euro in passato si usavano i _____ .
3. Il plurale di "taxi".
4. Donne che vanno in bicicletta.
6. Il plurale di "cruciverba".
8. Il plurale di "catalogo".

12. Uomini che eseguono le sentenze di morte.
14. Il plurale di "spago".
17. Le gambe al di sopra del ginocchio si chiamano _____ .
18. Il contrario di "virtù" (plurale).
19. I primi cittadini: *sin*_____.
20. Uomini che hanno fatto naufragio.

2 **(Tutti) Leggi la storiella e riscrivila mettendo al plurale i sostantivi sottolineati; usa "*di*" + *articolo* per formare il plurale di *un-uno-una* e non dimenticare di cambiare anche i verbi, gli articoli, gli aggettivi e i pronomi dove necessario. Segui l'esempio.**

Turi (*e Tano*), il monarca del regno di Pappadopoli, viveva in un grande, meraviglioso castello che attirava specialmente il turista che ama le fiabe. Il regno si trovava in un'oasi in mezzo al deserto più grande del mondo, i giorni erano caldissimi e le notti così fredde che molti sudditi dovevano andare a letto con il passamontagna. Purtroppo il regno non si trovava in ottime condizioni, c'era una crisi; la giornalista più importante della radio nazionale di Pappadopoli ormai ne parlava quasi ogni giorno: l'università aveva dovuto chiudere per colpa del rettore che era un analfabeta; la criminalità era

I nomi irregolari

cresciuta di più di un *(plurale: due)* omicidio al giorno. L'ultimo omicida, Rocco *(plurale: Rocco e Gino)* l'infame, non era stato ancora catturato. Persino la pasticceria più bella di Pappadopoli non era più la stessa, il caffè era cattivo, il babà non aveva più rum, il tiramisù era una schifezza! Insomma, molti stavano pensando di emigrare a Oslo *(plurale: Oslo o Reykjavìk)*, che tutti dicevano fosse una città molto bella. Stava quindi a Turi *(e Tano)* trovare una soluzione ... pensa che ti ripensa, il re decise dapprima di chiedere alla sua spogliarellista preferita, Petra *(plurale: Petra e Ulla)*, la tedesca, ma senza successo. Allora provò con il suo amico Trema *(plurale: Trema e Naik)*, un pirata belga che aveva viaggiato molto e che, essendo poliglotta, conosceva molto bene diverse culture. Ma Trema *(plurale: Trema e Naik)* non era disponibile, era in ospedale per aver mangiato baccalà poco fresco. Gli era rimasto solo Dio, ma Turi *(e Tano)* non era religioso, piuttosto credeva nell'influsso del suo pianeta protettore, quindi, fece chiamare il chirurgo reale, che si occupava anche di astrologia e chiese a lui cosa avrebbe dovuto fare. Il chirurgo astrologo gli consigliò il seguente stratagemma: "Prendi un asparago, - gli disse - un cobra ed un chihuaua. Cuocili e fanne un patè. Mangia il tutto sulla spiaggia del tuo regno facendo un brindisi con spumante del luogo. Funzionerà".

Turi *(e Tano)* fece tutto ciò che gli era stato detto: quella notte tutti i sudditi andarono a vederlo mentre compiva il rito, fra questi anche Rocco *(e Gino)* l'infame, che venne subito catturato. Tutte le TV trasmisero in diretta il re e molti si incuriosirono sul regno di Pappadopoli e decisero di andarci in vacanza. Con l'aumentare del turismo anche la pasticceria riprese a funzionare perfettamente, anzi, sfornava degli eccezionali dolcetti al fungo pappadopoli! La criminalità locale decise di buttarsi nel turismo, che dava più guadagni, e poco dopo quasi tutti giravano con la Maserati.

Quando Turi *(e Tano)* andò a ringraziare il chirurgo, egli gli disse: "Basta poco a diventar famosi caro re, comportarsi da idioti e farsi riprendere in TV".

*Turi e Tano, **i monarchi** del regno di Pappadopoli, **vivevano** in un grande, meraviglioso castello che attirava specialmente **i turisti** che **amano** le fiabe. Il regno si trovava in **delle oasi** in ...*

3 **(Tutti) Collega le parole alla definizione corretta. In alcuni casi dovrai completare la parola oppure inserire l'articolo determinativo corretto.**

1. Un fuoco acceso all'aperto per cucinare o riscaldarsi.	a. Dittong_____.
2. Quando gli attori parlano a lungo in teatro, senza interruzioni fanno…	b. _____ sopracciglia.
3. I dottori che si occupano dei problemi psicologici delle persone.	c. I tut_____.
4. Se siamo malati prendiamo dei …	d. _____ labbr_____.
5. "ae", "io" sono …	e. Il fal_____.
6. Le scuole in cui si studia musica.	f. I monolog_____.
7. Le scarpe si allacciano con …	g. _____ sci.
8. Gli dei si adorano nei …	h. Zo_____.
9. Valuta di molti paesi europei.	i. Amic_____.
10. Si fanno normalmente quando si va in vacanza.	l. I lacc_____.
11. Si trovano sopra gli occhi.	m. Gli psicolog_____.
12. Formano la bocca.	n. Le valig_____.
13. Ci troviamo tanti animali negli …	o. Le moscovi_____.
14. Li portano le ballerine.	p. Strisc_____.
15. Si usano per sciare.	q. Le cilieg_____.
16. Si mettono nei campi per spaventare gli uccelli.	r. Temp_____.
17. Il plurale di "striscia".	s. Farmac_____.
18. Il plurale di "amica".	t. Gli spaventa_____.
19. Sono dei frutti rossi e molto dolci.	u. Gli eur_____.
20. Le donne che vivono a Mosca.	v. I conservator_____.

4 **(Tutti)** Cerca all'interno di questo riquadro le **20** parole della lista. Sono maschili o femminili? Inseriscile nella tabella in fondo. Attenzione: alcune possono essere sia maschili che femminili.

cromosoma - funghicida - pianeta - atleta - _domani_ - uova - comò - panorama - pederasta - gianduia - pediatra - pista - società - psicosi - cisti - virtù - dinamo - mura - ciglio

R	H	N	R	E	B	P	E	D	I	A	T	R	A
D	O	M	A	N	I	C	H	Q	V	O	M	B	I
F	V	K	H	H	V	S	O	C	I	E	T	À	R
U	C	B	X	X	C	R	O	M	O	S	O	M	A
N	A	T	L	E	T	A	P	I	A	N	E	T	A
G	P	G	R	Z	G	T	G	P	I	S	T	A	O
H	S	I	N	J	W	Z	T	A	P	J	V	J	L
I	I	M	U	R	A	D	I	N	A	M	O	T	I
C	C	L	Y	Y	T	F	O	O	F	C	O	M	Ò
I	O	V	I	R	T	Ù	Y	R	V	Q	C	C	H
D	S	W	Q	Q	R	K	H	A	P	B	I	I	D
A	I	E	S	A	H	Z	A	M	Z	D	S	G	K
U	O	V	A	Q	F	C	C	A	K	G	T	L	K
P	E	D	E	R	A	S	T	A	I	R	I	I	M
G	I	A	N	D	U	I	A	S	S	T	C	O	S

maschile	femminile

5 **(A - F - M - O)** Guarda le pubblicità qui sotto. Negli slogan ci 4 sono errori. Li sai individuare e correggere?

LA TAZZA: il caffè con una grande aroma!

Il tuo bambino soffre di eczeme fastidiose? Usa VEOLIN, il battericida per bambini.

Comprati una **BMW**. L'auto per rimorchiare!

Usa i mascari della linea **BONA**, vedrai che successo!

Prova i sofà **DORMIGLION**, son fatti per te!

Vedi le stelle? I callifugi **AHIAHI** risolveranno il tuo mal di piedi!

6 (F - G - H - I - P) Come hai visto, le parole italiane che finiscono con vocale accentata non sono moltissime, hanno il plurale invariabile e possono essere maschili o femminili. Ricordi il genere delle parole seguenti? Mettile nel riquadro corretto.

pipì

menù

nontiscordardimé

bambù

perché

tè

schiavitù

città

indù

mercoledì

gru

oblò

scià

solidarietà

aldilà

maschile	femminile

7 (A - O - I) La Scala, uno dei teatri dell'opera più famosi d'Italia, è stata da poco riaperta, dopo il restauro. Leggi i numeri del restauro di questo tempio del melodramma e metti la parole tra parentesi al singolare (S) o al plurale (P).

2.030   i posti a sedere

678   posti in (platee - S) _____

826   posti nei (palco - P) _____

526   posti nelle due (galleria - P) _____

100.000   le ore di progettazione

20.000   i metri cubi di detriti ricavati dalle demolizioni

9   gli (ascensore - P) _____

6   le (gru - P) _____

2.720   i metri quadrati della (superfici - S) _____
          totale interessata dai lavori

600   le persone che hanno lavorato al restauro

500   le tonnellate di acciaio recuperato

I nomi irregolari — 14

Le parole straniere

Le parole straniere sono per la maggior parte in consonante e di genere maschile.

A Parole straniere maschili

■ Le parole straniere di genere **maschile**:

▶ sono la maggior parte. Di solito finiscono in consonante e hanno il plurale invariabile.

*La polizia ha arrestato due **boss** della mafia.*

l'auditel	lo champagne	il curriculum	il flop	l'hard discount	il network
il bip	il clan	il day-hospital	il fon	l'hashish	il parquet
il blak-out	il click	il deficit	il gay	l'identikit	il pool
il boom	il cocktail	il dépliant	il gong	l'incipit	il pressing
il boss	il collant	il design	il grill	l'islam	il quorum
i boxer	il college	il disc-jockey	il guru	il look	il lapsus
il business	il compact	il doping	il jolly	il luna-park	il ramadan
lo chalet	il crac	l'entourage	l'habitat	il muezzin	il raptus

B Parole straniere femminili

■ Le parole straniere di genere **femminile**:

▶ possono finire in consonante o in vocale;

*La **baby sitter** di mio figlio è rumena.*
*Ho fatto una **gaffe** terribile.*

▶ hanno il plurale invariabile;

*Abbiamo cambiato molte **baby sitter**.*
*Ho fatto delle **gaffe** terribili.*

▶ fanno eccezione i nomi in -**a** che hanno il plurale in -**e**.

*Mia nonna ama le **telenovele** brasiliane.*
(singolare: **telenovela**)

la baby sitter	la clip	la gang	la love-story	la star
la band	la colf	la jeep	la mail	la telenovela
la brioche	l'equipe	la hall	la moquette	la toilette
la boutique	la first-lady	la holding	la nursery	la troupe
la boxe	la gaffe	la leadership	la pièce	la T-shirt
la city	la gag	la lobby	la privacy	la vodka

C Parole straniere del computer

■ I sostantivi stranieri entrati ormai in italiano perché legati all'uso del computer sono anche numerosi. Di solito finiscono in consonante e hanno il plurale invariabile.

*Ho fatto il **backup** dei file e li ho salvati in una nuova **directory**.*

il backup	il drive	il link	il software	la directory
il bit	il file	il mouse	il joystick	la mail
il browser	il floppy	il provider	lo zip	l'utility

L'italiano non "prende in prestito" le parole dalle altre lingue: le "ruba".

Nella parola inglese *hard-discount* pronunciata dall'anziana casalinga dialettofona ad esempio, resta ben poco della lingua originale. E anche nelle alterazioni di parole come "film" *(filmino, filmetto, filmone, filmaccio, filmettino, filmato, filmucolo)* di inglese resta ben poco.

Per non parlare poi della lingua degli esperti di computer, dai quali possiamo facilmente sentir dire frasi come:

- *Mi backuppi questo file?* (Potresti fare il *backup* di questo file?)
- *Sì, ma prima te lo zippo!* (Prima lo comprimo in versione *zip*)

Le parole - si sa - girano, si spostano, cambiano e si rinnovano: si mangia "in bianco" e non "in albo", il colore dei comunisti è il rosso e non il "fulvo": eppure *bianco* e *rosso* non sono parole latine a differenza di *albo* e *fulvo*.

Si dice infine che non bisogna usare una parola inglese se ce n'è un'altra italiana equivalente: questo è accettabile, purché la parola italiana sia davvero equivalente. Sarebbe infatti estremamente buffo, ad esempio, non dire *baby sitter* e magari usare come equivalente la parola "bambinaia": la *baby sitter* è infatti legata a una realtà sociale e culturale moderna, ben diversa dai tempi in cui le bambinaie badavano ai figli delle famiglie benestanti o addirittura nobili.

Qual è il re più amato di tutti i tempi?
Il relax!

1 **(A - B) Leggi il seguente articolo di cronaca. Dividi le parole straniere che trovi in maschili o femminili. Segui l'esempio.**

Lite dopo il <u>black-out</u> di ieri sera porta all'omicidio

Palermo - Donna trovata soffocata in camera dalla colf. Il marito, in lacrime, si è subito accusato dell'omicidio.

Rocco Albini, 47 anni, ieri sera, lavorava al computer e la moglie guardava una telenovela in televisione, quando il **black-out** che ha colpito il capoluogo siciliano li ha colti di sorpresa. L'Albini era di pessimo umore, visto che la mancanza di elettricità gli aveva fatto perdere un file molto importante che non aveva ancora salvato sul floppy, la moglie invece, Angelina, di anni 45, voleva cogliere l'occasione per ravvivare un po' di romance nella loro love story. Secondo l'Albini la moglie avrebbe deciso per una serata intima, accendendo candele e mettendo su musica romantica, poi si sarebbe vestita sexy con i collant autoreggenti preferiti e avrebbe preso champagne dal frigo dirigendosi nello studio del marito. Rocco Albini, invece, decisamente non si sentiva in vena. Alle sue rimostranze la signora lo avrebbe chiamato gay e poi accusato di una relazione con la baby sitter, per colpa della quale, ogni qualvolta avevano un incontro sessuale, lui faceva flop. L'Albini aveva quindi deciso di sottostare alle voglie della moglie e le aveva chiesto di preparare un bagno caldo ed aspettarlo nella vasca. Arrivato in bagno però l'Albini era stato preso da raptus omicida decidendo di liberarsi della moglie buttando il fon acceso nella vasca in cui lei si trovava. Dopo l'omicidio aveva pensato di inventare una rapina da parte di una gang criminale. Nel corso della notte ci aveva poi ripensato e si era pentito della propria azione.

parola	genere
black-out	*maschile*

2 (A - B) Completa o inserisci nel testo gli aggettivi e/o gli articoli al genere e al numero corretto. Segui l'esempio.

Nuove tecniche di vendita: *i* concept stores, _____ eccentric_____ boutique itineranti battezzat_____ "Vacant shop", _____ outlet con le griffe a poco prezzo, Internet.

Vi piace _____ shopping? Qualcosa è cambiato. Vendere, attirare i clienti e trattenerli il più a lungo possibile nei negozi, è questo l'obiettivo dei commercianti per far fronte alla crisi dei consumi. Per riuscirci occorre un po' di fantasia. Nel panorama di quest_____ nuov_____ shopping experience troviamo oggi i **Concept stores** che "coccolano" i clienti ma anche eccentric_____ boutique itineranti battezzat_____ **Vacant shop** o **Guerrilla stores**. Vanno alla grande anche le cittadelle de_____ shopping, _____ outlet che vendono le collezioni delle stagioni passate a prezzi competitivi ed un efficiente sito internet, amatissimo da_____ fashion-victims: *www.yoox.com*.

I Concept Stores, ovvero la filosofia de_____ slow shopping

I negozi che propongono solo abiti firmati sono a rischio. Così si moltiplicano in tutto il mondo _____ boutique di media o grande dimensione che offrono ai clienti anche tutta una serie di divertimenti e distrazioni: la libreria, il parrucchiere, i fioristi, _____ beauty center... A Roma ad esempio si trova Tad, un magnifico negozio dove ci sono de_____ bouquet di fiori a forma di sushi, profumi, abiti, CD, scarpe ma anche una caffetteria, un ristorante ed un parrucchiere. A Milano, Tad aprirà con annesso ristorante di tapas sicilian_____. Ma il re de_____ "concept store" a Milano è Corso Como 10, dove oltre al meglio della moda contemporanea troviamo un cortile-giardino, un caffè, una galleria d'arte, _____ bed and breakfast e una libreria.

Dall'altra parte del mondo, a Shanghai, diventata oggi un nuovo polo de_____ shopping in costante ascesa, va forte il Three on the Bund, un palazzo di sette piani dove si comprano capi di Yamamoto, Bottega Veneta, Costume National, Marni, Cp Company. Ma come ogni "concept store" di nuova generazione, non poteva mancare un centro benessere Evian mentre ai piani alti è possibile fermarsi nei ristoranti internazionali e cinesi. Stessa musica a Rio de Janeiro dove si fa shopping al Chocolate con _____ bistrot e la piscina. Chissà se tra un tuffo e l'altro non ci scappa _____ tailleurino...

I negozi itineranti

Le grandi strade de_____ shopping sono le più costose del mondo. Così i commercianti o chiunque volesse aprire un negozio di tendenza si trova in enorme difficoltà non avendo a disposizione _____ "cash flow" necessario per affittare uno spazio in aree così costose. Si sta quindi facendo largo una nuova soluzione: _____ Vacant Shop, ovvero _____ boutique itinerante che resta aperta solo per qualche mese. Le aperture dei negozi itineranti vengono rivelate al pubblico solo all'ultimo momento cercando l'effetto-sorpresa. Alcun_____ "Vacant shop" sono stati sperimentati a Los Angeles, Tokyo, Shanghai, Londra, Parigi, Berlino e Stoccolma.

Gli outlet e il sito internet YOOX

Il termine outlet è entrato nel linguaggio comune. Si tratta di cittadelle de_____ shopping: piccoli villaggi costruiti fuori dai centri urbani dove si vendono a prezzi scontati capi di moda ma anche oggetti per la casa, _____ lingerie e gli accessori. Solo nel Nord Italia ne sono stati censiti 1700. L'idea di vendere le collezioni griffate della stagione scorsa ha fatto presa anche su internet. Il sito più conosciuto è *www.yoox.com*. Conta 20 milioni di visitatori l'anno con 250mila prodotti che si possono osservare grazie ad un sistema di zoom. Yoox ha vinto nel 2003 un premio americano _____ "Standard of Excellence" e recentemente il nostro ministero delle attività produttive gli ha dato _____ oscar per _____ e-commerce.

(adattato da http://espresso.repubblica.it)

3 (A - B - C) Risolvi il cruciverba.

Orizzontali →

5. Capo di un'organizzazione o di un'azienda.
7. Un negozio di abbigliamento.
9. Pubbliche Relazioni.
10. Il marito della regina.
11. Pasta dolce per la colazione.
14. L'articolo determinativo per "yogurt".
15. Griglia per cuocere alla brace.
16. La sigla della provincia di Palermo.
18. La sigla della provincia di Imperia.
20. Articolo determinativo per "stress".
21. Improvviso e rapido sviluppo.
23. Privatezza.
26. Immagine esteriore.
30. Errore involontario nello scrivere o nel parlare.
31. La sigla della provincia di Asti.
32. Il punto cardinale opposto all'Ovest.
33. Teleromanzo televisivo.
34. Un'abbreviazione di "metropolitana".

Verticali ↓

1. Prima persona presente del verbo "sapere".
2. Luogo pubblico in cui si va a bere qualcosa.
3. Quartiere di una città, sede di attività finanziarie.
4. Numero minimo di componenti di un organo collegiale per la validità di una votazione.
5. Unità minima di informazione per un computer.
6. Una diva del cinema.
7. Uno sport detto "pugilato".
8. Unione Europea.
9. Fornitore di accesso a una rete informatica.
12. Grande sala d'ingresso.
13. Prima persona presente del verbo "dare".
14. Gruppo di persone potenti che manovra politici e funzionari pubblici.
16. Un gruppo di specialisti che collabora in settori di responsabilità.
17. Una famosa bevanda alcolica russa.
19. Rivestimento di stoffa per pavimenti.
22. Accessorio per spostare il cursore sul computer.
24. La sigla della provincia di Venezia.
25. Una villetta tipica della montagna.
27. Religione e civiltà dei musulmani.
28. Insieme di dati di un computer, raccolti sotto un unico nome.
29. In compagnia, insieme.

Il genere dei nomi

I nomi generalmente sono o maschili o femminili. Ma a volte possono essere sia maschili che femminili.

A Cambio di genere con cambio di vocale

■ Alcuni sostantivi cambiano genere con il cambiamento della vocale finale.

Mario è il mio migliore amico.
Carla è la mia migliore amica.

Maschile -o	Femminile -a	Maschile -e	Femminile -a	Singolare (m/f) -ista	Plurale (m/f) -isti/iste
amico	amica				
figlio	figlia			il turista (m)	i turisti (m)
cugino	cugina	giardiniere	giardiniera	la turista (f)	le turiste (f)
gatto	gatta	infermiere	infermiera		
impiegato	impiegata	padrone	padrona	il dentista (m)	i dentisti (m)
maestro	maestra	signore	signora	la dentista (f)	le dentiste (f)
nonno	nonna				
zio	zia				

B Nomi in -e/-e

■ Fra i nomi in **-e**, troviamo un gruppo di sostantivi il cui genere è determinato esclusivamente dall'articolo.

*Luciano fa **il cantante** d'opera.*
*Gianna fa **la cantante** rock.*

Maschile	Femminile	Maschile	Femminile	Maschile	Femminile
il cantante	la cantante	il custode	la custode	il nipote	la nipote
il coniuge	la coniuge	il dilettante	la dilettante	il parente	la parente
		il negoziante	la negoziante		

C Femminile in -e/-essa

■ Alcuni sostantivi, riferiti spesso, ma non sempre, a professioni o titoli, hanno il femminile in **-essa**.

*Il **duca** e la **duchessa** sono rientrati al castello.*

Maschile	Femminile	Maschile	Femminile	Maschile	Femminile
il dottore	la dottoressa	il poeta	la poetessa	il presidente	la presidentessa
il duca	la duchessa	il principe	la principessa		(*o* la presidente)
il leone	la leonessa	il professore	la professoressa	lo studente	la studentessa

D Nomi in -tore/-trice

■ Moltissimi nomi in **-tore**, riferiti per lo più ad attività e professioni, hanno il femminile in **-trice**.

*Carlo fa l'**attore** di teatro.*
*Marta fa l'**attrice** in tv.*
*Il marito fa l'**imprenditore**, la moglie l'**imprenditrice**.*

Maschile	Femminile	Maschile	Femminile
l'accompagnatore	l'accompagnatrice	l'intenditore	l'intenditrice
l'attore	l'attrice	l'imprenditore	l'imprenditrice
l'autore	l'autrice	il lavoratore	la lavoratrice
il direttore	la direttrice	il lettore	la lettrice
il disegnatore	la disegnatrice	il pittore	la pittrice
il donatore	la donatrice	il portatore	la portatrice
l'elettore	l'elettrice	lo sciatore	la sciatrice
il fumatore	la fumatrice	il senatore	la senatrice
il giocatore	la giocatrice	il suonatore	la suonatrice

E Nomi in -sore/-itrice

■ Non sono molti i nomi in **-sore** usati al femminile. Per quei pochi si prende la radice del verbo da cui deriva il nome e si aggiunge la terminazione **-itrice** (per es: *difensore* deriva da *difendere*; il femminile è la *difenditrice*).

*Giovanna d'Arco è considerata una grande **difenditrice** dei valori cristiani.*

Maschile	Femminile	Maschile	Femminile	Maschile	Femminile
il difensore	la difenditrice	il dispersore	la disperditrice	il possessore	la posseditrice

F Cambiamento di suffisso

■ Qualche volta il cambiamento del genere si realizza attraverso l'uso di un suffisso alterativo.

*Dopo la morte del **re**, il potere passò alla **regina**.*

▶ Il suffisso alterativo può essere anche utilizzato nel cambiamento di genere dei nomi propri (*Andrea - Andreina*; *Nicola - Nicoletta*; *Simone - Simonetta*).

*- Come lo chiamerete? - Se è maschio **Andrea**, se è femmina **Andreina**.*

Masch. - Femm.	Masch. - Femm.	Masch. - Femm.	Masch. - Femm.	Masch. - Femm.
l'eroe - l' eroina	il gallo - la gallina	il re - la regina	lo stregone - la strega	lo zar - la zarina

G Cambio di genere con parole differenti

■ Per alcuni sostantivi il cambio di genere provoca l'utilizzazione di parole differenti. Questo vale specialmente nel caso di nomi di parenti, di persone in generale e nel caso del nome di alcuni animali.

*Ho un **fratello** e una **sorella**.*
*Secondo la Bibbia Dio ha creato prima l'**uomo** e poi la **donna**.*

Maschile	Femminile	Maschile	Femminile	Maschile	Femminile	Maschile	Femminile
il celibe	la nubile	il papà	la mamma	l'abate	la badessa	il cane	la cagna
(il) dio	la dea	il marito	la moglie	l'uomo	la donna	il maiale	la scrofa
il frate	la suora	il maschio	la femmina	il bue	la mucca	il montone	la pecora
il fratello	la sorella	il padre	la madre	il fuco	l'ape	il toro	la vacca
il genero	la nuora						

H Specificazione del sesso

■ Per alcuni nomi di animali la lingua italiana non dispone di entrambe le forme, quella maschile e quella femminile. Perciò la determinazione del genere avviene mediante la specificazione del sesso, *maschio* o *femmina*.

*Una **tigre maschio** e una **tigre femmina**.*

il cammello	il castoro	la gazzella	la pantera	la tigre	la volpe
il camoscio	la foca	la lepre	la scimmia	il topo	la zebra

I Cambiamento di genere con cambiamento di significato

■ Ci sono sostantivi che cambiando genere cambiano anche il significato.

*Chiudi la **porta**, per piacere.*
*La nave è arrivata nel **porto**.*

Maschile	Femminile	Maschile	Femminile	Maschile	Femminile	Maschile	Femminile
il balzo	la balza	il cero	la cera	il fronte	la fronte	il panno	la panna
il banco	la banca	il coso	la cosa	il gambo	la gamba	il pianeta	la pianeta
il brodo	la broda	il figuro	la figura	il manico	la manica	il porto	la porta
il capitale	la capitale	il fine	la fine	il mento	la menta	il suolo	la suola
il cassetto	la cassetta	il foglio	la foglia	il mitra	la mitra	il tavolo	la tavola
il cavo	la cava	il fosso	la fossa	il palo	la pala		

Altri nomi possono essere usati quasi indifferentemente nella loro forma maschile o femminile.
Si tratta per lo più di apparecchi meccanici:

- in alcuni casi il sostantivo si è ormai consolidato nell'uso comune in una delle due forme, per es:

la lavatrice   *la fotocopiatrice*   *la spillatrice*   *il ventilatore*   *l'aeratore*   *ecc.*

- mentre in altri casi l'oscillazione rimane forte:

l'asciugatore   *l'asciugatrice*   *il calcolatore*   *la calcolatrice*
il mitragliatore   *la mitragliatrice*   *il saldatore*   *la saldatrice*

ESERCIZI

Qual è il colmo per un giardiniere?
Non digerire la giardiniera!

1 (I) Rispondi all'indovinello.

Al maschile è una parte del corpo, al femminile è un tipo di erba. Che cos'è?

Maschile: _____   *Femminile:* _____

2 **(A - B - C - D - G)** Associa i sostantivi a Roberto e Susanna, segui l'esempio.
Attenzione perché alcuni sostantivi possono essere associabili sia a Roberto che a Susanna.

cugino

infermiera

fumatore

farmacista

cameriere

studente

negoziante

nubile

nipote

nonna

strega

principessa

sciatore

attrice

giocatrice

re

3 **(A - B - C - D - F)** Unisci ad ogni sostantivo la definizione corretta.

1. Una donna che si occupa del giardino.	a. Zarina.
2. Un uomo che insegna all'asilo o alla scuola elementare.	b. Impiegato.
3. La femmina dell'animale che fa le fusa.	c. Giardiniera.
4. Un sinonimo di marito o moglie.	d. Tassista.
5. Un uomo che siede in Senato.	e. Maestro.
6. Una donna che accompagna una persona che ha bisogno di aiuto.	f. Senatore.
7. La moglie dello zar.	g. Coniuge.
8. Il marito della sorella.	h. Gatta.
9. Un uomo che lavora in ufficio.	i. Accompagnatrice.
10. Una donna che guida il taxi.	l. Cognato.

4 (TUTTI) Risolvi il cruciverba sui nomi degli animali.

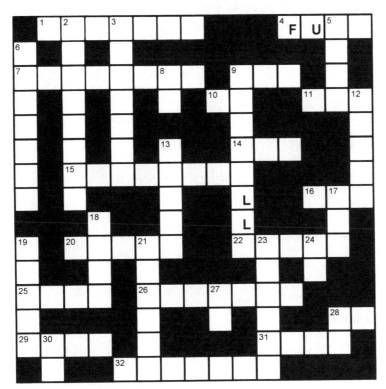

Orizzontali →

1. Il maschio della scimmia.
4. Il maschio dell'ape.
7. Il maschio del camoscio.
9. La *ca*____ è la femmina del cane.
10. L'articolo per *gatta* è ____.
11. Il medico degli animali si chiama ____*erinario*.
14. Un posto che racchiude molti animali.
15. Molti leoni femmine sono delle ....

16. Il maschio della mucca.
20. Il maschio della volpe.
22. La femmina dell'asino.
25. Il maschio della vacca.
26. La femmina del castoro.
28. Il maschio della gallina è il *gal*____.
29. La femmina dell'orso.
31. Il maschio della foca.
32. Il maschio della pantera.

Verticali ↓

2. La femmina del cammello.
3. Il leone è il _____ della leonessa.
5. Il maschio della cagna.
6. La femmina dell'uccello.
8. Normalmente ___ pesce sta in un acquario.
9. Il leone mangia la _____.
12. La madre dei tigrotti.
13. Il maschio della lepre.
17. Un mio amico ha ___ tartaruga in giardino.

18. L'animale preferito dal gatto.
19. Il maschio della gatta.
21. La femmina del montone.
23. La femmina del maiale.
24. Il piccolo del leone si chiama *leonci*___.
27. Il piccolo dell'orso si chiama *orset*___.
28. La femmina di una gazzella è la *gazzel*___ .
30. Il leone viene considerato il ___ della giungla.

5 **(Tutti) La festa dell'imperatore.** L'imperatore del paese di Bengodi ha deciso di dare una festa strabiliante in onore di se stesso. Aiutalo a compilare la lista degli invitati. Inserisci le persone mancanti. Segui l'esempio.

Gli invitati	Le invitate
Il signor Felicini	La *signora Felicini*
Un parente dell'imperatrice	Una _____
Il _____	La dentista
Lo psicanalista di corte	La _____
Il _____	La custode del parco
Un _____	Un'amica del figlio
L' _____	L'infermiera della suocera
Un cantante famoso	Una _____
Il _____	La duchessa di Forlimpopoli
Il barone di Vattelapesca	La _____
Il governatore di Tonnellara	La _____
Il _____	La pittrice di corte
Il _____	La suonatrice di arpa
L'eroe del paese	L' _____
Il re del paese confinante	La _____
L'abate di Gattamelata	La _____
Il padre dell'imperatrice	La _____
Il _____	La suora più anziana della corte
Il _____	La difenditrice del regno

6 **(A - C - D - G) Che faccio da grande?** Monica non sa che professione vorrebbe intraprendere. Ogni volta che legge qualcosa su un personaggio famoso o importante cambia idea sul suo futuro. Inserisci tu i nomi di tutte le professioni che le sono passate per la testa.

1. Dopo aver letto di Jamie Oliver, un famoso cuoco inglese, ha deciso di diventare una

   _____.

2. Poi ha letto di un dottore che lavora in Africa e ha deciso che sarebbe diventata una

   _____.

3. E che dire del suo professore di inglese delle medie? Era così bravo che voleva anche lei fare la

_____.

4. Poi, dopo che hanno assegnato l'Oscar a Benigni come regista ha deciso anche lei di fare la

_____.

5. Un giorno, durante una vacanza con un gruppo organizzato con un bravo accompagnatore, ha pensato che non sarebbe stata una cattiva idea provare a fare l'_____.

6. Oppure, perché non scrivere un libro e diventare così una _____ famosa?

7. Ma forse, ha pensato, essendo più portata per la poesia, sarebbe potuta diventare una

_____.

8. Alla fine però ha incontrato Paolo, si è sposata ed è finita a fare la _____.

7 **(I) Inserisci sotto ogni disegno il termine corretto fra quelli della lista.**

1

Questo momumento si trova a Roma, __ _____ d'Italia.

2

A Franco manca ___ _____ per scrivere.

3

Questo è __ _____ di Genova.

la porta - il capitale - il porto - un foglio - la capitale - una foglia

4

Come al solito conta __ _____.

5

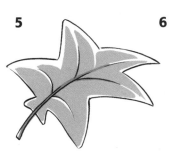

Questa è ___ _____ di castagno.

6

Chiudi __ _____ che fa freddo!

16 il genere dei nomi

8 (TUTTI) Risolvi il cruciverba.

Orizzontali →

3. Uno strumento per fare calcoli, *calcolat____* .

6. L'aspetto esteriore di qualcosa.

8. Parola generale che serve ad indicare un oggetto.

9. Un'altra parola per il fossato di una fortificazione.

10. Albero che ha gli aghi al posto delle foglie.

 11. Elettrodomestico che usiamo per farci vento.

12. La sigla della provincia di Ascoli Piceno.

 13. Fa parte di una pianta.

16. Un pezzo di stoffa, oppure un tipo di stoffa.

17. Derivata dal latte, si usa di solito per guarnire i dolci.

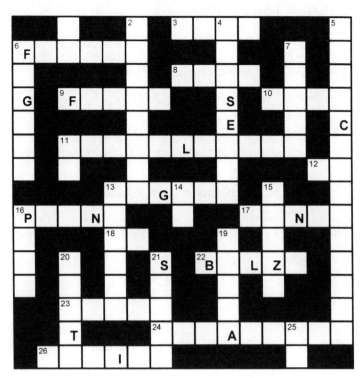
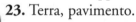
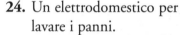

18. Un uomo che lavora con me è un *colle__*.

22. Striscia di stoffa arricciata applicata ad abiti e tende.

 23. Terra, pavimento.

24. Un elettrodomestico per lavare i panni.

26. Una parte di una camicia o di una giacca.

Verticali ↓

1. La sigla della provincia di Perugia.

 2. Uno scompartimento di un mobile in cui si tengono oggetti.

4. Un contenitore. Si può usare per trasportare frutta o verdura oppure per tenerci la posta o altri documenti.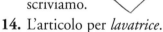

5. Una macchina per fare fotocopie.

6. Un tipo poco raccomandabile.

7. Un elettrodomestico che usiamo per asciugare i panni, l'*asciuga____* .

11. La sigla della provincia di Varese.

13. Un pezzo di carta su cui scriviamo.

14. L'articolo per *lavatrice*.

15. Un salto.

16. Un arnese per scavare buche in terra.

19. Un arto che usiamo per camminare.

20. Zona geografica vicina al mare.

21. La parte sotto le scarpe.

25. Domani vado __ America.

I nomi difettivi

I nomi difettivi sono quelli che mancano o del singolare o del plurale.

A Nomi singolari (difettivi del plurale)

■ Si usano normalmente solo al singolare i nomi **collettivi** (quelli cioè che indicano un insieme di cose), i nomi di **elementi chimici**, metallici e atmosferici, di **scienze** e **sport**, di **balli** e danze, di **spezie** o di prodotti alimentari in senso generale, di **malattie**. Sono ancora sempre singolari i nomi di **mesi**, la parola *internet* e in generale i nomi **astratti** (anche le sensazioni fisiche, i peccati, le virtù, le caratteristiche del comportamento).

Collettivi	Varie sostanze	Scienze e sport	Balli e danze	Alimenti	Malattie
l'accozzaglia	l'afa	l'acustica	il chachacha	il basilico	l'aids
la biancheria	l'ammoniaca	l'aerobica	la lambada	la cannella	l'asma
la bigiotteria	l'azoto	la biologia	la mazurca	il grano	il cancro
la bolgia	l'idrogeno	il calcio	la polca	la mentuccia	il diabete
la fanghiglia	la fòrmica	la filatelica	il rock and roll	la mostarda	la glicemia
la feccia	la foschia	la fisica	la rumba	la pasta	la malaria
la ghiaia	la linfa	la grafica	la samba	la paprica	il morbillo
la gleba	l'ossigeno	l'idraulica		il pepe	la peste
la maglieria	la pioggia	l'ingegneria		il rosmarino	la rabbia
il magma	la rugiada	l'ippica		la salamoia	la rosolia
la roba	la soda	la metrica		la soia	la scabbia
la sabbia	lo zinco	la musica		lo zafferano	
la segnaletica	lo zolfo	la pallacanestro		lo zenzero	
		la ritmica			
		il tennis			

Nomi astratti						
l'accidia	il coraggio	la fifa	l'inedia	la modestia	la penuria	la superbia
l'audacia	la cupidigia	la foga	l'invidia	il panico	la perfidia	la tenacia
la boria	la faciloneria	la galanteria	l'ironia	la parsimonia	la pignoleria	il terrore
la codardia	la fiducia	l'ignavia	la lussuria	la pedanteria	la spavalderia	la vis-comica

B Nomi plurali (difettivi del singolare)

■ Fra i nomi difettivi del singolare si può osservare un consistente numero di sostantivi che si riferiscono a un qualcosa composto da due o più elementi (come *occhiali* o *forbici*).

le ferie	le masserizie	le percosse	le spezie	le viscere
le forbici	le nozze	i posteri	le vettovaglie	i viveri
le manette	gli occhiali	le redini		

Cosa fa un piatto di riso sulle montagne russe? Il risottovolante!

1 **(A - B)** Leggi questa ricetta dei frollini, prova a fornire il singolare o il plurale delle parole sottolineate. Attenzione: alcune delle parole sono difettive del plurale. Segui l'esempio.

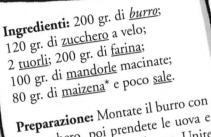

Ingredienti: 200 gr. di _burro_; 120 gr. di zucchero a velo; 2 tuorli; 200 gr. di farina; 100 gr. di mandorle macinate; 80 gr. di maizena* e poco sale.

Preparazione: Montate il burro con lo zucchero, poi prendete le uova e separate il tuorlo dall'albume. Unite i tuorli al burro con lo zucchero a velo e impastate con farina e mandorle. Aggiungete poi la maizena e il sale. Lavorate fino a ottenere una pasta omogenea che avvolgerete in una pellicola trasparente. Fatela riposare in frigo per un'ora. Formate dei filoncini spessi un dito e divideteli a tocchetti lunghi 5 cm. e piegateli a mezzaluna. Trasferiteli su una placca da forno foderata con foglio di carta oleata e cuoceteli in forno a 180° per circa 25 min.

Note: *_maizena_: amido di mais, usato per preparare torte, minestre e budini.

singolare	plurale
burro	_plurale difettivo_

2 **(A - B)** Federica sta preparando la valigia per un fine settimana. Le cose che può portare sono scritte nella lista sotto, aiutala a riempire la valigia. Fa' attenzione perché alcune delle parole nel riquadro sono sbagliate. Correggile tu.

la forbice

le maglie

dei medicinali

della bigiotteria

un paio di occhiali da sole

le biancherie

cassette di musiche

un po' di vivere

③ (A - B) Leggi le frasi. I sostantivi sono nella forma corretta? Trova le frasi sbagliate.

1. Di solito vado in vacanza d'inverno. Tutti i dicembri li passo sulle Dolomiti.
2. Ornella ha spesso dei mal di testa terribili.
3. Mi piacciono gli sport, specialmente calcio e pallacanestro.
4. In quella discoteca si balla musica latino americana: rumbe, lambade, sambe…
5. Le piogge irlandesi sono estremamente fastidiose.
6. Il nuovo premier italiano ha fatto oggi una dichiarazione importante sul tema della salute.
7. Ormai passo ogni mia feria al mare, in Calabria.
8. Le nozze di Caterina sono state grandiose.
9. Ho studiato fisiche all'Università.

④ (A - B) Riscrivi le frasi sbagliate dell'esercizio 3 nella forma corretta.

Frase n° ___: _____

Frase n° ___: _____

Frase n° ___: _____

Frase n° ___: _____

⑤ (A - B) Inserisci nelle frasi la parola corretta fra quelle della lista. Decidi se usare il singolare o il plurale.

la vettovaglia/le vettovaglie	accozzaglia/accozzaglie	roba/robe
la malaria/le malarie	la metrica/le metriche	la matematica/le matematiche
l'asma/le asme	zolfo/zolfi	un'afa/afe
dell'invidia/delle invidie	la percossa/le percosse	la galanteria/le galanterie
il postero/i posteri	la redine/le redini	ippica/ippiche
manetta/manette	il diabete/i diabeti	

1. In camera mia c'è un sacco di _____ in giro, devo mettere in ordine!
2. Ornella ha tirato troppo _____ del cavallo, che si è imbizzarrito e l'ha fatta cadere.
3. Francesco è un appassionato di _____, segue quasi tutte le corse.
4. Una volta _____ era una virtù dell'uomo italiano, ora non più …
5. Nonostante abbia fatto il liceo scientifico, ho sempre odiato sia _____ che la fisica.
6. La presenza di _____ nelle acque di molte sorgenti dell'entroterra toscano, le rende molto utili per le cure termali.
7. Che caldo, c'è _____ terribile oggi!
8. Sono andata al mercato ma c'era una tale _____ di gente che ho lasciato perdere!
9. Nonostante il greco antico mi appassioni, trovo che _____ sia piuttosto difficile.
10. Ho portato io _____ per il pic-nic.
11. Ormai in molti paesi europei _____ ai figli sono illegali.
12. Chissà cosa penseranno di noi _____ quando vedranno in che stato abbiamo ridotto il pianeta!
13. Il colore _____ è il giallo.
14. Roberto pensa di avere tutti i malanni del mondo: _____, _____, _____ … insomma, è un ipocondriaco.
15. Il dottor Caccini è uscito stamani accompagnato da due carabinieri e in _____. Chissà cosa avrà fatto!

I nomi composti

Almeno due parole che si combinano per creare una parola nuova formano un *nome composto*.

A Il plurale dei nomi composti

- È forse impossibile fornire una regola generale sulla **formazione del plurale** dei nomi composti. Infatti bisogna tener conto prima di tutto di come questi nomi sono "sentiti" dai madrelingua (e le oscillazioni sono frequenti specialmente nei sostantivi di più recente creazione: sui giornali leggiamo spesso per esempio "*gli agriturismo*" ma anche "*gli agriturismi*"): se gli italiani infatti non percepiscono più questi nomi come composti da più elementi, allora rientrano nelle normali regole di formazione del plurale. Per esempio le parole *francobollo, ferrovia, pomodoro* o *camposanto* sono ormai diventati termini autonomi in cui i singoli elementi che le compongono hanno perso ogni valore. Per questo il plurale sarà *francobolli, ferrovie, pomodori* e *camposanti*.
  In altri casi invece il plurale potrà coinvolgere il cambiamento della vocale finale del primo elemento, del secondo o di entrambi i componenti del composto.
  Frequenti sono poi anche i nomi composti invariabili.

B Il plurale dei nomi composti invariabili

- In generale possiamo dire che normalmente il nome composto è invariabile se il **secondo elemento del composto** è:

un **verbo**;	*il benestare*	*i benestare*
	il lasciapassare	*i lasciapassare*
	il nullaosta	*i nullaosta*
un **avverbio**;	*il sottosopra*	*i sottosopra*
	il posapiano	*i posapiano*
un **sostantivo plurale o invariabile**.	*l'accendisigari*	*gli accendisigari*
	l'attaccapanni	*gli attaccapanni*
	il cavatappi	*i cavatappi*
	la lavastoviglie	*le lavastoviglie*
	il portaombrelli	*i portaombrelli*
	il reggicalze	*i reggicalze*

- Sono poi normalmente invariabili:

quei nomi composti in cui il **secondo elemento** è **di genere diverso** rispetto al genere del nome composto stesso. Per esempio *scuola* è femminile, ma *il doposcuola* è maschile; il plurale sarà *i doposcuola*;	*il centrotavola*	*i centrotavola*
	il crocevia	*i crocevia*
	il dopoguerra	*i dopoguerra*
	il doposcuola	*i doposcuola*
	il madrelingua	*i madrelingua*
	il sottoscala	*i sottoscala*

18 I nomi composti

▶ in questo gruppo di invariabili rientrano molti sostantivi composti da **verbo + nome singolare femminile**.	*il battistrada*	*i battistrada*
	il saltimbocca	*i saltimbocca*
	lo scioglilingua	*gli scioglilingua*
	il tosaerba	*i tosaerba*
	il parapioggia	*i parapioggia*

C Plurale del secondo elemento del nome composto

■ Il sostantivo composto forma il plurale cambiando la vocale finale del secondo elemento quando:

▶ il nome **non è più sentito come composto**;	*la banconota*	*le banconote*
	la ferrovia	*le ferrovie*
	il palcoscenico	*i palcoscenici*
▶ il nome è composto da **due sostantivi dello stesso genere**;	*l'arcobaleno*	*gli arcobaleni*
	il cavolfiore	*i cavolfiori*
▶ il nome è composto da un **aggettivo + un sostantivo maschile**;	*l'altorilievo*	*gli altorilievi*
▶ il nome è composto da **due aggettivi**;	*il chiaroscuro*	*i chiaroscuri*
	il sordomuto	*i sordomuti*
▶ il nome è composto da un **verbo + un sostantivo maschile** o + il sostantivo *mano*;	*il parafulmine*	*i parafulmini*
	il passaporto	*i passaporti*
	l'asciugamano	*gli asciugamani*
▶ il nome è composto da una **parola invariabile** (un avverbio o una preposizione) + un **sostantivo** che deve essere **dello stesso genere** del nome composto.	*il soprannome*	*i soprannomi*
	la sovrattassa	*le sovrattasse*

D Plurale di tutti e due gli elementi del nome composto

■ Il plurale del nome composto si fa modificando la vocale tematica di tutti e due gli elementi che lo costituiscono quando:

▶ il composto è formato da un **nome + un aggettivo**;	*la cassaforte*	*le casseforti*
	il pellerossa	*i pellirosse*
▶ il composto è formato da un **aggettivo + un nome femminile**.	*la malalingua*	*le malelingue*
	la mezzaluna	*le mezzelune*

18 I nomi composti

E Plurale dei composti in *capo-*

■ Molte parole sono composti formati dalla parola *capo*. Il plurale del nome composto si forma in modi diversi:

▶ se il nome composto con *capo-* indica la **persona** che è a capo di qualcosa, si fa il **plurale di *capo-*** e il secondo nome resta invariato;

il capobanda	i cap**i**banda
il capogruppo	i cap**i**gruppo
il capomafia	i cap**i**mafia
il capostazione	i cap**i**stazione

▶ se il nome composto con *capo-* indica la persona che ha un **ruolo superiore** a quello di altre che svolgono la stessa attività, si fa **il plurale del secondo nome**;

il capocomico	i capocomic**i**
il capocuoco	i capocuoch**i**
il caporedattore	i caporedattor**i**

▶ se il composto con *capo-* non si riferisce direttamente a una persona con un ruolo di comando, ma ha **altre funzioni**, anche in questo caso il plurale si fa modificando la **vocale tematica del secondo sostantivo**;

il capodanno	i capodann**i**
il capolavoro	i capolavor**i**
il capoluogo	i capoluogh**i**

▶ i composti **femminili** con *capo-*, in cui *capo-* indica una donna che sta a capo di qualcosa, sono **invariabili**;

la capobanda	le **capobanda**
la capofamiglia	le **capofamiglia**
la capoufficio	le **capoufficio**

▶ infine se il composto con *capo-* indica una **donna che ha un ruolo superiore** rispetto ad altre che svolgono la stessa attività, il plurale si forma **cambiando la vocale finale del secondo nome**.

la capocuoca	le capocuoch**e**
la caporedattrice	le caporedattric**i**

ESERCIZI

Due casseforti si incontrano nel deserto. Una fa all'altra: "Toh! Che combinazione!"

1 **(B - C) Lauro e Maura si sono sposati un mese fa, fra i regali che hanno ricevuto ci sono molti doppioni. Completa la lista:**

2 (lavastoviglie) _____

molti (asciugamano) _____

2 (aspirapolvere) _____

2 (asciugacapelli) _____

diversi (centrotavola) _____

3 (accendigas) _____

2 (attaccapanni) _____

3 (battipanni) _____

2 **(Tutti)** Unisci le parole nelle due colonne e forma dei nomi plurali composti. Segui l'esempio.

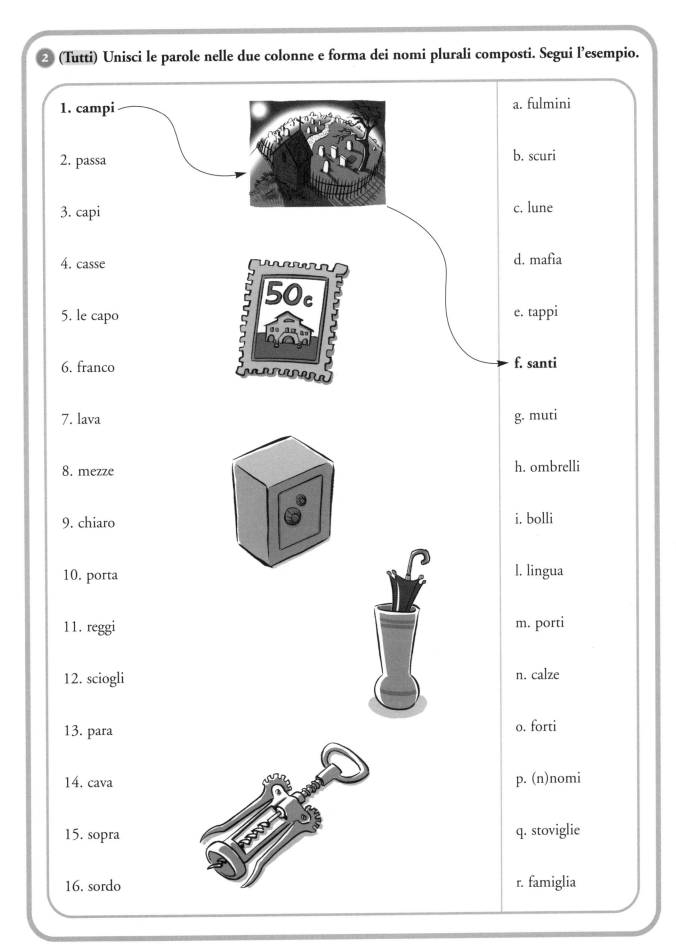

1. **campi**

2. passa

3. capi

4. casse

5. le capo

6. franco

7. lava

8. mezze

9. chiaro

10. porta

11. reggi

12. sciogli

13. para

14. cava

15. sopra

16. sordo

a. fulmini

b. scuri

c. lune

d. mafia

e. tappi

f. santi

g. muti

h. ombrelli

i. bolli

l. lingua

m. porti

n. calze

o. forti

p. (n)nomi

q. stoviglie

r. famiglia

3 (Tutti) Usa le parole composte che hai trovato nell'esercizio precedente e inseriscile nella tabella. Segui l'esempio.

Composti con plurale invariabile	Composti con plurale del primo elemento	Composti con plurale del secondo elemento	Composti con plurale di entrambi gli elementi
			camposanto > **campisanti**

4 (E) Scrivi per ogni definizione il sostantivo corretto. Scegli i sostantivi fra quelli della lista e mettili al plurale.

capovolta - capocollo - capostipite - capostazione - capoluogo - capofamiglia - capolavoro - caporedattrice - capobanda - capofamiglia - capobastone - capoufficio - capoverso - caposquadra - capobanda

1. Quelli che dirigono squadre di persone si chiamano: _____
2. Le persone che danno origine a delle famiglie si chiamano: _____
3. Le donne che dirigono un ufficio si chiamano: _____
4. Le città più importanti delle regioni italiane si chiamano: _____
5. Le opere migliori di un artista sono dette: _____
6. Gli uomini che si trovano a capo di una famiglia si chiamano: _____
7. Le donne che si trovano a capo di una famiglia si chiamano: _____
8. Quelli che, in gergo mafioso, controllano le attività mafiose di una zona sono detti: _____
9. Gli inizi di una strofa o del periodo, in uno scritto in cui si va a capo si chiamano: _____
10. I capi delle bande sono detti: _____
11. Le donne capo delle bande sono dette: _____
12. Le donne a capo di una redazione si chiamano: _____
13. Le persone a capo delle stazioni sono: _____
14. Capovolgimenti, capriole: _____
15. Sono dei salumi, specialità dell'Italia meridionale: _____

I verbi pronominali

Chiamiamo "verbi pronominali" quei verbi coniugati regolarmente insieme a una o più particelle pronominali (i pronomi riflessivi e le particelle *ci, ne, la, le*): queste particelle non hanno alcun significato in sé, ma danno al verbo un senso leggermente o spesso totalmente diverso.

A Tipi di verbi pronominali

■ In italiano esistono moltissimi verbi che, uniti a particelle pronominali o riflessive, subiscono un **cambiamento di significato**, a volte lieve (*vestirsi, lavarsi*), in altri casi molto marcato: è noto a tutti cosa significa *prendere*. Ma in italiano abbiamo la forma *prendersi con qualcuno* che significa "litigare" e *prendersela* che significa tutt'altra cosa ("offendersi", "rimaner male") e ancora possiamo dire *prenderla bene, prenderne tante, prenderci gusto*. E così per molti altri verbi.

Ho preso il libro che mi avevi chiesto. (infinito: *prendere*)
Si è preso un po' con il fratello. (infinito: *prendersi*, simile a "litigare")
Me la sono presa per il tuo comportamento. (infinito: *prendersela*, simile ad "offendersi").

■ Quasi tutti i verbi di movimento possono essere abbinati ai pronomi riflessivi e alla particella *ne*: *andarsene, starsene, uscirsene, tornarsene* ecc.

Vattene, non ti voglio più vedere!
Ce ne torniamo a casa? Questa festa è troppo noiosa.

■ A volte il verbo pronominale esiste solo in quella forma, non esiste cioè senza pronome.

Ieri me la sono spassata a Gardaland! (non esiste il verbo "*spassare*" ma solo "*spassarsela*")
Ogni volta che incontro Beppe mi arrabbio. (non esiste il verbo "*arrabbiare*" ma solo "*arrabbiarsi*")

■ I verbi pronominali possono avere un **significato in sé** (per esempio *andarsene* ha un suo senso autonomo) oppure essere utilizzati solo in determinate formule e frasi (non *esiste suonarsela*, ma esiste *cantarsela* e *suonarsela*; non esiste *farsene*, ma esiste *farsene una ragione* e così via).

Te ne vai o no?
Silvio se la canta e se la suona. (= nessuno lo segue nel suo ragionamento, fa tutto da solo)
Ormai Luisa ti ha lasciato, devi fartene una ragione o continuerai a soffrire. (= accettare la realtà)

Le **particelle pronominali** hanno in italiano un forte valore "affettivo". Questo significa che oltre a dire "*mangio una bistecca*" posso dire che "*mi mangio una bistecca*". La differenza è profonda dal punto di vista del "messaggio" che voglio trasmettere: "*mangio una bistecca*" è la comunicazione di un'informazione (ti comunico quello che sto facendo); "*mi mangio una bistecca*" è la comunicazione di un modo di essere (non ti comunico tanto cosa faccio, quanto chi sono: sono uno che mangia la bistecca).

Allo stesso modo una frase come *"vado a casa, sto sul divano, fumo una sigaretta, guardo una partita in televisione e resto a casa tutto il pomeriggio"* è la comunicazione di una serie di informazioni sostanzialmente di scarso interesse. Ma se dico *"me ne vado a casa, me ne sto sul divano, mi fumo una sigaretta, mi guardo una partita in televisione e me ne resto a casa tutto il pomeriggio"* voglio soprattutto trasmettere una immagine di me, una mia fotografia che ritrae il mio modo di essere più che il mio agire.

L'opinione che questi verbi siano propri del parlato ha quindi un qualche fondamento: non tanto perché di registro basso o popolare, quanto perché scrivendo ho più spesso l'esigenza di "dare informazioni obiettive". Nel parlato è invece assai più frequente che io voglia in qualche modo dare anche un'immagine di me.

B I verbi pronominali più frequenti

Andarci (di mezzo) (piano con qc)	*Loro litigavano e io ci sono andato di mezzo.*
	Ehi, vacci piano con l'alcool!
Andarsene	*Vattene!*
Aspettarsela	*Questa non me l'aspettavo.*
Avercela (con qn)	*Sì, ce l'ho con te.*
Averne (abbastanza)	*Ne ho abbastanza di questa storia!*
Arrabbiarsi	*Ti sei arrabbiato con me? Ma che ti ho fatto?*
Battersela	*Me la sono battuta a gambe levate.*
Bersela	*Non sono un ingenuo, non me la bevo.*
Buggerarsene	*Me ne buggero.*
Buttarla (sul)	*Meglio buttarla sul ridere.*
Cantarsela (e suonarsela)	*Fa tutto da solo: se la canta e se la suona.*
Capirla	*Questo governo pensa solo ai suoi interessi! Non l'avete ancora capita?*
Cavarsela	*Ho fatto l'esame e me la sono cavata.*
Darci (dentro)	*Con questo lavoro voglio darci dentro.*
Darla (a bere)	*Vorresti darla a bere a me?*
Darle/Darne/Darsene	*Gliene ho date tante!*
Darsela (a gambe, a gambe levate)	*Me la sono data (a gambe levate).*
Dirla (tutta)	*Per dirla tutta, anch'io ho sbagliato.*
Dirne (di tutti i colori, quattro)	*Quando l'ho incontrato gliene ho dette quattro.*
Dormirsela	*Me la sono dormita tutta la mattina.*
Entrarci	*Fa' quello che vuoi, io che c'entro?*
Farcela	*Era difficile ma ce l'ho fatta.*
Farla (da padrone, lunga)	*Quanto la fai lunga!*
Farne (un'altra delle tue, un dramma)	*Quel ragazzino ne ha fatta un'altra delle sue.*
Farsela (sotto, addosso)	*Dalla paura me la facevo sotto.*
Farsene (una ragione)	*Era difficile accettare questa situazione ma me ne sono fatta una ragione.*
Farsi (da parte, forte)	*Si è fatto da parte al momento giusto.*
Filarsela	*Me la sono filata di nascosto.*
Finirla	*Finiscila!*
Fottersene	*Fottitene!*
Fregarsene	*Chi se ne frega!*
Giurarla	*Me l'ha giurata e si vendicherà.*
Godersela	*In vacanza me la sono proprio goduta.*
Infischiarsene	*Me ne infischio dei tuoi problemi.*

Intendersela (con qn)	*Quei due se la intendono.*
Lavarsene (le mani)	*Preferisco lavarmene le mani.*
Legarsela (al dito)	*Non lo dimenticherò: me la lego al dito!*
Mandarla (giù)	*È difficile mandarla giù.*
Metterla (giù dura, su questo tono)	*Se la metti su questo tono chiudiamo l'argomento.*
Mettercela (tutta)	*Ce la metterò tutta per far bene.*
Metterci	*Ci metto un minuto.*
Mettercisi	*Mi ci sono messo con impegno.*
Metterla	*Come la mettiamo?*
Morirsene	*Me ne morivo per quella attrice!*
Partirsene	*Me ne sono partito con due soldi.*
Passarci (sopra)	*Non sono permaloso: ci passerò sopra.*
Passarsela (bene/male)	*Come te la passi?*
Pensarla	*Se la pensi così è inutile continuare a parlare.*
Piantarla	*Sei stato offensivo con lui. Dovresti piantarla di provocarlo!*
Non poterne (più)	*Sono stanco, non ne posso più.*
Prenderci (gusto)	*All'inizio non volevo, ma poi ci ho preso gusto.*
Prenderla (alla lontana; bene/male)	*Gli ho dato la brutta notizia ma lui l'ha presa bene.*
Prenderle/ne	*Da piccolo quante ne ho prese!*
Prendersela (con qc, comoda, a cuore)	*Lui se la prende sempre con me.*
Provarci	*Ci ho provato e ci sono riuscito.*
Raccontarla (giusta)	*Non me la racconti giusta!*
Ridersela	*Ho visto che te la ridi sotto i baffi.*
Rifarsela	*Non puoi rifartela con me.*
Rimanersene	*Ieri sera me ne sono rimasto a casa.*
Rimetterci	*Ci ho rimesso un sacco di soldi.*
Ritornarsene	*Me ne sono ritornato a casa.*
Saperci (fare)	*Ci sai fare con la chitarra!*
Saperla (lunga)	*Quel ragazzino la sa lunga.*
Saperne (una più del diavolo)	*Ne sai una più del diavolo.*
Sbolognarsela	*Se l'è sbolognata alla chetichella.*
Sbrigarsela	*Me la sbrigo da solo, grazie.*
Sentirci	*Da quest'orecchio non ci sente.*
Sentirne (di cotte e di crude)	*Su di lui ne ho sentite di cotte e di crude!*
Sentirsela	*Te la senti di darmi una mano?*
Smetterla	*Smettila!*
Spassarsela	*Al mare ce la siamo spassata.*
Squagliarsela	*In questa situazione è meglio squagliarsela.*
Svignarsela	*Che noia questa riunione! Io me la svigno.*
Starci	*Non accetto questo ricatto: non ci sto!*
Starsene	*Avevo la febbre e me ne sono stato a letto.*
Tirarla (per le lunghe)	*Vai al sodo, non tirarla per le lunghe!*
Tornarsene	*Verso le dieci me ne sono tornato a casa.*
Uscirsene	*All'improvviso se n'è uscito con un'idea geniale.*
Vederci	*Senza occhiali ci vedo poco.*
Vederla	*Tu come la vedi? Che pensi della situazione?*
Vedersela (brutta, con)	*Quando ho perso il lavoro me la sono vista brutta.*
Volercene	*Ce ne vuole per imbrogliare uno come me!*
Volerci	*Quanto ci vuole per arrivare a Venezia?*
Volerne (a qualcuno)	*Ha sbagliato con me, ma non gliene voglio.*

⑲ I verbi pronominali

ESERCIZI

> Il Reuccio di Portogallo e la Reginotta si sposarono; e se ne stettero
> e se la godettero e a noialtri nulla dettero.
>
> *Luigi Capuana, "L'Unità", in "Fiabe"*

I **(A - B) Scegli la forma verbale giusta per ognuno di questi episodi.**

ci ha provato	se la sono data	se l'è sbrigata
smetterla		ci vorrà	ci hanno rimesso
ce la beviamo	se la intende	se l'è cavata	ce l'ha

1. Il medico aveva quasi finito l'orario di ambulatorio ma è stato chiamato per un'urgenza. Per fortuna non era niente di grave quindi _____ in un quarto d'ora.

2. Laura ha avuto un incidente in motorino. Era senza casco, l'incosciente, ma _____ con qualche livido.

3. Ho provato a studiare il tedesco, ma mi sa che _____ molto più tempo di quello che pensavo.

4. La moglie di Arturo _____ col garzone del fruttivendolo. D'altra parte Arturo non sta mai in casa …

5. L'altro giorno dei ragazzini, giocando a pallone in cortile, hanno rotto una finestra e _____ a gambe levate.

6. Stefano _____ con me da quando ho invitato la sua ragazza al cinema.

7. I miei volevano speculare in Borsa, ma _____ diverse migliaia di euro.

8. Ho incontrato Roberto ad una festa di una mia amica e lui _____ subito!

9. Sin da quando eravamo bambini Elena ci ha sempre raccontato un sacco di bugie, ma ormai non _____ più!

10. Ho dovuto dire ai bambini di _____ di giocare, perché disturbavano i vicini.

I verbi pronominali

19

2 **(A - B)** Unisci le frasi di sinistra con la definizione del verbo pronominale che trovi a destra. Segui l'esempio.

1. Laura se l'è battuta non appena ha visto la mala parata.	a. *stare, condurre la vita*
2. Senza occhiali ci vedo piuttosto male.	b. *restare, rimanere*
3. Se non alzi il volume non ci sento.	c. *fuggire velocemente*
4. Sinceramente non me la sento di dire ad Antonio che non ha passato l'esame.	d. *impiegare tempo*
5. Guarda che se continui a fare i capricci, te le do!	e. *avere a che fare, essere affine*
6. Quanto ci si mette da Roma a Napoli?	f. *vedere*
7. A Ferragosto me ne sono rimasta in casa.	g. *andare via senza farsi vedere*
8. Mi pare che Luca se la passi piuttosto bene, no?	h. *sentire, udire*
9. Non dirmi che Saverio se l'è svignata, come al solito!	i. *picchiare*
10. Quello che dici non c'entra nulla con l'argomento di cui stavamo parlando!	l. *avere il coraggio, la forza morale di fare qualcosa*

3 **(A - B)** Completa l'articolo coniugando i verbi nella persona e nel tempo adatto.

Storie dalla Repubblica delle banane

"Cari lettori. Un nuovo articolo dalla vostra inviata nella bellissima Repubblica delle banane. Come avrete sicuramente sentito, ultimamente la ridente repubblica sta attraversando un periodo buio: la crisi economica *(farla)* _____ da padrona e molti giovani *(andarsene)* _____ all'estero per trovare un lavoro per mantenersi. La cosa più ridicola è comunque rappresentata dall'attuale governo, presieduto da un gaglioffo che *(ridersela)* _____ delle leggi

e fa quello che vuole comandando come un boss di periferia. Ogni giorno *(sentirsene)* _____ di cotte e di crude, la popolazione *(averne)* _____ abbastanza e la maggior parte dei cittadini non *(poterne)* _____ proprio più! Sembra però che il caro primo ministro *(saperne)* _____ una più del diavolo, visto che, ogni qual volta viene indagato, *(venirne)* _____ sempre fuori innocente come un angioletto! Insomma, *(darla)*

_____ a bere a tutti e poi (*prendersela*) _____ anche con i magistrati, che, dice, gliela (*giurarla*) _____. Anzi, sembra proprio che (*legarsela*) _____ al dito e stia pensando a varare nuove leggi che tolgano poteri agli organi giudiziari.

Questa persistenza di malgoverno e mancata applicazione della giustizia ha portato ad una depressione generalizzata nei cittadini. Molti giovani ormai dicono che (*infischiarsene*) _____ e (*sbattersene*) _____ della politica, ormai vogliono pensare solo a sé e (*spassarsela*) _____. Ormai non conta più se (*tu - saperci*) _____ fare nella tua specializzazione, ma solo se hai conoscenze importanti, quindi tanto vale prenderla con filosofia e godersi la vita, no?

Insomma, la vita nella Repubblica delle Banane ultimamente non è molto facile, e, nonostante tutti (*dirne*) _____ di tutti i colori, al momento non si vedono grandi cambiamenti.

Per fortuna che le banane sono ancora ottime! Alla prossima.

Geraldine Lovelack

4 **(A - B) Risolvi il cruciverba.**

Orizzontali →

2. Un punto nel calcio.
5. "Scusa, ma senza occhiali io non ci _____".
6. "Mi sono trovato all'improvviso in una rissa, me la sono _____ proprio brutta!"
9. "Mio padre era proprio arrabbiato, però ha deciso di _____ sul ridere".
10. Unione Operaia.
11. "Basta! Non ce la facciamo più, smettila, finisci___!"
13. "Laura non stava bene ieri e ____ ____ è stata tutto il giorno a letto".
14. La donna di Adamo.
15. "Scusa, ma mia nonna ha problemi di udito e non ____ sente bene".
16. "Ho investito in Borsa ma ci ho _____ parecchi soldi!"

Verticali ↓

1. "Davvero non mi interessa! Non ____ ne frega niente!"
2. "Oggi c'era un sole meraviglioso! Ce lo siamo davvero _____!"
3. "Il direttore non vuole responsabilità, ha deciso di _____ le mani".
4. Una sigla che si usa per chiedere aiuto.
7. "La festa è finita tardi, ma noi ce ne siamo _____ verso le 11".

8. Di lui.
9. Il plurale di "buia".
12. "Ivo è bravissimo con la chitarra, ci sa proprio _____!"
15. La sigla della provincia di Como.
17. A me.

Pronomi soggetto
io
tu
lui, egli, esso lei, Lei, ella, essa
noi
voi
loro, essi loro, esse

A IO e TU

■ I pronomi personale *io* e *tu* hanno grammaticalmente la funzione di **soggetto**.

Io lavoro e *tu* dormi.
Io, *tu* e lui restiamo qui.
Che posso dire *io*?
E *tu* chi sei?

B ME e TE

■ I pronomi personali *me* e *te* sono pronomi **non-soggetto**.	*Io guardo **te** e tu guardi **me**.*
▶ Si usano in particolare preceduti da preposizioni.	*Parla <u>con</u> **me**!* *Io <u>per</u> **te** morirei.* *Domani vengo <u>da</u> **te**.*

■ Le forme *me* e *te* si usano qualche volta anche in funzione di **soggetto**:

▶ nelle **comparazioni di uguaglianza**, dopo *come* o *quanto*;	*Ne so quanto **te**.* *Tu sei come **me**.* *Fa' come me.* (Ma: *Fa' come faccio io.*) *Non puoi essere sorpreso quanto **me**.*
▶ in funzione **predicativa** se il soggetto del verbo è diverso (costruzioni tipo *io* + **verbo** *essere* + *te*; oppure *tu* + **verbo** *essere* + *me*);	*Io non sono come **te**.* *Tu non sei come **me**.* *Mi piacerebbe essere come **te**.* *Gli piacerebbe essere come **me**!*
▶ in costruzioni con **participio assoluto** (frasi costruite con **soggetto** + **participio passato**);	*Gli uomini, **me** escluso, sono tutti uguali.* *Parlo per tutti i presenti, **te** compreso.*
▶ in forme esclamative;	***Me** sfortunato!* *Povero **me**!* *Beato **te**!* *Povero **te**!*
▶ *te* si usa come soggetto nella costruzione *io e te*;	*Io e **te** siamo una bella coppia.* (Ma: *Tu ed io siamo una bella coppia.*)
▶ *me* e *te* si usano come soggetto nelle **parlate settentrionali**.	*Io sono nervoso, ma anche **te** non scherzi.* ***Me** e **te** insieme faremo grandi cose.*

Sinonimi e alternative

Il pronome *io* può essere sostituito dal *plurale maiestatis* *noi* nella lingua formale (documenti papali, ordinanze dell'ambasciatore, ecc.) o nella lingua dei testi scientifici (*noi* nel senso di *la nostra scuola di ricerca, l'Università alla quale apparteniamo*).

Il pronome *io* può essere sostituito da formule tipo: *chi scrive, chi vi parla, il sottoscritto*, ecc.

C Posizione e uso

- Il pronome *io*, specialmente nello scritto, si pone preferibilmente all'**ultimo posto** in una lista.

  Moravia, Pasolini ed io…
  La mia famiglia ed io…

- In generale l'uso del pronome soggetto in italiano è **facoltativo**.

  Io dormo fino alle nove. = Dormo fino alle nove.

- L'uso dei pronomi *io* e *tu* è **necessario** nei seguenti casi:

▸ in enumerazioni che contengono frasi con **soggetto diverso**;	*Io parlo, tu ascolti, gli altri dormono.* *Lui ride, lei piange, io non so che fare.*
▸ per chiarezza, quando il verbo si può riferire a **soggetti diversi**;	*Vuoi che venga da te? (= Vuoi che io venga da te? o: che lui venga da te?)*
▸ in espressioni **olofrastiche**, cioè formule in cui il pronome da solo costituisce tutta una frase;	*- "Chi crede di sapere tutto?" - "Io!"* *- "Mi serve un volontario." - "Io."*
▸ in numerose forme piene di **enfasi** (specialmente ponendo il pronome dopo il verbo);	*Io e solo io ti posso capire!* *Tu, proprio tu mi critichi?* *Ci penso io!* *Ti faccio vedere io!*
▸ in frasi in cui bisogna sottolineare una **contrapposizione fra persone**;	*Io saprò aspettare: e tu?* *Tu non mi capisci. (Io sì che ti capisco!)*
▸ in frasi **ellittiche**, con pronome accompagnato da aggettivo, infinito o sostantivo.	*Io buono, io bravo… ma se m'arrabbio…!* *Io fare certe cose? Mai!*

D Il *TU* impersonale

- Il pronome *tu* si può usare anche come soggetto impersonale (al posto del *si*).

  Tu entri in banca e non ti aspetti una rapina.
  Tu non puoi immaginare!

E Costruzioni particolari

- *Io* e *tu* si possono rafforzare con la parola *stesso*.

  Era così convincente che io stesso, a un certo punto, non sapevo cosa rispondergli.
  Ho sbagliato, ma tu stesso, in passato, hai fatto errori simili ai miei.

- Frequente anche l'uso dei due pronomi accompagnati da *anche*, *neanche*, *proprio*, *solo*, *ancora*.

  Neanch'io avrei fatto di meglio.
  Sì, sono proprio io!
  Solo tu sai fare certe cose.
  Ancora tu? Non mi sorprende, lo sai?

Il **tu** si usa quando ci si rivolge ad amici o a persone con cui si ha confidenza (la forma di cortesia normalmente è **Lei**). Tuttavia esiste anche un **tu formale**, con cui ci si rivolge ad un'altissima autorità benevola (per esempio il **tu** della preghiera *Padre Nostro*, con cui ci si rivolge a Dio. In questi casi si può scrivere con la **t** maiuscola).

Il **tu** viene usato anche come forma di cortesia in alcuni dialetti che ignorano completamente la forma **Lei** (in particolare in Ciociaria, nel basso Lazio).

F *Modi di dire*

■ *Io*, *tu*, *me* e *te* si usano in numerosi modi di dire.

parlare a tu per tu	fra me e me
dare del tu	beato te!
il mio io	peggio/meglio per te
fra te e te	buon per me/te

G *MECO e TECO*

■ Le antiche forme latineggianti *meco* e *teco* (*con me* e *con te*) ma anche *seco* (*con sé*):

▶ rimangono come sopravvivenze in qualche formula burocratica standardizzata;

*Questo documento riguarda il capofamiglia e i familiari **seco** conviventi.*

▶ o sono usate nel parlato in modo ironico scherzoso.

*Vado al cinema: venite **meco**?*

ESERCIZI

A scuola: "Andrea, dimmi due pronomi!"
"Chi? Io?"
"Bravo!"

1 **(C) Leggi le frasi di questo personaggio, che parla in prima persona. Scegli se inserire il pronome soggetto "io" o no. Cerca poi di indovinare chi è il personaggio che pronuncia le frasi.**

1. Alcuni pensano che _____ sia nato in una città italiana, invece _____ sono nato a Nizza nel 1807.
2. _____ marinaio? Certo! Sin da giovanissimo!
3. _____ ho combattuto con i movimenti rivoluzionari nell'America Latina, fino al 1848.
4. Nel 1849 Mazzini, Pisacane, Mameli e _____, abbiamo partecipato alla difesa della Repubblica Romana.
5. _____ ho lottato instancabilmente per l'indipendenza della mia nazione.
6. Vuoi sapere cosa è successo nel maggio del 1860? Te lo dico _____!
7. Chi ha partecipato all'unificazione dell'Italia? _____!
8. Dopo che _____ ho conquistato il Regno delle due Sicilie, _____ ho consegnato i territori a Vittorio Emanuele.
9. _____ sono uno degli eroi dell'Unità d'Italia.

2 **(B - C) Se non sei riuscito ad indovinare il nome di questo personaggio storico, puoi farlo scegliendo le frasi corrette fra quelle scritte qui sotto. Le lettere collegate alle frasi corrette te ne daranno il nome.**

1. Mia sorella non è come io, lei è bionda ed alta. *(S)*
2. Luca, Sonia e me siamo andati in montagna. *(I)*
3. Ieri ho pagato io. *(G)*
4. Proprio tu parli male di Paolo? Ma se sei anche peggio! *(A)*
5. Beata tu che puoi prenderti 2 mesi di vacanza! *(L)*
6. Silvia pensa che io sia partita. *(R)*
7. Ogni tanto mi piacerebbe essere tu, hai davvero una bella vita ... *(V)*
8. Ho finito gli esami oggi, e quando finisci? *(F)*
9. Non riesco a vivere senza di te! *(I)*
10. Quando parlo io tu non ascolti mai! *(B)*
11. Ti ci vorrebbe una donna come me, non quella là! *(A)*
12. Domani vengo da tu, sei in casa? *(O)*
13. Ieri gli invitati, tu compresa, hanno bevuto troppo. *(B)*
14. Lascia perdere, offro. *(E)*
15. Io mettermi con quella? Ma siamo impazziti? *(L)*
16. Vieni a cena da me domani? *(D)*
17. Tu e me insieme, cambieremo il mondo! *(R)*
18. Io e te insieme, cambieremo il mondo! *(I)*

3 **(A - B) Leggi il dialogo e identifica la funzione dei pronomi sottolineati. Sono pronomi soggetto o non-soggetto? Completa le tabelle di pag. 164 e 165.**

● Ehi **tu**, ma ti sei vista?

▼ Ce l'hai con **me**?

● Sì, proprio con **te**! Dove pensi di andare conciata così?

▼ Andiamo al cinema, no? Che c'è di strano?

● Di strano c'è che **io**, con **te** vestita così, non ci esco. Non mi va che mia figlia vada in giro super truccata e seminuda, va' a metterti qualcosa di più normale.

▼ O mamma! Ma se ho visto un sacco di foto di **te**, negli anni '60, con mini vertiginose e magliettine aderenti! E ora fai la moralista con **me**? Come se non sapessi che tutti i giovani, ai tuoi tempi, **te** compresa, si facevano le canne e praticavano l'amore libero! Invece, a **me**, mi hai mandata a una scuola privata religiosa e vuoi tenermi chiusa in casa!

● Ma tu non sei come **me**! Io ero più matura alla tua età, vivevo già da sola ... e poi dovresti ringraziarmi per i sacrifici che ho fatto per **te**! Beata **te** che non devi lavorare part-time per mantenerti agli studi! Mica come ho dovuto fare **io**, dopo che tuo nonno mi aveva buttato fuori di casa! All'università tutti i miei compagni, **me** esclusa, vivevano ancora in famiglia ...

▼ Lo so, lo so, me lo ripeti in continuazione! Vabbè, mi hai stressata ... vado a cambiarmi.

● Visto che con il dialogo si risolve tutto? **Io** e **te** siamo davvero in sintonia quando vogliamo, no?

▼ Sì, mamma, sì....

Pronome	Funzione		Pronome	Funzione
tu	*soggetto*			

Pronome	Funzione		Pronome	Funzione

4 **(A - B) Inserisci "tu" o "te" negli spazi. Se vuoi puoi poi fare il test e scoprire come è il tuo rapporto con Internet.**

1. Se dico "navigare" _____ pensi:
   a. alla distesa infinita del mare;
   b. agli immensi spazi virtuali.

2. Per _____ fare shopping è:
   a. una perdita di tempo, a _____
   *   il traffico e le code non piacciono;*
   b. un momento rilassante.

3. Secondo _____ i "cookies" sono:
   a. tipici biscotti americani;
   b. file di testo che un sito web può creare
   *   sul nostro pc.*

4. Gli amori virtuali:
   a. a uno/a come _____ non interessano;
   b. li trovi stimolanti.

5. Tra questi film _____ preferisci senz'altro:
   a. Guerre stellari;
   b. Ghost.

6. Al mattino a _____ piace:
   a. sfogliare il giornale appena arriva in edicola;
   b. cercare su Internet le ultime notizie.

Punti
1 (a=1; b=2); 2 (a=2; b=1); 3 (a=1; b=2);
4 (a=1; b=2); 5 (a=2; b=1); 6 (a=1; b=2).

Punteggio
Da 6 a 8: Non sei un/a grande appassionato/a di questa nuova tecnologia e la usi solo se e quando non puoi farne a meno. **Da 9 a 12:** Felicissimo/a delle possibilità che Internet ti dà. La usi spesso e la trovi molto utile e stimolante.

5 **(F) Completa ogni storiella con le frasi della lista.**

fra me e me - buon per te! - il mio io - ci dessimo del tu - parlare a tu per tu - peggio per te! - fra te e te - beato te!

1. "Lo sai che finalmente sono riuscito ad ottenere quel contratto con quella grande ditta? Sono rimasti molto contenti del mio progetto!" – "_____".
2. "Mi pare che tu abbia qualcosa da dirmi, purtroppo ultimamente ho avuto talmente da fare che non sono riuscito a ritagliare un po' di tempo per vederti. Credo comunque che dovremmo incontrarci e _____".
3. "Guardi, visto che lavorerà per noi in pianta stabile penso che possiamo lasciare perdere il Lei. Vorrei che _____".
4. "Hai di nuovo dimenticato i soldi? Questa volta dovrai arrangiarti, io non ho da prestartene! _____!".
5. "Guarda che se hai qualcosa da dirmi, tanto vale che me ne parli! È inutile che tu continui a borbottare _____!".
6. "È vero che ti sei messo con quella modella? _____!".
7. "Ieri, mentre ascoltavo la conferenza di Sorghini, mi sono detto _____: quasi quasi mi butto anche io sull'informatica".
8. Sono andato dall'analista e, come mi aspettavo, mi ha detto che _____ è molto confuso ... tutta colpa di mamma!

I pronomi *io* e *tu*

20

Particelle pronominali

Pronomi riflessivi	Pronomi diretti	Pronomi indiretti
mi	mi	mi
ti	ti	ti
si	lo (m) la (f)	gli (m) le (f)
ci	ci	ci
vi	vi	vi
si	li (m) le (f)	gli (m e f)

Altri pronomi

Pronome locativo + altre funzioni	ci
Pronome partitivo + altre funzioni	ne
Pronome impersonale	si

A Combinazione di pronomi

■ Quando due pronomi o particelle si uniscono formano un **pronome combinato**.
La terminazione dei due pronomi è determinata da alcune regole:

▶ **pronome riflessivo + pronome diretto:**
il riflessivo cambia la *i* in *e*; lo stesso succede con **riflessivo + *ne***;

- *Ti ricordi questa canzone? - Sì, **me la** ricordo.*
- *Vi siete lavati le mani? - Sì, **ce le** siamo lavate.*
- *Lui si è dimenticato di fare questa cosa? - No, non **se ne** è dimenticato.*

▶ **pronome riflessivo + *si* impersonale: *ci si*;**

*Con tutte queste regole **ci si** confonde.*
*Quando si è aggrediti è giusto che **ci si** difenda.*

▶ **pronome riflessivo + *ci*:** i pronomi riflessivi mantengono inalterata la vocale *i*; la terza persona singolare provoca la combinazione ***ci si***; la prima persona plurale è assente;

Io mi reco a Roma	-	***mi ci** reco*
Tu ti rechi a Roma	-	***ti ci** rechi*
Lei si reca a Roma	-	***ci si** reca*
Noi ci rechiamo a Roma	-	_____
Voi vi recate a Roma	-	***vi ci** recate*
Loro si recano a Roma	-	***ci si** recano*

▶ **pronome riflessivo + pronome indiretto:**
per esempio *affezionarsi a qualcuno*.
Vedi lo schema qui sotto:

Io mi affeziono

_____	(mi affeziono a me)
Mi ti affeziono	(mi affeziono a te)
Mi ci affeziono	(mi affeziono a lui, a lei)
_____	(mi affeziono a noi)
	(mi affeziono a voi)
Mi ci affeziono	(mi affeziono a loro)

Tu ti affezioni

Mi ti affezioni	(ti affezioni a me)
_____	(ti affezioni a te)
Ti ci affezioni	(ti affezioni a lui, a lei)
_____	(ti affezioni a noi)
	(ti affezioni a voi)
Ti ci affezioni	(ti affezioni a loro)

Lui si affeziona	
Mi si affeziona	(si affeziona a me)
Ti si affeziona	(si affeziona a te)
Ci/Gli/Le si affeziona	(si affeziona a lui, a lei)
Ci si affeziona	(si affeziona a noi)
Vi si affeziona	(si affeziona a voi)
Ci/Gli si affeziona	(si affeziona a loro)

Noi ci affezioniamo	
_____	
_____	
Gli/Le ci affezioniamo	(ci affezioniamo a lui, a lei)
_____	
Gli ci affezioniamo	(ci affezioniamo a loro)

Voi vi affezionate	
_____	
Vi ci affezionate	(vi affezionate a lui, a lei)
_____	
Vi ci affezionate	(vi affezionate a loro)

Loro si affezionano	
Mi si affezionano	(si affezionano a me)
Ti si affezionano	(si affezionano a te)
Ci/Gli/Le si affezionano	(si affezionano a lui, a lei)
Ci si affezionano	(si affezionano a noi)
Vi si affezionano	(si affezionano a voi)
Ci/Gli si affezionano	(si affezionano a loro)

▶ **pronome indiretto + pronome diretto**: i pronomi indiretti *mi, ti, ci, vi* cambiano la vocale *i* in *e*. Il pronome indiretto di terza persona singolare e plurale è sempre *glie-* e si fonde in un'unica parola con il pronome diretto; lo stesso succede con **indiretto + *ne***;

- *Mi presti la tua macchina? - Sì, **te la** presto.*
- *Ci date il vostro libro? - Sì, **ve lo** diamo.*
- *Gli scrivete una lettera? - Sì, **gliela** scriviamo.*
- *Le scrivete una lettera? - Sì **gliela** scriviamo.*
- *A lui importa qualcosa di questo? - No, non **gliene** importa niente.*
- *Vuoi questi dolci? - Sì, ma non **me ne** dare troppi che mi fanno male.*

▶ **pronome indiretto + *si* impersonale**: nessun cambiamento;

*Non **ti si** può dire niente che subito ti arrabbi!*
*Non **le si** deve dare troppa attenzione.*
*Se non **gli si** lascia il tempo necessario lui non verrà.*

▶ **pronome diretto + *ci***: i pronomi *mi, ti* e *vi* mantengono la vocale *i*. Nella terza persona invece la combinazione è *ce lo, ce la, ce li, ce le*;

*Vai in Italia? **Mi ci** porti?*
*Ho portato i bambini dai nonni e **ce li** ho lasciati una settimana.*

▶ **pronome diretto + pronome impersonale**: è usato solo a un certo livello. Il pronome *si* segue sempre i diretti che non cambiano vocale.

*Una cosa così non **la si** può perdonare.*
*Hanno sbagliato ma **li si** può capire.*

Schema dei pronomi combinati

	MI	**TI**	**SI**	**CI**	**VI**	**GLI**	**LE (indiretto)**	**si (impersonale)**
MI		mi ti	mi si	mi ci		(mi ci)	(mi ci)	
TI	mi ti		ti si	ti ci		(ti ci)	(ti ci)	
SI	mi si	ti si		ci si	vi si	gli/ci si	le/ci si	ci si
CI	mi ci	ti ci	ci si		vi ci	gli ci	le ci	
VI		vi si	vi ci			(vi ci)	(vi ci)	
LO	me lo	te lo	se lo	ce lo	ve lo	glielo	glielo	lo si
LA	me la	te la	se la	ce la	ve la	gliela	gliela	la si
LI	me li	te li	se li	ce li	ve li	glieli	glieli	li si
LE	me le	te le	se le	ce le	ve le	gliele	gliele	le si
NE	me ne	te ne	se ne	ce ne	ve ne	gliene	gliene	se ne

In sintesi

1 - **MI** e **VI** nelle combinazioni sono sempre in prima posizione.

2 - **TI** precede gli altri pronomi escluso **MI**.

3 - **CI** è sempre al primo posto in combinazione con **LO, LA, LI, LE, NE** e **SI**; è al secondo posto in combinazione con **MI, TI, VI, GLI, LE**.

4 - **LO, LA, LI, LE**, sono sempre secondo elemento della combinazione escluso il caso di combinazione con il **SI** impersonale (**lo si, la si, li si, le si**).

5 - Il **SI** riflessivo è secondo elemento della combinazione escluso che in combinazione con **LO, LA, LI, LE** e **NE** (**se lo, se la, se li, se le, se ne**).

6 - Il **SI** impersonale è sempre secondo elemento escluso nella combinazione **se ne**.

7 - Il **NE** è sempre secondo elemento della combinazione.

ESERCIZI

Dal parrucchiere: "Signora Le faccio uno shampoo all'uovo?"
"No, no. Me lo faccia ai capelli!"

1 (A) Leggi questo messaggio che un ragazzo ha lasciato su un sito Internet ed in cui parla della Playstation. Trova a cosa si riferiscono tutte le particelle <u>sottolineate</u>. Segui l'esempio.

Io **<u>ci</u>** ho giocato tanto con la playstation perché il mio amico che ha tutte le tecnologie per il gioco un giorno <u>ci</u> ha investito i soldi e <u>se l</u>'è comprata per sé e per far<u>ci</u> gli scontri con gli amici.

Così ci siamo divertiti tanto perché <u>ci</u> ho scoperto un trucco che <u>mi</u> ha fatto ridere per tanto tempo perché avevamo deciso di far<u>ci</u> i record e di fare le gare a chi <u>ci</u> faceva i punteggi più alti.

Poi però mentre giocavo al gioco della lotta io facevo sempre le mosse nell'aria con i piedi perché volevo far capire al computer chi aveva davanti ma poi, mentre provavo

un calcio <u>gliene</u> ho dato uno per sbaglio e la playstation è caduta per terra e si è rotta. Però il mio amico <u>se n</u>'è fregato, infatti adesso sta per uscire la seconda versione e secondo me il mio amico <u>se la</u> prende ma spero che sia un po' più robusta.

ci: *con la playstation*	ci: _____
ci: _____	ci: _____
se l': _____	gliene: _____
ci: _____	se n': _____
mi: _____	se la: _____

2 (A) Unisci le domande alle risposte e scegli il pronome corretto.

1. Ti interessi di arte?
2. Chi vi ha prestato i soldi per il mutuo?
3. Ti sei abituato al rumore del traffico?
4. Chi ti ha accompagnata a scuola questa mattina?
5. Ma perché non mi hai detto che partivi?
6. Come hai fatto a riprendere il coniglio che era scappato?
7. Chi vi ha accompagnate a scuola questa mattina?
8. Prima di partire ho portato il cane da mio padre.

a. *Gli ci/Mi ci/Ce lo* sono avvicinata piano piano e l'ho afferrato da dietro.
b. Quanto *ce lo/lo ci/ci* hai lasciato?
c. Sì, *me la/me ne/gliela* sono sempre interessato.
d. *Ce li/Ci si/Ce ne* hanno prestati un po' i miei.
e. *Vi ci/Ce le/Ci* ha accompagnate Stefania.
f. C'è voluto un po' di tempo ma alla fine *glielo/mi ci/mi* sono abituato.
g. Ma *ti ci/te lo/ti si* deve sempre dire tutto!
h. *Mi ci/Me l'/Mi* ha accompagnato mia cugina.

3 (A) Completa le frasi con i pronomi combinati della lista

ci si — ci si — gli si — te ne — ti ci — le si — gli si

1. Quando _____ sposa in Sardegna, si invitano talvolta i "Cantadores a chiterra": cantanti tradizionali, che cantano senza accompagnamento.
2. Prima di un esame si deve augurare "In bocca al lupo!", non _____ dimenticare!
3. Uno studente, quando _____ dice "In bocca al lupo!" deve rispondere "Crepi il lupo!"
4. Secondo la tradizione, se abiti nella penisola sorrentina, la domenica delle Palme, quando vai in chiesa, _____ rechi con un rametto di palma coperto di confetti per farlo benedire.
5. A Capua, ogni martedì della settimana successiva alla Pasqua, si sale sul Monte Rageto in compagnia. Arrivati in cima al vecchio monastero, _____ riunisce tutti e si ascolta la Santa Messa, poi si mangia e si canta.
6. Ci sono molte tradizioni per il giorno dei morti: in Friuli per esempio, ai morti, la notte fra l'uno e il due novembre _____ lascia un lume acceso, un secchio d'acqua e un po' di pane.
7. Per la festa della donna ad una donna _____ regala un rametto di mimosa.

4 (A) Completa le frasi con i pronomi combinati.

1. Ti sei ricordato di comprare il pane? Sì, _____ sono ricordato.
2. Vivendo all'estero spesso _____ dimentica degli aspetti negativi del proprio paese.
3. "Cosa hai fatto dopo aver acceso il fuoco?" – " _____ sono allontanato velocemente!"
4. "Lo sapevi che il cane di Piero ha morso un bambino?" – "Evidentemente il bambino _____ è avvicinato troppo, è un cane cattivo!"
5. Mio nonno piace a tutti i bambini, che _____ affezionano subito!
6. "Mi dai una mano?" – "Certo, _____ dò volentieri!"
7. Anna non _____ deve lasciare troppo sola, tende alla depressione.
8. Vedrai che se _____ parla con calma, lo si convincerà.
9. Paola in piscina _____ ho portata io. Aveva perso l'autobus.
10. Davvero vai dai tuoi al sud? _____ porti?

5 **(A) Costruisci le frasi seguendo la modalità dei due esempi.**

(io/legno/fabbricare il mio burattino/voi – dare)
> **Vorrei un po' di legno per fabbricare il mio burattino; me lo date?** (*Collodi, "Pinocchio"*)

(io/lana/fare una maglia/tu – dare)
> **Vorrei un po' di lana per fare una maglia, me la dai?**

1. io/soldi/comprare un gelato/tu – *dare*

_____

2. noi/sale/cucinare la pasta/tu – *dare*

_____

3. Anton/libri/studiare italiano/tu – *prestare*

_____

4. io/carta/scrivere una lettera/Lei – *prestare*

_____

5. io/frutta/preparare della marmellata/Lei – *dare/un chilo*

_____

6. Giulia/diapositive/organizzare una lezione d'arte/tu – *prestare*

_____

7. mamma/zucchero/fare la torta/voi – *comprare*

_____

8. noi/spiccioli/pagare il parcheggio/voi – *dare*

_____

9. Ornella e Franco/informazioni/viaggiare in Islanda/tu – *dare*

_____

6 **(A) Scegli il pronome combinato giusto.**

Superstizioni nello sport

Lo sapevate che anche i campioni dello sport possono essere superstiziosi? Volete sapere come? **Lo/Ve lo/Glielo** raccontiamo noi.

Motociclismo: Valentino Rossi
Valentino è un giovane campione motociclista, eppure anche lui ha delle piccole superstizioni. Prima di ogni gara i meccanici controllano accuratamente la sua moto e, quando **ce la/la/gliela** portano, Valentino Rossi **ci/le si/ti ci** avvicina e, accucciandosi, le parla per pochi minuti. Abbiamo cercato di scoprire cosa dica, ma non **ce lo/ve lo/glielo** ha saputo dire nessuno. È un segreto! Dopo la chiacchierata Valentino sale in moto e parte. Prima di arrivare in pista, si alza in piedi sulla moto e si sistema la tuta; anche questo è un atto di scaramanzia, infatti i punti che sistema sono sempre gli stessi e il campione **ce li/glieli/se li** tocca sempre nello stesso ordine.

Calcio
Ai mondiali di calcio del 2002 il vice allenatore della squadra del Camerun **si/ve ne/se ne** è dovuto andare dal campo perché aveva sparso una polverina magica sul prato prima della partita.
Nel 2003 in Uganda ci fu una rissa perché una squadra di calcio aveva messo una bambolina portafortuna in porta e l'altra squadra **gliela/gliene/se la** voleva togliere.

Qualche parola difficile

Alcune parole italiane sono di difficile comprensione ed uso.

A ADDIRITTURA

■ Come avverbio, il termine *addirittura* serve a illustrare che quello che stiamo dicendo è "sopra le righe", forse esagerato. Con questo significato *addirittura* ha come sinonimo la parola **perfino**.

*Questo film è stato giudicato **addirittura** un capolavoro.*
*Queste cose puoi chiederle, ma non **addirittura** pretenderle.*
*In farmacia, profumeria, e **addirittura** al supermercato troviamo ogni genere di cosmetici.*
*Le tue parole sono ingiuste, se non **addirittura** offensive.*
***Addirittura**, qualche volta, mi domando se non ho sbagliato tutto.*

■ L'avverbio *addirittura* può significare anche **direttamente**, **magari**, **perché no**, **senz'altro**, **al limite**.

*Se vuoi possiamo **addirittura** vederci al bar sotto il mio ufficio.*

■ Come interiezione *addirittura* significa **fino a questo punto! nientemeno!** E può essere usato sia in forma assoluta, come esclamazione, sia come incidentale.

*- Se lo incontro lo prendo a schiaffi! - Eh, **addirittura**!*
*- La mia vita è distrutta! - **Addirittura**! Mi sa che stai esagerando un po'!*
*In Africa, **addirittura**, solo una persona su tre non è colpita da gravi malattie.*

B ANZI

■ *Anzi* significa che quello che ho detto prima non vale più, o perché voglio contraddire il concetto o perché voglio rafforzarlo: ha perciò un valore avversativo o rafforzativo. Per lo più è sinonimo di **all'opposto**, **al contrario**, **tutto il contrario**, **piuttosto**, **o meglio**, **meglio ancora**.

*Ho un dubbio: **anzi**, ho parecchi dubbi.*
*Voglio dirti una cosa. **Anzi**, no, è meglio che ne parliamo domani.*
*Quel libro è bello, **anzi**, bellissimo secondo me.*
*Non sono d'accordo con te. Penso, **anzi**, che tu parli solo per invidia!*

■ Usato in forma assoluta *anzi* significa **no**, **tutto il contrario**, **macché**.

*- Sei stanco? - Chi, io? **Anzi**...*
*- Hai cambiato idea? - No, **anzi**!*

C MACCHÉ

■ Macché significa **niente affatto**, **per niente**, **assolutamente no**, **tutt'altro**, **nemmeno per idea**. Può essere usato insieme con un sostantivo (nel senso di "*ma quale*") o in forma assoluta (con il significato di "*proprio no*").

***Macché** birra! Qui si beve solo vino!*
*L'italiano? **Macché**, qui studiano tutti l'inglese!*
*Mi ha giurato di venire e secondo te l'ha fatto? **Macché**!*

D MICA

■ *Mica* è un rafforzativo colloquiale della negazione *non* e significa **per niente**.

*Non sono **mica** matto!*
*Non hai **mica** capito, sai?*
*Non voglio **mica** la luna!*
*Non ti piacerà **mica** quello lì, vero?*

■ La parola *mica* si usa anche senza essere accompagnata dal *non*, in alcune formule.

*-Stai bene? - **Mica** tanto!*
*-Hai finito? - **Mica** facile!*
*-Com'è questa bistecca? - **Mica** male!*

■ *Mica* può precedere il verbo e sottintendere il *non*.

*Vieni qui, **mica** mordo! (non mordo **mica**)*
*L'ha detto mille volte, ma **mica** l'ha fatto! (non l'ha **mica** fatto)*
*Mica è scema la ragazza! (non è **mica** scema la ragazza)*
*Mica scherza quello lì. (non scherza **mica** quello lì)*
*Ha un curriculum che **mica** è da ridere! (un curriculum che non è **mica** da ridere)*

ESERCIZI

Chi non capisce la sua scrittura è un asino addirittura!

1 **(A) Identifica le tre frasi in cui non si dovrebbe usare la parola *addirittura*.**

1. "Ho deciso! Mi licenzio! Questo lavoro non mi soddisfa più" – "Addirittura! Non ti pare di esagerare?"
2. Ieri ero così indaffarato che mi sono dimenticato addirittura di salutare tua madre quando se ne è andata.
3. Guardi, se ha fretta, potrei addirittura venire subito a casa sua, così ne parliamo.
4. È vero che Giorgio è a dieta? No, No. Addirittura, proprio ieri è venuto a cena a casa mia e ha mangiato tutta la sera!
5. "Mia figlia è la più brava della classe, la migliore ballerina della scuola di danza e parla anche inglese perfettamente!" – "Addirittura! È un genio allora!"
6. Vorrei farmi un viaggio in Australia … addirittura, quasi quasi mi informo sui prezzi del giro del mondo.
7. Mi dispiace ma agli oroscopi non ci credo proprio! Addirittura, non me ne parlare nemmeno che mi innervosisco!
8. Se dobbiamo partire alle 5 di mattina, allora a questo punto sarebbe addirittura meglio partire a mezzanotte e viaggiare tutta la notte!

2 **(A - B) Inserisci le parole *anzi* o *addirittura* nelle frasi.**

1. "Hai già organizzato qualcosa per il compleanno di Alice?" – "No, no. _____ non farlo! Non le piacciono le feste a sorpresa!"
2. Quel suo ultimo libro non mi è piaciuto molto, _____ per niente!
3. Quel professore è talmente formale che dà _____ del Lei a tutti i suoi studenti!
4. Non si preoccupi, non mi disturba affatto. _____ mi fa piacere vederLa!
5. "Non posso vivere senza Caterina!" – "_____! Ma se hai già cominciato a fare la corte a Serena!"
6. Guarda che Piero ha agito male, _____ malissimo!
7. "Allora hai smesso di fumare?" – "No. _____! Sono passato a 15 sigarette al giorno!"
8. Lucia ama le lingue, pensa che si è messa _____ a studiare hindi!

3 **(B) Scegli se la parola *anzi* nelle frasi ha valore avversativo (A) o rafforzativo (R).**

	A	R
1. Già nell'antica Roma si giocava a calcio, anzi, a arpasto.	☐	☐
2. L'arpasto però non era proprio simile al calcio di oggi, era anzi più simile al rugby, perché si potevano usare anche le mani.	☐	☐
3. Durante il Medioevo il calcio in Inghilterra non era famoso come ora, anzi il re Edoardo lo proibì.	☐	☐
4. Ma gli inglesi continuarono a giocare con la palla, anzi nel XVIII secolo prendevano parte alle partite anche tutti gli abitanti di un villaggio e si scatenavano mischie furibonde!	☐	☐
5. Il primo regolamento del calcio moderno nacque proprio in Inghilterra nel XIX secolo, anzi più precisamente nel 1870.	☐	☐
6. Alcune famose squadre di calcio italiane, come il Genoa e il Milan, presero nomi inglesi. Anzi, furono proprio fondate da inglesi!	☐	☐

4 (C - D) **Inserisci le parole** *macché* **o** *mica* **nelle frasi.**

1. _____ chiacchiere! Ci vogliono fatti!
2. "Pensi che l'idraulico abbia già finito il lavoro?" – "_____! Ci vorrà almeno un'altra settimana!"
3. La nuova ragazza di Mauro non è _____ tanto simpatica. Preferivo l'altra.
4. Scusa, ma non ho _____ capito se vieni o no.
5. "Vieni a ballare stasera?" – "_____! Devo prepararmi per un esame!"
6. _____ scemo Luca! È diventato amico del padrone e ora entra sempre gratis al cinema.
7. _____ dieta! Da oggi ricomincio a mangiare di tutto!

5 (D) **Trasforma le frasi sostituendo** *per niente* **con** *mica*. **Fornisci le due costruzioni possibili, con e senza** *non*. **Segui l'esempio.**

Es: Guarda che non scherzo per niente. = ***Guarda che non scherzo mica./Guarda che mica scherzo.***

1. Quell'attore non mi piace per niente.
2. Quell'esame non era per niente facile.
3. Questo vino non è per niente male.
4. Non è per niente vero!
5. Lo aveva promesso, invece non ha telefonato per niente.

6 (A - B - C - D) **Inserisci al posto corretto nel dialogo** *addirittura, anzi, macché* **o** *mica*.

Sergio: Non vuoi _____ uscire stasera?

Roberta: No, No, _____! Perché, tu pensavi di uscire?

Sergio: _____! Sono stanco morto!

Roberta: _____! Ma che hai fatto per stancarti così? Non sarai _____ andato ad aiutare Carlo con il trasloco?

Sergio: Beh, mi aveva detto che gli era rimasta poca roba da spostare, _____ pochissima! Ed era vero, era poca, ma erano tutti libri, _____ un paio di enciclopedie. Ohi ohi la mia schiena!

Roberta: Ben ti sta. La prossima volta darai ascolto a me!

Il condizionale

La caratteristica del condizionale è quella di esprimere un'azione in qualche modo "fuori controllo" da parte del soggetto grammaticale e quindi caratterizzata da una certa incertezza. Attenzione quindi: il condizionale *non esprime una condizione* ma, piuttosto, un fatto *"condizionato"* da un altro, espresso o non espresso.

A Il condizionale semplice

Il **condizionale semplice** (o presente) esprime:

▸ un **desiderio**;	*Berrei* una birra gelata. Una proposta così tu la **accetteresti**? *Sarebbe* bello poter partire subito. Ti **piacerebbe** venire con me? Lo **bacerei** per la contentezza.
▸ una **richiesta cortese**;	Mi **daresti** la penna, per piacere? *Potrebbe* farmi un piacere? *Vorrei* un caffè, per cortesia.
▸ un **consiglio non prepotente**;	*Faresti* bene a seguire i miei consigli. *Dovresti* fumare di meno.
▸ un'**affermazione** sfumata;	*Direi* che il problema è risolto. Un po' di fame ce l'**avrei**.
▸ **stupore** davanti all'affermazione o al comportamento di qualcuno, specie in formule interrogative;	Davvero **faresti** questo per me? Come **sarebbe** a dire? Lui è un prete cattolico? Chi lo **direbbe** mai?
▸ **ironia** o sarcasmo, per mettere in dubbio qualcosa o sollecitare provocatoriamente una richiesta.	E tu chi **saresti**? E adesso cosa **vorresti** da me?
▸ **distacco** da un'affermazione non certa, riferita senza averne verificato personalmente la veridicità (condizionale "giornalistico").	L'influenza **verrebbe** dall'estremo oriente. I terroristi **starebbero** organizzando un nuovo attentato.

B Il condizionale composto

Il **condizionale composto** (o passato) esprime:

▸ un **desiderio irrealizzato** o irrealizzabile (nel passato, nel presente o nel futuro);	*Sarei rimasto* a casa. Mi **sarebbe piaciuto** continuare gli studi. Domani **sarei venuto** volentieri al cinema con te, ma purtroppo ho un altro impegno.

> **futuro del passato**: esprime un'azione futura rispetto a un'altra che è passata (ma non necessariamente futura per chi parla);

*Non credevo che **saresti arrivato** in tempo.*
*Non ho mai detto che **avrei fatto** questa cosa.*

> **pentimento** o rimpianto per qualcosa. Al negativo può indicare un'azione che non si potrebbe mai compiere.

*Con più denaro quella casa l'**avrei comprata** già da un pezzo!*
*Non l'**avrei** mai **immaginato**!*

Una richiesta cortese può essere caratterizzata dall'uso del condizionale. Al bar possiamo dire: *"Vorrei un caffè"*. Invece la domanda che sollecita una richiesta (quella per esempio di un barista che chiede al cliente di ordinare qualcosa da bere) non può assolutamente essere fatta con l'uso del condizionale. Il barista infatti non può infatti domandare (se non scherzosamente) *"Lei che cosa vorrebbe?"*.

L'uso dell'**imperfetto** invece è concesso sia nella richiesta attenuata sia nel sollecitare una richiesta. Il barista può chiedere *"Lei che cosa voleva?"* e il cliente può rispondere *"Volevo un caffè"*.

ESERCIZI

S'i' fosse Cecco, co'i'sono e fui,
torrei le donne giovani e leggiadre:
e vecchie e laide lasserei altrui.

Cecco Angiolieri, "S'i' fosse foco" in "Rime"

1 (A) Le seguenti frasi sono al condizionale ed esprimono situazioni diverse. Inseriscile nella colonna giusta. Segui l'esempio.

1. S'i' fosse foco, **arderei** lo mondo… *(Cecco Angiolieri, "Rime")*
2. Vorrei, vorrei … esaudire tutti i sogni tuoi. *(Lunapop, "Vorrei")*
3. Scoperto nuovo asteroide verso la Terra. Potrebbe colpire entro questo secolo.
   (titolo Repubblica online, maggio 2006)
4. Marinare è reato? Sembrerebbe di sì, a Udine se ne occupano questura e procura.
   (titolo Repubblica online, novembre 2005)
5. La moto più bella è quella che compreremmo?
6. Non si potrebbe avere una sigaretta sola? Io la pagherei dieci corone, ma domani, perché con me non ho neppure un soldo. *(Italo Svevo, "La coscienza di Zeno")*
7. Attentato a Casablanca. Molti morti sarebbero spagnoli. *(RaiNews24, 2003)*
8. Ci vuol l'aiuto di Dio! … Siamo tre bocche da sfamare, in casa! … Ti par poco?
   Ci vorrebbe anche un po' di brodo per Diego… *(Giuseppe Verga, "Mastro Don Gesualdo")*
9. Ho visto cose che voi umani non potreste immaginare… *(Ridley Scott, "Blade Runner")*
10. "Ma io, ragazzo mio, non ho più nulla da darti" - "Proprio nulla, nulla?" - "Ci avrei soltanto queste bucce e questi torsoli di pera". *(Carlo Collodi, "Pinocchio")*
11. Il suo aspetto, che poteva dimostrar venticinque anni, faceva a prima vista un'impressione di bellezza, ma d'una bellezza sbattuta, sfiorita, e, direi quasi, scomposta.
    (Alessandro Manzoni, "I promessi sposi")

12. "Oh" - disse l'amico; come se volesse dire: faresti meglio a venir da Milano, ma pazienza. *(Alessandro Manzoni, "I promessi sposi")*
13. Concerti troppo cari? Come sarebbe a dire? *(titolo Repubblica, giugno 2006)*
14. Sarebbe bello ridarti un'idea. *(Biagio Antonacci, "Sarebbe bello")*

	desiderio	richiesta cortese	consiglio	affermazione sfumata	stupore	ironia	distacco da un'affermazione non verificata
1. *arderei*	X						
2.							
3.							
4.							
5.							
6a. **6b.**							
7.							
8.							
9.							
10.							
11.							
12.							
13.							
14.							

2 **(A) Se vincessi al Lotto… Leggi la risposta di questo anonimo. Completala coniugando i verbi al tempo corretto.**

Io credo che mi troverei in serio imbarazzo...

Naturalmente *(sistemare)* _____ i figli, ma poi?

30 milioni nella terza età! E che te ne fai? Nemmeno da giovane *(avere)*
_____ strani desideri, quello che mi *(interessare)* _____ sempre
_____ è stato di vivere una vita tranquilla, con la famiglia e gli
amici.

(Fare) _____ del bene, ma poi?

Mi *(potere)* _____ far costruire una villa principesca... Ma *(fare)*
_____ in tempo a vederla finita? Sapete come succede quando si
(avere) _____ un po' di soldi in più all'improvviso, qualche volta la
sorpresa e lo stress *(riuscire)* _____ persino a ucciderti!

Forse mi *(prendere)* _____ una maledetta paura di morire... mi conosco.

Io (essere) _____ un gran fifone.

(Avere) _____ paura ad attraversare la strada... Non (andare) _____ più in moto... in barca... a cavallo... Tutte cose pericolose...

(Smettere) _____ di fumare... (cominciare) _____ a frequentare tutte le cliniche specialistiche per controllare la salute... E forse (morire) _____ per un'inutile operazione prescritta da un avido medico.

Forse è meglio non giocare più?

3 (A) Leggi la notizia e trasforma al condizionale i verbi sottolineati. Segui l'esempio.

Il calcio aiuta gli uomini inglesi a esprimere le loro emozioni

Secondo uno studio inglese la classica partita di pallone può essere "terapeutica" per gli uomini che tradizionalmente non sono abituati a esprimere le loro emozioni.

Infatti, secondo alcuni studi condotti dall'istituto inglese Mental Health Foundation gli uomini tradizionalmente sono meno portati delle donne a esprimere i loro sentimenti e pensieri più profondi, ma lo fanno senza timori nello sport, in particolare nel calcio.

Da un questionario compilato da 500 uomini tra i 18 e i 70 anni, è emerso che i due terzi non ha paura di mostrare emozioni e condividerle con qualcuno durante o dopo una partita di calcio. Il 76 per cento non si sente nemmeno imbarazzato ad abbracciare un amico quando la squadra del cuore segna.

Ma non è vero che gli uomini pensano solo al calcio.

Incredibile ma vero, per gli inglesi anche il lavoro viene prima: solo il 27 per cento lascia l'ufficio per un match.

La maggior parte degli intervistati, inoltre, dice di preferire il calcio giocato a quello visto in tv e si prepara a giocare a pallone durante i mondiali.

Secondo gli psicologi guidati da Andrew McCulloch il calcio non fa bene solo al fisico ma anche alla psiche. Socializzare le emozioni e parlare dei propri stati d'animo è infatti molto importante per la salute mentale. Lo studio, per questo, sarà utilizzato nell'ambito della ricerca di nuove terapie per persone con problemi mentali e disturbi dell'apprendimento.

(adattato da Focus online)

Il calcio aiuterebbe gli uomini inglesi a esprimere le loro emozioni.

Secondo uno studio inglese la classica partita di pallone...

Quale è ora la differenza con il testo originale?

a. la notizia ci appare più scientifica; ☐

b. capiamo che la notizia non è stata verificata; ☐

c. la notizia ora parla dei desideri degli uomini inglesi. ☐

4 **(A - B) Unisci le frasi nelle due colonne. Segui l'esempio.**

1. **Non avrei mai immaginato**
2. Con questo caldo …
3. Quando ho visto che aveva già preparato la cena …
4. Se avessi saputo che veniva anche lui alla cena …
5. Se decidi di andare a lavorare all'estero …
6. Mi scusi …
7. I rapinatori sarebbero tutti italiani, …
8. Mia madre mi diceva sempre …
9. Guarda che non ti ho mai promesso …
10. Mi sarebbe tanto piaciuto fare il fantino …
11. Avrei anche invitato Giorgio …
12. Per favore …
13. Se avessi più tempo libero …
14. Vista la situazione internazionale …
15. Chi l'avrebbe mai detto …
16. Ilaria è partita questa mattina senza dire niente?

a. … che avrei prima o poi incontrato il principe azzurro.
b. Ma … come sarebbe a dire?
c. … ma sono troppo alto.
d. … mi farei proprio un bel bagno!
e. … che avrei badato al gatto.
f. … mi occuperei di beneficenza.
g. … che saresti diventato così bravo in italiano!
h. **… che tuo fratello fosse un campione di scacchi.**
i. … dovresti cominciare a studiare almeno una lingua straniera.
l. … Le dispiacerebbe spegnere quel sigaro? Dà veramente fastidio!
m. … direi che l'inflazione media in Europa continuerà a salire.
n. … la avrei baciata dalla felicità!
o. … me ne sarei stata a casa!
p. … dicono alcune fonti non ancora confermate.
q. … ma so già che lunedì ha da fare.
r. … mi daresti una mano?

5 **(A - B) Da' un consiglio a queste persone scegliendo fra le frasi della lista. Segui gli esempi.**

nascondere meglio i tradimenti   darle un colpo di telefono   *andare a Stromboli*   fare più movimento

metterci una patata, che assorbe il sale   non parcheggiare nel posto per i disabili   chiedergli spiegazioni

sgridarlo più spesso da bambino   comprarne già uno nuovo

1. "Non so dove andarein vacanza"- "Al posto due ***andrei a Stromboli.***"
2. "Mio figlio non mi ascolta mai!" – "Ben ti sta! Al posto tuo ***lo avrei sgridato più spesso da bambino.***"
3. "Paolo ieri non si è presentato all'appuntamento!" – "Al posto tuo _____"
4. "Ho messo su qualche chilo di troppo …" – "Al posto tuo _____"
5. "Lo spezzatino mi è venuto troppo salato" – "Al posto tuo _____"
6. "Questo computer mi dà molti problemi" – "Ben ti sta! Al posto tuo _____"
7. "Mio marito mi ha lasciata!" – "Ben ti sta! Al posto tuo _____"
8. "Mi hanno di nuovo fatto la multa!" – "Ben ti sta! Al posto tuo _____"
9. "Sono ormai settimane che non sento Gianna" – "Al posto tuo _____"

23 Il condizionale

Il congiuntivo

Il congiuntivo è un modo verbale che si usa in particolare in frasi dipendenti.
In taluni casi il suo uso è indispensabile a dare senso alla frase.
In altri casi il suo impiego dipende solo dalle intenzioni comunicative del parlante.

A Congiuntivo o indicativo

■ Il **congiuntivo** si usa per lo più dopo verbi che esprimono volontà, aspettativa, sentimento e opinione. Verbi come *volere, aspettare, temere, ritenere,* ecc.

*Vuoi davvero che lui **venga**?*
*Mi aspetto che tu **venga** in orario stavolta.*
*Temo che **perdiate** tempo a parlare con lui.*

■ In altri casi lo stesso verbo può provocare sia l'uso dell'indicativo che quello del congiuntivo a seconda del senso del verbo stesso.

*Bada bene a quello che **fai**.* (badare = fare attenzione, osservare)
*Prima di chiudere la porta bada che tutti **siano usciti**.* (badare = aver cura)
*Capisco che **sei** giovane, ma questi errori non devi farli.* (capire = rendersi conto)
*Capisco che tu **preferisca** fare dell'altro.* (capire = trovare logico)

■ In particolare con i verbi di opinione, e specialmente nella lingua parlata, quanto più il senso della frase vuole essere argomentativo e quindi dimostrare realmente un'opinione e una riflessione, tanto più si userà il congiuntivo.

*Ritengo che la situazione **sia** complessa.*
*Immagino che tu **abbia cambiato** parere.*

■ Quanto più il verbo di opinione esprime invece solo un "*forse*" tanto più trova spazio l'indicativo. In particolare con verbi estremamente comuni come "*pensare*" l'uso dell'indicativo è frequente proprio perché il verbo "*pensare*" può non esprimere un pensiero davvero argomentato, ma essere solo un modo per introdurre delicatamente una questione (il senso non è di "riflettere" quanto piuttosto di "essere piuttosto convinto").

*Ehi, si è fatta mezzanotte! Penso che **è** ora di andare, no?*

B Quando usare il congiuntivo

■ Proviamo allora a evidenziare i casi in cui il congiuntivo è da ritenersi assolutamente necessario e "**obbligatorio**" e quando invece può essere scelto più liberamente:

▶ **dopo alcune congiunzioni finali:**
il congiuntivo si usa regolarmente dopo le congiunzioni finali **perché, affinché, acciocché, a che**;

*Parlo perché tu mi **senta**.*
*Fa questo affinché tutti ne **abbiano** un vantaggio.*

▸ **in frasi consecutive:**
il congiuntivo è necessario nelle frasi secondarie di tipo consecutivo introdotte da un *perché* quando nella frase reggente ci sono formule come *troppo*, *poco*, *troppo poco*, *abbastanza*, *alquanto*;

*Era <u>troppo</u> <u>perché</u> io **potessi** sopportarlo.*
*Le tue scuse mi sembrano un po' <u>poco</u> <u>perché</u> io ti **perdoni**.*
*Quello che avete fatto è <u>abbastanza</u> <u>perché</u> loro **capiscano**.*

▸ **dopo alcune formule consecutive e comparative:**
il congiuntivo si deve ancora usare dopo formule come *in modo che*, *non tanto che*, *abbastanza che*, *cosicché*;

*Parlò <u>in modo che</u> tutti **potessero** sentirlo.*
*Parlò a bassa voce, ma <u>non tanto che</u> io non **potessi** sentirlo.*
*Si allontanò <u>abbastanza che</u> l'amico non **potesse** più vederlo.*

▸ **in frasi introdotte da *secondo che* o *a seconda che*:** il congiuntivo si usa in frasi dipendenti introdotte da *secondo che* o *a seconda che*;

*Il gatto miagolava o saltava <u>a seconda che</u> io **stessi** seduto o mi **avvicinassi** al frigo.*

▸ **in alcune ipotetiche:**
nelle frasi ipotetiche esiste la possibilità di usare l'indicativo.
È però sostanzialmente obbligatorio il congiuntivo nelle ipotetiche di **tipo condizional-restrittivo** introdotte da *purché*, *sempre che*, *solo che*, *a condizione che*, *a patto che*, *ove*, *laddove*, *quando*, *dove*, *qualora*, *se anche*, *se pure*, *se mai*, *caso mai*, *quando*, *ammesso che*, *ammesso e non concesso che*;

*<u>Qualora</u> **volesse** potrebbe certamente farlo.*
*<u>Caso mai</u> **decidessi** di chiamarmi questo è il mio numero di telefono.*
*Avrebbe certamente agito in modo diverso <u>quando</u> qualcuno lo **avesse** ben **consigliato**.*
*<u>Ammesso che</u> **sia tornato** non saprei comunque dove trovarlo.*

▸ **in frasi introdotte da *prima che*:**
il congiuntivo è necessario nelle frasi temporali introdotte da *prima che*;

*<u>Prima che</u> il gallo **canti** tu mi tradirai tre volte!*
*Lui è andato via dieci minuti <u>prima che</u> **arrivassi** tu.*

▸ **dopo numerose congiunzioni concessive:**
le concessive introdotte da *anche se* hanno il verbo all'indicativo. Introdotte da *benché*, *sebbene*, *malgrado*, *quantunque*, *nonostante*, *seppure*, *quand'anche*, *per quanto* usano obbligatoriamente il congiuntivo;

*<u>Anche se</u> è tardi non **ho** per niente sonno.*

*<u>Nonostante</u> **abbia fatto** di tutto per farmi perdonare, lui mi odia ancora.*

▸ **in frasi oggettive non introdotte dal *che*:**
se è vero che con molti verbi l'oscillazione fra indicativo e congiuntivo è forte, è anche vero che quando una oggettiva non viene introdotta dal *che* l'uso del congiuntivo torna a essere fondamentale;

*Ehi, si è fatta mezzanotte! <u>Penso che</u> **è** ora di andare, no?*

*Ehi, si è fatta mezzanotte! <u>Penso</u> **sia** ora di andare, no?*

▸ **dopo formule impersonali:**
il congiuntivo si usa in frasi introdotte da verbi impersonali che esprimono dubbio o un'eventualità: *sembra*, *pare*, *bisogna*, *occorre*, *vale la pena*, *piace*, *dispiace*, *secca*, *fa paura*, *fa rabbia*, *non è escluso che*; si usa invece l'indicativo dopo forme impersonali che esprimono certezza (*fatto è che*, *si vede che*, *si sa che*, *risulta che*, *il bello è che*, *il guaio è che*, ecc.).

*<u>Bisogna</u> che lei **prenda** una decisione.*

*<u>Si vede che</u> **sei** stanco.*

C Il *PERCHÉ* finale

■ Il congiuntivo è necessario dopo un ***perché* con valore finale** (anche perché in questo caso l'impiego dell'indicativo modificherebbe profondamente il senso della frase);

*Io lavoro <u>perché</u> mio figlio **mangi**.* (che è ben diverso da: *Io lavoro perché mio figlio mangia*)

▶ se la frase finale ha lo stesso soggetto della frase principale, la frase finale dovrà essere costruita con ***per* + infinito**;

*Io lavoro <u>per</u> **mangiare**.*
*Lui studia <u>per</u> **imparare**.*

▶ se la frase finale ha un soggetto diverso da quello della frase principale, oltre alla costruzione con il ***perché* + congiuntivo** è anche possibile una costruzione con ***far* fare (*fare* + infinito**, vedi capitolo 11).

*Io lavoro <u>perché</u> mio figlio **mangi**. = Io lavoro <u>per</u> **far mangiare** mio figlio.*
*Mi dici questo <u>perché</u> io **cambi** idea =Mi dici questo <u>per</u> **farmi cambiare** idea.*
*Lo ha tradito <u>perché</u> lui **diventasse** geloso. = Lo ha tradito <u>per</u> **farlo diventare** geloso.*

D Il *PERCHÉ* causale

■ Il ***perché*** che esprime una causa richiede l'uso dell'**indicativo**;

*Dico questo <u>perché</u> **è** vero.*

■ Il congiuntivo è **possibile** quando il ***perché*** indica **causa fittizia**, ovvero nelle costruzioni ***non perché... (ma perché)**.*

*Dico questo <u>non perché</u> l'**abbia sentito** ma perché lo so con certezza.*
*Sostengo questa idea <u>non perché</u> io **sia** un cattolico ma perché mi sembra giusto.*

■ Dopo un ***perché*** "di causa fittizia" è anche possibile l'indicativo, ma con un piccolo slittamento di significato: il congiuntivo espone una eventualità ("*non perché io **sia** cattolico*" significa che forse lo sono o forse non lo sono, ma non è questo il problema). L'indicativo ammette invece un fatto, ma esclude che questo sia determinante ("*non perché **sono** cattolico*" significa che sono effettivamente cattolico, ma questo non condiziona il mio giudizio).

■ Il congiuntivo è ancora possibile quando ci siano due frasi introdotte dal ***perché***, ognuna delle quali con la stessa possibilità dell'altra di essere vera: il senso è di ***non so se perché ... o se perché...*** L'uso dell'indicativo in questo caso è anche possibile ma toglie l'effetto dell'incertezza o dell'eventualità.

*Ha reagito violentemente, non so se <u>perché</u> **fosse** stanco o **fosse** preoccupato.*

E Frasi comparative

■ Il congiuntivo esprime "eventualità" o "potenzialità" nelle frasi comparative di ineguaglianza introdotte da ***più/meno di quanto*, *più/meno di quel che*, *più/meno che non*, *più/meno di come*, *più/meno di quando***.

*La casa era <u>più</u> grande <u>di quanto</u> lui **immaginasse** (potesse immaginare).*
*Il film è <u>meno</u> bello <u>di quel che</u> voi **crediate** (possiate credere).*

> Nelle frasi introdotte *da più/meno di quanto*, *più/meno di quel che* c'è la possibilità di usare un "*non*" pleonastico (vedi capitolo 12), che non cambia minimamente il significato della frase.

*La casa era <u>più</u> grande <u>di quanto</u> lui **non immaginasse** (non potesse immaginare).*
*Il film è <u>meno</u> bello <u>di quel che</u> voi **non crediate** (non possiate credere).*

F Dopo il *CHE* relativo

■ Nelle frasi relative introdotte da *che* (ma anche da *preposizione + cui* o da *il/la quale, i/le quali*) si usa per lo più l'indicativo. Il congiuntivo è però importante quando si ha la necessità di esprimere un'idea di "eventualità", di "potenzialità" e comunque quando la relativa ha un valore condizionale-restrittivo, consecutivo o finale (e non è raro il caso che tutti questi valori coesistano nella stessa frase), come in frasi:

> relative **con valore condizionale-restrittivo** (ovvero frasi relative che esprimano la richiesta di determinati requisiti);

*Possono candidarsi al concorso solo persone che **abbiano compiuto** i 18 anni di età.*
*Ho bisogno di un computer che **abbia** le seguenti caratteristiche.*

> relative **con valore consecutivo**, in costruzioni del tipo *qualcuno che... nessuno che...* ecc.

*Non c'è persona che non **abbia** almeno una volta fatto questo errore.*
*C'è qualcuno qui che **conosca** il giapponese?*

> relative **con valore finale**, ovvero frasi in cui il *che* relativo potrebbe essere sostituito da un *perché* finale senza cambiamenti di significato.

*Ti mando da un professore che ti **dia** una buona formazione.*

G Frasi di tipo ipotetico

■ Il congiuntivo si usa nelle frasi ipotetiche cosiddette della "possibilità" e della "impossibilità" (vedi capitolo 26).

*Se **potessi** ti aiuterei.*
*Se **avessi potuto** ti avrei aiutato.*

> In entrambi i casi è possibile l'uso dell'indicativo: nel primo caso l'indicativo trasforma l'ipotesi della "possibilità" in ipotesi della "realtà". Si toglie quindi l'effetto di eventualità e di "potenzialità". Nel secondo caso l'uso dell'imperfetto indicativo si adatta più a un registro parlato o a un discorso senza particolari pretese argomentative.

*Se **posso** ti aiuto.*
*Se **potevo** ti aiutavo.*

H Altri casi

■ Il congiuntivo si usa in vari altri casi:

> dopo *finché - finché non*:
meno frequente il congiuntivo dopo *finché* (o, con il "*non*" pleonastico, dopo un *finchè non* - vedi capitolo 12), utilizzato ancora una volta per dare idea di "eventualità";

*Aspetterò <u>finché</u> lui non **arrivi**.*
*Decise di non uscire <u>finché</u> lui <u>non</u> gli **avesse telefonato**.*

▶ **nelle interrogative indirette:**
come in tanti altri casi, anche nelle interrogative indirette l'uso del congiuntivo sottolinea la forza argomentativa della domanda. È quindi frequente il suo uso nella lingua scritta o nel parlato "sorvegliato", ma assai meno importante se l'interrogativa indiretta si riferisce a domande di poco conto;

Il giornalista <u>ha chiesto</u> al ministro cosa **intendesse fare**.
Poco fa un tale mi <u>ha chiesto</u> che ora **era** *e io mi sono accorto che avevo perso l'orologio.*
Il condannato a morte <u>chiese</u> che ore **fossero**.

▶ **in frasi dipendenti introdotte da un verbo negativo:**
anche in questo caso è possibile l'indicativo, che, come sempre, toglie la sfumatura di eventualità;

<u>Non dico</u> *che* **sia** *una bella giornata ma ho visto di peggio.*

▶ **in frasi introdotte da alcuni indefiniti come**
qualunque, chiunque, qualsiasi, ovunque, dovunque.

<u>Chiunque</u> *tu* **sia**, *fatti riconoscere.*
<u>Qualunque</u> **sia** *il risultato, non prendertela con me!*

ESERCIZI

"... da dove viene la parola 'congiuntivo'?"
"[...] ogni lingua ha molte madri. Ma c'è sempre una madre principale.
Quella dell'italiano è il latino. Jungere vuol dire 'unire'. Cum vuol dire 'con'.
E conjungere vuol dire 'attaccare' ..."

Erik Orsenna, "L'isola del congiuntivo"

1 **(A - B) Completa il testo con i verbi all'indicativo o al congiuntivo.**

Ritratto degli europei a tavola
Secondo un recente sondaggio la maggioranza degli europei trova che la cucina del proprio paese *(essere)* _____ la più deludente. Persino gli stessi cittadini francesi hanno sostenuto che la loro cucina *(essere)* _____ sopravvalutata.
La notizia darà certamente un dispiacere a Chirac che, nel luglio scorso, aveva sostenuto che gli inglesi *(avere)* _____ il cibo peggiore del mondo. Sembra invece che in questo caso il cibo peggiore ce lo *(avere)* _____ proprio i francesi.
Nemmeno noi italiani però riceviamo un tripudio unanime: il 7% degli intervistati ha rivelato che non *(mangiare)* _____ volentieri cibo italiano, o cinese. Sembra quindi che i gusti del pubblico europeo *(stare)* _____ cambiando, o che le gastronomie di altri paesi *(evolver-si)* _____. Il critico gastronomico del Figaro, Francois Simon, ha detto in un'intervista: "Io penso che la qualità del cibo in Francia *(essere)* _____ la stessa di sempre. È piutto-sto la cucina degli altri paesi che adesso *(essere)* _____ migliore".
Il sondaggio contiene anche moltissimi dati sulle abitudini gastronomiche del nostro continente: alcuni di questi confermano che certi stereotipi *(sopravvivere)* _____ ancora. Il 90% degli italiani, per esempio, preferisce che si *(mangiare)* _____ a casa, anziché fuori. Inoltre i dati dimostrano che il 33% dei nostri connazionali *(bere)* _____ vino a tavo-la, mentre si scopre che il 53% dei finlandesi invece *(bere)* _____ latte durante i pasti.

(adattato da "La Repubblica")

② **(C - D) Scegli il significato corretto per ogni frase. Segui l'esempio.**

Es: Anna balla perché piove.
(**Anna è contenta che piova e quindi balla.**/ *Anna fa una danza della pioggia, per far piovere.*)

1. Carlo: "Non ho aiutato Laura perché si è innamorata di me, ma perché sapevo che aveva bisogno."
   (a) Laura è sicuramente innamorata di Carlo ma lui l'ha aiutata nonostante ciò./ (b) Non sappiamo se Laura è innamorata di Carlo, lui però l'ha aiutata comunque.
2. Carlo: "Non ho aiutato Laura perché si innamorasse di me, ma perché sapevo che aveva bisogno."
   (a) Laura è innamorata di Carlo, per questo lui l'ha aiutata./ (b) Carlo ha aiutato Laura comunque, non perché sperava che lei si innamorasse di lui.
3. Porto mio figlio dal dottore perché perde peso.
   (a) Mio figlio deve perdere peso e io lo porto dal dottore per metterlo a dieta./ (b) Mio figlio sta perdendo peso, sono preoccupata e lo porto dal dottore.
4. Porto mio figlio dal dottore perché perda peso.
   (a) Mio figlio deve perdere peso e io lo porto dal dottore per metterlo a dieta./ (b) Mio figlio sta perdendo peso, sono preoccupata e lo porto dal dottore.
5. Siamo andati in vacanza in Inghilterra perché Gianni ha finalmente imparato l'inglese.
   (a) Gianni ora parla inglese bene, per questo siamo potuti andare in vacanza in Inghilterra./ (b) Siamo andati in Inghilterra in modo che Gianni potesse finalmente imparare l'inglese.
6. Siamo andati in vacanza in Inghilterra perché Gianni imparasse finalmente l'inglese.
   (a) Gianni ora parla inglese bene, per questo siamo potuti andare in vacanza in Inghilterra./ (b) Siamo andati in Inghilterra in modo che Gianni potesse finalmente imparare l'inglese.
7. Franca è andata a ballare perché l'aveva invitata Renato.
   (a) Franca è stata invitata a ballare da Renato e ha acconsentito./ (b) Franca ha cominciato a ballare sperando che Renato l'invitasse.
8. Franca è andata a ballare perché l'invitasse Renato.
   (a) Franca è stata invitata a ballare da Renato e ha acconsentito./ (b) Franca ha cominciato a ballare sperando che Renato l'invitasse.

③ **(B - C - D) Completa le frasi con le parole della lista.**

> perché - affinché - per - per - perché - acciocché

1. Mi pare di aver fatto abbastanza _____ lui potesse passare l'esame.
2. Se continua così, va a finire che dovremo comprarci una macchina _____ andare a lavorare.
3. Questo esercizio è troppo difficile _____ gli studenti riescano a farlo.
4. _____ la dieta vada a buon fine, signora, dovrebbe evitare di bere alcolici.
5 …. e la nostra porta per entrare nella vita eterna è di morire volentieri con Cristo; _____ possiamo risorgere dalla morte, e dimorare con lui nella vita sempiterna. (dal Libro Anglicano delle Preghiere Comuni)
6. _____ trovare un lavoro, devi spedire un curriculum aggiornato.

4 **(E) Completa le frasi con le espressioni della lista.**

più di quanto   in modo   meno difficile di quello   a seconda che   non tanto   sì che

1. Imparare l'italiano è proprio _____ che credessi.
2. Quando siamo rientrati abbiamo fatto piano piano, ma purtroppo _____ che il bambino non si svegliasse.
3. Luciano è molto sensibile, _____ tu pensi.
4. Ha fatto _____ tutti la vedessero, quando è arrivata alla festa.
5. Se vuoi comprare una casa ci sono diverse tasse da pagare, _____ tu abbia comprato una prima o una seconda casa.
6. Si comporta sempre _____ che i genitori si sentano in dovere di aiutarlo.

5 **(B - C - E - G) Inserisci i congiuntivi nella tabella a seconda del valore. Aiutati con le definizioni fornite nelle spiegazioni grammaticali all'inizio del capitolo. Segui l'esempio.**

1. In questo locale possono entrare solo ragazzi che **abbiano compiuto** i 18 anni.

2. Prima di partire per l'Italia Sigmund ha trovato un'insegnante che gli desse almeno le prime basi della lingua.

3. Ci sarà una donna a cui Marcello non abbia spezzato il cuore?

4. Vorrei un lavoro che mi lasciasse molto tempo libero.

5. Ti ho mandato a studiare in America perché ti fosse più facile trovare un lavoro e mi dici che vuoi fare del volontariato?

6. Quel film era decisamente più bello di quanto ci aspettassimo.

7. Se qualche volta giocassi alla lotteria, forse vincerei anche.

8. Sto cercando qualcuno che mi presenti alla direttrice di quella casa editrice.

9. Se ti lavassi più spesso forse troveresti anche una fidanzata.

10. Cerco un libro che mi appassioni, sia ben scritto e non sia troppo lungo.

11. La scuola ha aperto un sito così che sia più semplice per gli studenti cercare e trovare informazioni.

12. Scusate, c'è qualcuno che riesca a spiegarmi come funziona questo computer?

13. Caso mai avessi bisogno di un po' di compagnia, non aver problemi. Dammi un colpo di telefono.

14. Certo che veniamo alla tua festa, a patto che tu non la faccia giovedì sera, perché siamo impegnati.

restrittivo	finale	consecutivo	comparativo	ipotetico
abbiano compiuto				

24 **Il congiuntivo**

6 (A - F - G) **Completa il testo con i verbi all'indicativo o al congiuntivo.**

Nuovo look (dal parrucchiere)

Versione Femminile

Donna1: Oh, mio Dio! Finalmente *(tu/farsi)* _____ i capelli! Ti stanno benissimo!

Donna2: Trovi? Io non ero dello stesso parere quando mi *(loro/dare)* _____ lo specchio. Voglio dire, che *(essere)* _____ ricci mi piace, ma non lo saranno un po' troppo?

D.1: Oh santo cielo, no! No, *(essere)* _____ perfetti! Anche io volevo farmi un taglio così, ma penso che la mia faccia *(essere)* _____ troppo rotonda. Forse è meglio che li *(lasciare)* _____ così come sono.

D.2: Dici sul serio? Io trovo che il tuo viso *(essere)* _____ adorabile. E potresti farti senza problemi uno di quei nuovi tagli tanto alla moda, saresti stupenda. Avevo intenzione di farlo anch'io, ma *(avere)* _____ paura che avrebbe messo in evidenza il mio collo.

D.1: Oh, questa è bella. Mi piacerebbe avere il tuo collo. Qualsiasi cosa pur di distogliere l'attenzione da queste spalle enormi.

D.2: Sei impazzita? Che tu *(avere)* _____ delle spalle larghe è vero, ma ci sono molte donne che darebbero chissà cosa per avere spalle come le tue. Tutti i vestiti ti stanno così bene. Guarda le mie braccia, *(tu/vedere)* _____ come sono corte? Se *(avere)* _____ un po' più di spalle non avrei problemi ad indossare quello che voglio.

D.1: Oh, non farmi ridere! Ma se praticamente tutti gli uomini cadono ai tuoi piedi. Comunque si è fatto tardi, ti devo salutare, *(io/scappare)* _____. Ciao!

D.2: Arrivederci, cara!

Versione Maschile

Uomo1: Ehi, nuovo taglio?

Uomo2: Sì.

7 (A - H) **Leggi il messaggio che Michele ha lasciato a Barbara con la sua dichiarazione d'amore eterno e completalo con le parole della lista.**

> ovunque - voglio - a meno che tu non - qualunque - ho chiesto - finché tu non - comunque

Barbara,
_____ che tu sappia che mi sono innamorato di te dal primo momento che ti ho vista mangiare il gelato al cioccolato in Piazza del Governo. _____ subito al mio amico Toni, che ti conosce, chi fosse quella splendida creatura con quel cono enorme e lui mi ha parlato di te e si è offerto di consegnarti questo mio messaggio.
Tu non mi conosci ancora, ma sappi che ho deciso di dedicare la mia vita a te. Aspetterò _____ abbia deciso come rispondermi, ma sta' sicura che, se deciderai di ricambiare il mio amore io:
ti seguirò _____ tu vada;
_____ cosa tu decida di fare la farò con te;
_____ tu decida di comportarti con me io accetterò;
non ti lascerò mai, _____ mi mandi via.

Tuo Michelino

8 (A - H) Superstizioni e credenze. Collega le frasi nella colonna di sinistra con quelle nella colonna a destra. Segui l'esempio.

1. Diversi italiani credono che il colore	a. una scala porti sfortuna.
2. Si teme che passare sotto	
3. Quando si è a tavola è sempre importante badare che il sale	b. la persona a cui la si dice risponda: "Crepi il lupo".
4. La frase "In bocca al lupo" porta fortuna, purché	**c. viola porti sfortuna in teatro.**
5. Dopo che ci ha attraversato la strada un gatto nero si deve aspettare che qualcuno ci passi avanti, in modo che la sfortuna	d. di quanto si creda.
	e. passi su di lui.
6. Nonostante porti povertà regalare un portafogli, se ci mettiamo	f. il più giovane evita di accendere la sigaretta.
7. L'uso dei cornetti rossi come portafortuna è molto più diffuso	g. non si rovesci, è un cattivo presagio.
8. A Capodanno si usa mangiare lenticchie affinché	h. delle monete, la sfortuna è scongiurata.
9. Ovunque si trovi un gruppetto di 3 fumatori	i. il nuovo anno sia ricco e prospero.

9 (Tutti) Scegli nel testo la forma corretta.

Le ragioni dei tifosi

Molte donne **sanno/vorrebbero** che, quando trasmettono una partita di calcio in TV, i loro partner si barricano in soggiorno intonando cori e sventolando bandiere, oppure, durante i campionati, **sanno/si aspettano** che i loro uomini spariscano completamente dalla loro vita. Alla domenica invece **temono che/si arrabbiano perché** le abbandonino per andare allo stadio a seguire le prodezze dei calciatori del momento; insomma, proprio non riescono a capire **perché/che** questo sport faccia perdere la testa a una percentuale così alta della popolazione.

Sappiamo/Immaginiamo però che questo non succede con altri sport. Perché?

Una recente ricerca condotta negli Stati Uniti ha dimostrato in modo rigoroso ciò che ogni ultras ha sempre **pensato/saputo** fosse la pura verità: e cioè che il calcio è lo sport in assoluto più eccitante ed entusiasmante. Il Los Alamos National Laboratory ha analizzato i risultati di oltre 300.000 incontri di hockey, football, baseball e pallacanestro giocati nei principali campionati americani negli ultimi 100 anni, e gli esiti di tutte le partite di calcio giocate nella Premier League inglese nello stesso periodo: obiettivo della ricerca era di scoprire cosa succedeva in caso di un risultato inaspettato, cioè quando una squadra che **non ci si aspettava/si sapeva che non** vincesse riusciva a batterne una apparentemente più forte.

Si è visto **che/perché** la frequenza di esiti inattesi è più alta nel calcio che negli altri sport, e i ricercatori **ritengono/hanno visto** che sia proprio questa la componente che rende il gioco del pallone così emozionante e coinvolgente.

Durante la ricerca si è notato anche **che/se** il calcio cede il primo posto della classifica al baseball. **Si sa/Pare** infatti che soldi, pubblicità e sponsor lo stiano rendendo uno sport noioso e prevedibile.

(adattato da "Focus")

Il gerundio

Il gerundio è un modo *indefinito*: questo significa che non ha "persone" (*io, tu, lui,* ecc.) e che perciò il suo soggetto si identifica generalmente (anche se non sempre) con quello della frase principale.

A Il soggetto del gerundio

■ Generalmente il soggetto del gerundio si può identificare con quello della frase principale. Nell'esempio qui a fianco il soggetto di *leggendo* e *dormendo* è evidentemente **io**, cioè lo stesso soggetto di *ho passato le vacanze*.

Io ho passato le vacanze <u>leggendo</u> e <u>dormendo</u>.

B Forma e tempi del gerundio

■ Le forme del gerundio sono estremamente regolari:

▶ **-ando** nei verbi della prima coniugazione (*parlando, giocando*);

Giocando imparo moltissimo. (gioc**are**)

▶ **-endo** nei verbi della seconda e della terza coniugazione (*vedendo, sentendo*).

*Conosc**endo** tuo fratello non sono sorpreso.* (conosc**ere**)
*Sent**endo** questa canzone mi sono ricordato di Lucia.* (sent**ire**)

■ I tempi del gerundio sono:

▶ **presente** (*cantando, andando*);

*Ho imparato l'inglese **cantando** le canzoni dei Beatles.*

▶ **passato** (*avendo cantato, essendo andato/a/i/e*).

***Avendo letto** quel libro conosco bene l'argomento.*

C Funzioni del gerundio

■ Le funzioni del gerundio sono numerosissime e per questo è una forma molto usata e ricca di possibilità espressive. Ha infatti diversi valori, spesso sovrapponibili fra loro:

▶ **temporale** (al presente con il senso di *mentre*, al passato con il senso di *dopo che*);

*Studia **sentendo** la radio.*
*Cammina **guardandosi** intorno.*
***Avendo finito** l'università cominciò a cercarsi un lavoro.*

▶ **causale** (con il senso di *poiché, visto che*);

***Conoscendoti** so che non puoi aver detto queste cose.*
***Avendo dimenticato** le chiavi in casa sono dovuto entrare dalla finestra.*
***Stando** così le cose che posso fare?*

25 Il gerundio

concessivo (introdotto da forme come *pur*, *sia pure*, *anche*);	*Pur* **essendo** stanco preferisco portare a termine il lavoro in giornata. *Anche* **avendo** i soldi non comprerei mai quella macchina. Gli atleti sono soddisfatti *sia pure* non **essendo riusciti** a vincere la gara.
strumentale/modale (con il senso di *in questo modo*, *grazie a questo*);	**Usando** la testa non faresti questi errori. **Facendo** quella dieta ha perso venti chili.
condizionale (utilizzabile nelle frasi ipotetiche - vedi il capitolo 26);	**Volendo** potresti darmi una mano. (= Se volessi…) **Avendo seguito** i suoi consigli non mi sarei trovato in questa situazione. (= Se avessi seguito…)
modale/ipotetico (introdotto da **come** o da **quasi**);	Mi ascoltava senza guardarmi, *come* **pensando** ai fatti suoi. Continuava a divagare, *quasi* **evitando** di affrontare il nocciolo della questione.
esclusivo (*non* + gerundio);	*Non* **avendo** niente da perdere posso fare di tutto. *Non* **avendolo conosciuto** personalmente posso dire poco sul suo carattere.
valore di participio presente.	Intervenne mio fratello **dicendo** che era d'accordo. Continuava a parlare **masticando** una gomma americana.

■ Esistono poi frasi costruite su un "**gerundio assoluto**", un gerundio cioè indipendente dal soggetto della frase principale, con un suo soggetto autonomo che per questo motivo va indicato chiaramente.	**Facendosi** *sera*, abbiamo deciso di tornare a casa. Non **essendoci** *altra possibilità*, faremo come dici tu. **Avendo** *Paolo* **detto** queste parole, io non potevo più difenderlo. **Avendo** *io stesso* **fatto** quell'errore, tu sai che non ti potrei mai criticare. **Continuando** *questa crisi economica*, la disoccupazione potrebbe aumentare.
■ Il gerundio si usa anche in costrutti verbali con **funzione progressiva** e durativo-intensiva: si tratta di formule in cui si collega al verbo *stare* e al verbo *andare*.	Ha chiesto di non essere interrotto mentre *sta* **parlando**. Ieri a quest'ora *stavo* **prendendo** il sole su una spiaggia. Il virus *va* progressivamente **mutando** e **acquistando** nuove caratteristiche. Qualcuno *va* **raccontando** in giro strane storie su di te.
■ In alcuni casi il gerundio si è poi cristallizzato in forme che hanno assunto valore di vero e proprio **sostantivo** (il *laureando*, il *crescendo*, il *reverendo*) o anche in frasi fatte come *e via dicendo*.	Sono un **laureando**: finisco l'università tra due mesi. Il **Reverendo** si fermava spesso a bere un bicchierino all'osteria. Nel nostro sito puoi fare una ricerca di libri per soggetto, per autore, per titolo, per collana, **e via dicendo**.

25 Il gerundio

Il gerundio presente introduce per lo più una "**circostanza contemporanea**" a quella espressa dal verbo della frase principale (*studio sentendo la radio*): tuttavia se lo spazio di tempo intercorso fra l'azione espressa dal verbo della principale e quella espressa dal gerundio è breve, il gerundio può esprimere anche una circostanza anteriore o posteriore.

Scoprendo questo rimase senza parole. (dopo aver scoperto questo)
Mi accendevo una sigaretta, pentendomi immediatamente per averlo fatto. (subito dopo)

ESERCIZI

Così di ponte in ponte, altro parlando che la mia comedìa cantar non cura, venimmo...

Dante Alighieri, "La Divina Commedia, Inferno, XXI"

I (A) Unisci le frasi a destra con quelle a sinistra in modo da formare una frase di senso compiuto. Segui l'esempio.

1. Ho perso 5 chili	a. essendo finalmente riuscito a comprarmi una casa.
2. Studiando costantemente	b. sicuramente passeresti l'esame.
3. Non essendo mai andato a Praga,	c. parlandoci.
4. Anche andando in palestra ogni giorno,	d. il signor Freddi non ha mai imparato la lingua.
5. Mi sono accorta che non era italiano	e. non riuscirei mai ad allenarmi in tempo per la gara del mese prossimo.
6. Mi sento proprio al settimo cielo,	**f. andando in palestra ogni giorno.**
7. Pur avendo sposato una greca,	g. non posso certo darti dei consigli su quella città.

2 (C) Trasforma i gerundi nelle frasi seguenti in una frase che ne esprima il significato. Qualche volta il gerundio ha più di un significato.

*Es: Mi sono fatto male giocando a tennis. = **Mi sono fatto male mentre giocavo a tennis.***

1. Giorgio arrivò alla festa portando una cassa di Martini.

2. Anche prendendo lezioni di canto, Giovanna non riuscirebbe a imparare a cantare decentemente.

3. In casa Franchi si mangia sempre guardando la TV.

4. Paolo si avviò verso casa quasi zoppicando.

5. Non avendo mangiato niente, il bambino non vomitò.

6. Avendo appena comprato un nuovo computer, non posso pensare anche al televisore a schermo piatto.

7. Pur volendoti molto bene, preferisco non passare le vacanze con te, non ti sopporterei!

8. Non essendo mai stata in Sicilia, non posso davvero aiutarti ad organizzare il viaggio.

9. Oggi, andando in ufficio, ho visto la tua amica inglese.

10. Continuò a darmi contro, quasi offendendomi.

3 (C) Leggi le frasi e decidi quale valore ha il gerundio nei vari casi. Talvolta può avere più di un valore. Controlla le spiegazioni grammaticali all'inizio del capitolo e segui l'esempio.

1. E così <u>dicendo</u> agguantò con tutt'e due le mani quel povero pezzo di legno …

2. "Ho capito - disse allora, sforzandosi di ridere e arruffandosi la parrucca - vorrà dire che quella vocina che ha detto ohi me la sono figurata io."

3. E, riscaldandosi sempre di più, vennero dalle parole ai fatti, e acciuffatisi fra di loro, si graffiarono …

4. Si gettò a sedere per terra, lasciando andare un gran sospirone di contentezza …

5. Ma non sai che, facendo così, diventerai da grande un bellissimo somaro?

6. Perché non aveva più la forza di reggersi ritto, si pose a sedere, appoggiando i piedi fradici e impillaccherati sopra un caldano …

7. "Babbo mio non posso" - rispondeva il burattino piangendo e ruzzolandosi per terra.

8. Pinocchio capì questa risposta al volo e, non potendo frenare l'impeto del suo buon cuore …

9. La Volpe, che era zoppa, camminava appoggiandosi al Gatto …

10. La mattina dopo, di levata, ritornando nel campo, che cosa trovi?

11. Il povero Gatto, sentendosi gravemente indisposto di stomaco, non poté mangiare altro …

(Collodi, "Pinocchio")

Temporale	Modale (strumentale/modale o modale/ipotetico)	Causale
dicendo	*dicendo*	

4 **(C)** Unisci le frasi di sinistra con il "gerundio assoluto" a quelle di destra. Segui l'esempio.

1. Generalmente parlando	a. il fiume è sul punto di tracimare.
2. Guidando più piano	b. forse non ci sarebbero così tanti incidenti sulle strade di notte.
3. Essendoci lo sciopero dei treni,	c. il governo sarebbe veramente lo specchio del popolo.
4. Andando tutti a votare	d. i viaggiatori hanno subito molti disagi.
5. Piovendo da diversi giorni	e. Lucio dovette rimanere in città una notte in più.
6. Non essendoci modo di tornare a casa	**f. ci sono più donne che uomini che studiano lingue straniere.**

5 **(A - B - C)** Unisci le frasi formandone di nuove con il gerundio, quando è possibile. Segui l'esempio.

Es. 1: *Anna andava al lavoro. Anna ha visto Luca =* **Andando al lavoro Anna ha visto Luca.**
Es. 2: *Luca andava al lavoro. Anna ha visto Luca =* **Andando al lavoro Anna ha visto Luca.* = **Anna ha visto Luca che andava al lavoro.**

1. Tutto contento Pinocchio uscì di casa. Pinocchio cantava e ballava dalla contentezza.
2. Pinocchio si attaccò al campanello e lo suonò. Pinocchio pensava: "Qualcuno aprirà."
3. Massimo ha già visto quel film. Massimo non vuole vederlo un'altra volta.
4. Noi lavoriamo alla Microsoft. Ci siamo conosciuti perché lavoriamo alla Microsoft.
5. Abbiamo conosciuto Giacomo. Giacomo lavora alla Microsoft.
6. Ho visto Paolo. Paolo mi chiamava.
7. Io attraversavo la strada. Ho sentito Paolo che mi chiamava.

25 Il gerundio

Il periodo ipotetico

Per esprimere una ipotesi in italiano ci sono diverse possibilità.

A I tre tipi di ipotetica

■ I tipi di periodo ipotetico normalmente considerati dalle grammatiche sono tre e secondo la tradizione sono chiamati: 1. periodo ipotetico della realtà, 2. della possibilità e 3. dell'irrealtà.

1. *Se* **ho** *tempo* **vado** *al cinema. (Se avrò tempo andrò al cinema)*
2. *Se* **avessi** *tempo* **andrei** *al cinema.*
3a. *Se* **avessi avuto** *tempo* **sarei andato** *al cinema.*
3b. *Se* **avevo** *tempo* **andavo** *al cinema.*

▶ **1.** Il periodo ipotetico della **realtà** (tipo 1) indica un'ipotesi che si realizzerà se verrà confermato il dato introdotto da *se* (la condizione o *protasi*).

Se **piove** *ci* **guardiamo** *un film in DVD.*
Se **hai** *fame* **prendiamo** *un po' di pizza.*
Se **sarai** *bravo ti* **farò** *giocare alla Playstation.*

▶ **2.** Il periodo ipotetico della **possibilità** (tipo 2) non rappresenta necessariamente un'ipotesi veramente realizzabile: vuol dire solo che chi parla vuole presentare quell'ipotesi come possibile. La frase "*Se io fossi fuoco arderei il mondo*" non vuol dire che io abbia la possibilità di trasformarmi in fuoco, ma parlo come se mettessi in conto questa eventualità.

Se io **fossi** *fuoco* **arderei** *il mondo.*
Se **fossi** *donna non so che mestiere* **farei.**
Potrei *anche venire con voi se* **riuscissi** *ad uscire presto dall'ufficio.*
Se non **ammettessi** *la mia colpa* **sarei** *uno stupido.*

▶ **3.** Il periodo ipotetico dell'impossibilità o dell'**irrealtà** (tipo 3a e 3b) - sia che lo si esprima con congiuntivo e condizionale sia che lo si esprima con l'imperfetto - non ha necessariamente valore temporale. I tre esempi qui a fianco infatti sono egualmente accettabili: l'idea che si vuole esprimere è solo la certezza che "non sono andato, non vado e non andrò al cinema per mancanza di tempo".

Se ieri **avessi avuto** *tempo* **sarei andato** *al cinema.*
Se oggi **avessi avuto** *tempo* **sarei andato** *al cinema.*
Se domani **avessi avuto** *tempo* **sarei andato** *al cinema.*

■ La differenza fra periodo ipotetico dell'irrealtà espresso con congiuntivo e condizionale (tipo 3a) o con l'imperfetto (tipo 3b) è esclusivamente stilistica. Quanto più voglio fare intendere che la mia ipotesi è *articolata* e *pensata* tanto più userò congiuntivo e condizionale. Quanto più voglio fare intendere che l'ipotesi è *leggera*, *poco argomentata* o anche *ironica* tanto più userò l'imperfetto.

*Se l'Italia l'***avessero unificata** *i Borboni e non i Savoia la storia* **sarebbe stata** *diversa.*

Se **ero** *ricco non* **stavo** *mica qui a lavorare!*

B Uso del gerundio nell'ipotetica

■ Nel periodo ipotetico il gerundio può sostituire tutta la frase costruita sul *se* (protasi). **Il significato del gerundio è determinato dal verbo successivo**.

1. ***Avendo*** (= se ho) *tempo vado al cinema.*
  (Avendo tempo andrò al cinema)
2. ***Avendo*** (= se avessi) *tempo andrei al cinema.*
3a. ***Avendo (avuto)*** (= se avessi avuto) *tempo sarei andato al cinema.*
3b. ***Avendo*** (= se avevo) *tempo andavo al cinema.*

■ Il gerundio è un modo indefinito e questo significa che non ha le persone (*io, tu, lui* ecc.). **Il soggetto del gerundio perciò si identifica attraverso il soggetto dell'altro verbo**. Nella frase *Avendo tempo andrei al cinema* il soggetto di *andrei* è *io*. Perciò *io* è anche il soggetto di *avendo*. In sostanza **il gerundio si può utilizzare quando il soggetto dei due verbi è lo stesso**. Perciò in una frase come *Se lui parlasse l'inglese potrebbe lavorare in quell'ufficio* l'uso del gerundio è ammesso (*Parlando l'inglese potrebbe lavorare in quell'ufficio*). Invece nella frase *Se io comprassi una macchina lui sarebbe contento* il gerundio non si potrà usare perché il soggetto dei due verbi non è lo stesso (e se dicessi *Comprando una macchina lui sarebbe contento* il senso verrebbe completamente falsato: significa infatti che *se lui comprasse una macchina lui sarebbe contento*).

▶ Questa "regola" dell'identità di soggetto fra le due parti del periodo ipotetico in cui si utilizza il gerundio può essere trascurata quando - per qualche motivo - il gerundio identifica con precisione il suo soggetto. È il caso del **gerundio di alcuni tipi di verbi riflessivi** (*arrabbiandomi* ha sicuramente come soggetto *io*, *arrabbiandoti* ha sicuramente come soggetto *tu*, ecc).

(Sapevo che) **comportandomi** *bene mio padre mi avrebbe fatto un regalo.*

▶ Lo stesso vale anche per la costruzione - un po' letteraria - **gerundio + soggetto**.

Essendo stato <u>Roberto</u> *il tuo insegnante, è strano che tu abbia imparato l'italiano.*

Attenzione al fatto che non sempre il gerundio + pronome *mi, ti, si, ci,* e *vi* permette di identificare automaticamente il soggetto: *arrabbiandomi* ha infatti certamente come soggetto *io*. Allo stesso modo *andandotene* avrà sicuramente come soggetto *tu*. Ma quando dico *lavandomi* il soggetto non è immediatamente riconoscibile: io lavando me stesso o lui lavando me? (*"Lavandomi lui sarebbe contento"* significa che lui sarebbe contento se io mi lavassi o se proprio lui si occupasse della mia pulizia?)

C Uso della formula A + infinito nell'ipotetica

■ Con gli stessi problemi di identificazione del soggetto, la parte con il *se* (protasi) del periodo ipotetico può essere sostituita dalla costruzione ***a* + infinito**.

1. ***Ad avere*** (= se ho) *tempo vado al cinema.*
2. ***Ad avere*** (= se avessi) *tempo andrei al cinema.*
3a. ***Ad avere*** (= se avessi avuto) *tempo sarei andato al cinema.*
3b. ***Ad avere*** (= se avevo) *tempo andavo al cinema.*

▸ La forte carica di partecipazione e di sentimento personale propria delle costruzioni **a + infinito** ne favorisce l'utilizzazione specialmente in frasi enfatiche, esclamative e colloquiali.

*A **pensar** male si fa peccato ma spesso ci si indovina!*
*Ad **avere** la tua età anch'io mi metterei quei pantaloni!*
*Ad **essere** disonesto avrei potuto guadagnare parecchio!*
*A **saperlo** prima non avrei fatto quello che ho fatto!*

D L'ipotesi interrotta

■ Spesso la frase ipotetica è così ovvia nelle sue conclusioni che si può interrompere, sospendendola a metà e dandole un forte valore emotivo ed esclamativo.

1. *Se ho tempo ... (Se avrò tempo...)*
2. *Se avessi tempo...! (Avessi tempo...!) Ad avere tempo...!*
3a. *Se avessi avuto tempo...! (Avessi avuto tempo...!)*
3b. *Se avevo tempo...! Ad avere tempo!*

■ Naturalmente la sospensione dell'ipotetica prevede l'immediata intuizione della sua conclusione. Troviamo perciò spesso frasi che manifestano:

▸ minaccia;	*Se ti prendo...!*
▸ scarso entusiasmo;	*Volendo...*
▸ nostalgia o rimpianto;	*Avessi vent'anni di meno...!*
▸ giustificazione;	*A saperlo...*
▸ sconforto;	*Se avevo qualche conoscenza politica...*
▸ rabbia o disperazione.	*Se rinasco...!*

■ Un caso analogo è quello dell'ipotetica interrotta con valore di interrogativa retorica (specialmente introdotta da una **e**).

E se Nostradamus avesse avuto ragione?
E se il potere politico fosse in mano alle donne?

E Altri casi

■ Dopo quanto detto fino a questo punto non resta che da segnalare che le "regole" sul periodo ipotetico sono molto più sfumate di quanto si possa immaginare:

▸ in primo luogo osserviamo la possibilità di **commistioni** fra i tre tipi di partenza (punto A esempi 1, 2, 3a e 3b);

1. *Se ho tempo vado al cinema, Se avrò tempo andrò al cinema.*
Ma anche:
Se ho tempo andrò al cinema.
Se avrò tempo vado al cinema.
Se hai finito di studiare puoi uscire.

da non dimenticare poi le ipotetiche (della realtà) in cui l'*apodosi* è costruita con **un verbo all'imperativo**;

a questo si aggiunge che anche il cosiddetto periodo ipotetico della realtà, per quanto faccia un'ipotesi di probabile realizzazione, esprime comunque una eventualità. E se abbiamo bisogno di manifestare con più forza il senso di questa eventualità abbiamo anche la possibilità di utilizzare il congiuntivo presente o passato, introdotto (più che dalla congiunzione ipotetica *se*) da altre congiunzioni come **qualora**, **se mai** e **nel caso (che)** oppure dai più letterari e desueti **quando**, **ove** o **laddove**.

2. Se avessi tempo andrei al cinema.

3a. Se avessi avuto tempo sarei andato al cinema.
3b. Se avevo tempo andavo al cinema.
Ma anche:
Se avessi tempo sarei andato al cinema.

*Se pensi questo **vattene** via.*
*Se hai capito **ripeti** tutto.*

Qualora *tu abbia intenzione di venire a Roma faresti bene a comunicarmelo.*
Nel caso *lui sia tornato gli telefonerò immediatamente.*
*Non avrei problemi a parlargli **quando** abbia chiesto scusa.*
*Il voto non ha valore **ove** sia mancato il numero legale dei partecipanti.*

ESERCIZI

Se vado a caccia e non so cacciare ... posso tirare a indovinare?

1 **(A) Leggi le frasi. Decidi anche qual è il termine corretto per designare i cittadini delle città di cui si parla seguendo gli esempi. Poi inserisci i numeri delle frasi nelle colonne a seconda del tipo di periodo ipotetico.**

1. Se vuoi dare un nome ad un abitante di Ivrea, come lo chiami? *Eporediese/Ivreano/Iverinese*.
2. Se parli di un poeta di Chieti, come lo definisci? *Poeta chietino/Poeta teatino/Poeta chietese*.
3. Se fossi nata a Lecco sarei una *leccese/lecchese/leccina*.
4. Se conoscessi qualcuno di Gubbio, potrei dire di conoscere un *gubinate/gubbiese/eugubino*.
5. Se faccio un giro in barca nel golfo di La Spezia, posso dire di essere stata nel golfo *laspeziese/speziese/spezzino*.
6. Se vivevo a Parma potevo abbuffarmi di tutte le prelibatezze *parmigiane/parmesi/parmane*.
7. Se mio figlio nasceva e viveva ad Asti, poteva dire di essere un *astiese/astino/artigiano*.
8. Se fossi andata a Trapani, adesso capirei meglio il dialetto *trapanese/trapanino/trapanato*.
9. Se Theresa non fosse andata a studiare a Napoli, non avrebbe imparato l'italiano con un forte accento *napoletano/napolese/napoletino*.
10. Se avevo la possibilità di vivere ai primi del '900, sicuramente andavo a conoscere il famoso autore *pescarolo/pescatore/pescarese*: Gabriele D'Annunzio.

Periodo ipotetico della realtà (1)	Periodo ipotetico della possibilità (2)	Periodo ipotetico dell'irrealtà (3a)	Periodo ipotetico dell'irrealtà (3b)

2 (B) Trasforma le frasi ipotetiche con il gerundio in frasi con un verbo coniugato. Segui l'esempio.

Es: *Vedrai che, andando a letto presto la sera, non ti sveglierai più così stanco.*
Vedrai che, se andrai a letto presto la sera, non ti sveglierai più così stanco.

1. Parlando tutto il giorno con Ulla, sicuramente imparerei lo svedese più in fretta.
2. Lavorando anche la domenica Aldo avrebbe sicuramente messo da parte un bel gruzzolo.
3. Andando in piscina ti rimetterai subito in forma.
4. Cercando su Internet, potrai sicuramente trovare delle ottime offerte per le vacanze.
5. Partendo di giovedì avremmo sicuramente evitato quelle terribili code del fine settimana!
6. Alzandovi alle 6 potreste farcela a prendere il primo volo per Milano.
7. Mangiando tanto pesce, diventi più intelligente.
8. Ascoltando più i consigli degli altri, Ivo avrebbe meno problemi.
9. Conoscendo il tedesco Fabio avrebbe avuto più possibilità di ottenere quel lavoro.
10. Abitando vicino alla stazione, non avrei problemi quando devo lasciare la città.
11. Mettendo un annuncio sul giornale, vedrai che troverai subito un'anima gemella!

3 (C) Trasforma le frasi ipotetiche con la forma "A + infinito" in frasi con il verbo coniugato. Segui l'esempio.

Es: *A saperlo che c'era sciopero degli autobus, chiedevo un passaggio a Piera.*
Se sapevo che c'era sciopero degli autobus, chiedevo un passaggio a Piera.

1. A giocarci troppo, con quel telefonino, lo rompi!
2. A averlo incontrato prima, non mi sarei mai fidanzata con Dario.
3. A lavarti troppo spesso i capelli, va a finire che te li rovini!
4. A avere un po' più di soldi, mi comprerei un motorino.
5. A avere tempo, avrei fatto un corso di giardinaggio.

4 **(D) Unisci le frasi della colonna di sinistra con quelle di destra.**

1. Credi che l'università deciderà di rinnovarci il contratto l'anno prossimo?	a. Se vi prendo...!
2. Me lo diceva mio padre che la filosofia non pagava …	b. Volendo...
3. Siete stati voi a rompere il vetro con il pallone??	c. Avessi vent'anni di meno...!
4. Mi si è di nuovo bloccato il computer!	d. Mah, a saperlo...
5. Scusi, non si potrebbe organizzare il lavoro in modo diverso?	e. Se almeno ci capissi qualcosa di informatica…
6. Mia figlia avrebbe bisogno di aiuto con i nipotini, ma sono così vivaci …	f. Se rinasco...!

5 **(B - C - D - E) Scegli la forma o le forme corrette.**

1. Se credi in Dio allora *prega!/pregheresti/preghi*.
2. Se non piovesse *vado/andrò/andrei* al parco.
3. Se Davide non mi telefona lo *chiamerò/chiamo/avrei chiamato* io.
4. Nel caso il fruttivendolo abbia già chiuso *andremo/saremmo andati/andiamo* al supermercato.
5. Se lui mi amasse davvero *lascerà/lascerebbe/lascia* la moglie.
6. Avendo più soldi mi *sarei comprato/compravo/comprerò* una casa.
7. A prendersi troppe responsabilità non ci si *guadagna/sarebbe guadagnato/guadagnerà* mai.
8. Se hai fame *avresti comprato/comprati/ti compri* una pizza.

6 **(A - B - E) Leggi le frasi e scrivi una frase ipotetica che poteva evitare o risolvere la situazione. Segui l'esempio.**

Es: Paola è andata a ritirare una lettera raccomandata alla Posta ma <u>ha dimenticato di portare un documento e non gliel'hanno consegnata</u>. = **Se Paola <u>avesse portato un documento</u> le avrebbero consegnato la raccomandata. / Se Paola <u>portava un documento</u> le consegnavano la raccomandata.**

<u>Sono stato male</u> perché <u>avevo mangiato troppo</u>. = **<u>Se avessi mangiato meno non sarei stato male</u>. / <u>Se mangiavo meno non stavo male</u>. / <u>Mangiando meno non sarei stato male</u>.**

1. Scusami con tua sorella, ieri l'ho vista per strada ma non l'ho riconosciuta e non l'ho salutata.
2. Volevo telefonare alla parrucchiera per prendere un appuntamento, ma non ho avuto tempo.
3. Volevo andare in India con Nicola ma non ho fatto in tempo a fare il visto.
4. Barbara è tornata a casa alle 3 di notte e i genitori l'hanno rimproverata.
5. Ho messo i funghi nella carbonara e si sono tutti rifiutati di mangiarla.

26 Il periodo ipotetico

Soluzioni degli esercizi

1 - Il presente

1. Descrizione e/o presentazione di regole generali: *è*, deve, è, è, invecchia, rende, si dice, ha, va, viene fatta, viene prodotto, ha. **Dubbio:** sarà. **Notizia non verificata:** raggiungerebbe.

2. 1. sto ascoltando, 2. sono, 3. guardo, 4. vivono, 5. Avete capito, 6. sarà, 7. sarà, 8. vorrai, 9. parlerai, 10. Sarei voluta. P - A - R - M - I - G - I - A - N - O.

3. 1. *normalità*, 2. possibilità, 3. incertezza, 4. perplessità; 5. azione che accade proprio in questo momento, 6. desiderio, 7. consiglio, 8. desiderio irrealizzabile.

4. Consiglio: dovrebbe, Sarebbe, dovrebbero, dovrebbero, dovrebbe, sarebbe. **Conseguenza di un'ipotesi:** *costerebbe*, bisognerebbe.

5. a/3 (Avrei voluto), b/5 (Avrei voluto), c/2 (avrei usato), d/4 (Avrei dormito), e/1 (Avrei preso).

6. Informazione verificata: 1. *Due giovani sono stati arrestati*, 3. sono 18.247 le ditte, 5. Cosa c'è di vero?, Alcune ricerche dimostrano, la musica di Mozart ha effetti benefici. **Informazione non verificata:** 1. *avrebbero avuto con sé uno spinello*, 2. la capitale sarebbe, 4. sarebbe legato, 5. sarebbe solo aneddotica.

7. *è*, lo capirebbero, affermano, cerca, può, hanno, riesce, leggerebbe, sceglierebbero, c'è, Sarà, si trarterrebbe.

8. 1 (Saranno)/c, 2 (sarò)/b, 3 (Sarà)/a.

9. *volevo* interrogare, volevo chiederLe, poteva esentarmi, Volevo proprio, volevo chiederLe, interrogava oggi.

2 - Il passato

1. 1. ho mangiato, 2. bevve, finì, 3. ho fatto, 4. scrisse, 5. vide, 6. ha vinto, 7. conquistarono.

2. *penetra*, sbaglia, uccide, mette, dice, fa, toglie, È, prende, viene considerato.

3. *era*, incalzavano, regnava, trattavano, amava, si preparava, decise, vinse, nacque, restò, mantenne, Notò, si presentò, si fidanzò, intuì, restò, erano rimaste, furono obbligate, finì.

4. hanno trovato, hanno spiegato, Era.

5. azione precedente ad un'altra azione già passata: 3. le aveva finite, 4. avevo conosciuto; **modo assoluto di una narrazione:** 1. *aveva chiamato*, aveva chiuso, (aveva) acceso, era uscita, **suspense:** 5. aveva sposato; **azione non espressa perché facilmente intuibile:** 2. te ne eri accorto, 6. Te l'avevo detto.

6. sorprese, dissi, era venuta, rise, avevo, bastò, esisteva, rubai/rubavo, lasciava, credevo, Andavo, fumavo.

7. 1/e, 2/c, 3/b-n, 4/d, 5/g, 6/m, 7/a, 8/n, 9/h, 10/i-m, 11/l, 12/o, 13/f.

8. ero, avrei dovuto, richiedevano, faceva, vidi, riconobbi, entravo, mi ricordai, sarei stato, si sarebbero persi.

9. 1. Nacque, 2. Cominciò, ebbe vissuto, 3. fu, 4. smise, 5. ebbe subìto, decise, dové/dovette, 6. abbandonò, si sposò, 7. fu arrivata, cominciò, 8. si fu inserita, lasciò.

10. A - R - T - E - M - I - S - I - A.

11. andai ⇨ sono andato, *non* c'era *mai* ⇨ c'è *mai*, devo ⇨ ho dovuto.

3 - Il futuro

1. *smetterò*, *mi taglierò*, potrà/può *sempre*, sarà/è *utile*, riuscirò *a conoscere*, farò *un viaggio*, potrò *vedere*, servirà *anche*, Farò *anche*, aiuterà *sicuramente*, *mi* iscriverò *anche*.

2. *1/d*, 2/c, 3/f, 4/b, 5/h, 6/e, 7/a, 8/g.

3. 1. ignorerà, 2. volevo, 3. dovevo, 4. divideremo.

4. 1. futuro, 2. futuro, 3. *ho:* futuro, *sarei venuta:* desiderio irrealizzabile, 4. *si sarà sposata:* tempo precedente ad un altro futuro, *si trasferirà:* futuro, 5. futuro nel passato, 6. *arriva:* tempo precedente ad un altro futuro, *telefono:* futuro, 7. futuro, 8. futuro, 9. *avrà smesso:* tempo precedente ad un altro futuro, *potremo:* futuro, 10. futuro, 11. futuro nel passato, 12. *ho finito:* tempo precedente ad un altro futuro, *telefono:* futuro, 13. futuro nel passato, 14. futuro, 15. futuro nel passato, 16. *avrei accompagnato:* desiderio irrealizzabile, *ho:* futuro.

5. Tu: *Decidi*, Scegli, Chiama, Scegli, Compra, Prenota, Conferma, Compra, Organizza, Compra, Decidi, Deposita, Comincia, Ordina, Fa'/Fai, Va'/Vai, Concediti, Dormi, Preparati, Goditi. **Lei:** *Decida*, Scelga, Chiami, Scelga, Compri, Prenoti, Confermi, Compri, Organizzi, Compri, Decida, Depositi, Cominci, Ordini, Faccia, Vada, Si conceda, Dorma, Si prepari, Si goda.

6. Voglio iscrivermi a medicina, Voglio restare un po' di più, Posso venire al cinema con voi, Posso telefonare io a Laura, Devo tornare a casa presto, Mi devo alzare presto domani.

7. 1. non devo far guerra, 2. Per quello che devo fare, 3. questo matrimonio non si deve fare, 4. Dovrà passa' a' nuttata (dovrà passare la nottata), 5. quanto dobbiamo dire.

4 - Ausiliare *avere* o *essere*

1. 2 - 4 - 1 - 5 - 3 - 6.

2. È nato, Ha iniziato, ha ottenuto, si è trasferito, ha cominciato, è cominciato, ha riconosciuto, è diventato, Ha debuttato, è durato, ha lavorato, ha avuto, ha recitato, è diventato, ha continuato, ha interpretato, sono arrivate, ha ricevuto, ha lavorato, È morto.

3. 1. ha cominciato, 2. sono bruciati, 3. ha evaso, 4. ha… guarito/a, 5. è… cominciato, 6. Ho bruciato, 7. ha cominciato, 8. è guarito, 9. è variato, 10. è evaso.

4. si è conclusa, è andata, è entrata, è inciampata, è caduta, ha battuto, è stata, è svenuta, è rinvenuta, ha aperto, ha visto, era accorso, è arrossita, ha approfittato, si è sentita, si è alzata, è andata, era cominciata, è proceduta, hanno chiacchierato, era venuta, ha accompagnato, ha detto, È stata, ci siamo… presentati, è rimasta.

5. 1 (È sceso)/*d* , 2 (Ha resuscitato)/g, 3 (Ha montato)/i, 4 (Ha evaso)/o, 5 (Ha maturato)/f, 6 (Ha aumentato)/n, 7 (È esplosa)/m, 8 (Ha cessato)/a, 9 (Ho trascorso)/l, 10 (È evaso)/h, 11 (è cessato)/c, 12 (sono aumentati)/b, 13 (È trascorso)/e.

6. 1. si ha arrangiato ⇨ si è arrangiato, 2. si ha messo ⇨ si è messo, 3. è aperto ⇨ ha aperto, 4. è promulgato ⇨ ha promulgato.

7. *P* - I - O - V - A - N - I.

8.

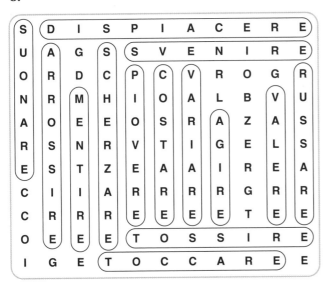

Essere: *dispiacere*, svenire, arrossire, costare; **Avere:** tossire, mentire, scherzare, agire, russare; **Essere/Avere:** toccare, suonare, piovere, variare, valere.

5 - L'articolo

1. *la*, l', il, L', la, ∅, ∅, ∅, ∅, ∅, ∅, le, le, le, le, le, le, ∅, ∅, ∅, ∅, l', il, ∅, ∅, ∅, ∅, ∅.

2. *la*, il, ∅, la, Il, l', Il, l', l', il, il, ∅, ∅, ∅, ∅, il, ∅, ∅, ∅, ∅, ∅, ∅, ∅, il, il, la, la, ∅, ∅, ∅, il, ∅, il, ∅.

3. 1. Nostro, 2. Le mie, 3. il tuo, 4. Il loro, 5. Il suo, 6. la luna, 7. su, 8. di, 9. degli, 10. Il dio, 11. in, 12. Settembre, 13. il 25 aprile, 14. il lunedì, 15. Il Trecento, 16. Ognissanti, 17. di, 18. L'ottantatré, 19. i miei, 20. Alcuni.

4. *gli*, l', ∅, il, Il, il, la, il, I, I, ∅, ∅, il, la, il, ∅, ∅, Gli, la, la, il, Il, il, il.

5. B - E - R - L - U - S - C - O - N - I.

6 - L'avverbio

1. *ancora*: avverbio *di tempo*, *sicuramente*: di giudizio, *domani*: di tempo, *ecco*: presentativo, *Domani*: di tempo, *dove*: di luogo, *una volta*: di tempo, *più*: di tempo, *una volta*: di tempo, *molto*: di quantità, *male*: di modo, *chissà*: interrogativo, *forse*: di giudizio, *forse*: di giudizio, *già*: di tempo, *più*: di quantità, *più*: di tempo.

2. 1a. Probabilmente, 2a. anticamente, 3a. Originariamente, 4a. Regionalmente, 5a. normalmente, 6a. tipicamente, 7a. Tradizionalmente.

3. B - R - I - S - C - O - L - A.

4. 1. Quel ristorante in centro è proprio buono!, 2. Da Peppino si mangia proprio bene!, 3. Mio figlio non si comporta male, è solo dispettoso, 4. Lo so che è dura … tieni duro però, che ce la farai!, 5. Mi hanno detto che quel professore è cattivo/un cattivo professore, 6. Per accendere la luce, basta sfiorare leggermente l'interruttore, 7. Oggi siamo tutti molto stanchi.

5. 1. è *davvero* pendente, 2. una città *incredibilmente* bella, 3. Sono *finalmente* riuscito, 4. Non ho *mai* visto, 5. sono *molto* piacevoli, 6. si parla *ancora* ladino, 7. Ho saputo *recentemente* che, 8. aperto *appena* dopo, 9. è stato *sicuramente* ospite, 10. leggono *ancora* con piacere, 11. Avrai *certo* sentito, 12. Ho *sempre* immaginato.

6. 1/d chiaro, sereno, 2/e giusto, 3/c sano, 4/a chiaro, 5/b elegante, 6/f alto.

7 - La posizione dell'aggettivo

1. **Qualificativo:** distinto, bella, bell', grande, triste, gran, breve, scuro, irreprensibile; **Relazionale:** napoletano, umano.

2.

P	A	P	A		T		G		P		V
A		O	S	C	E	N	I	A			I
C		C		A		U	N	I	C	O	
E	C	C		S	O	S	A				L
		E		E		T					E
P	A	R	I		G	R	A	N	D		N
		T			R			O			T
G	R	A	N	D	E		B	E	L	L	O
E					T	R	E	C			
B	R	A	V	O		L	I	E	T	O	
			V			L				N	
S	M	E	M	O	R	A	T	A		U	

3. Due uomini, braccia **incrociate**, **verde** reticella **verde** (*possibili entrambe*), **sull'**omero **sinistro**, **enorme** ciuffo **enorme** (*possibili entrambe*), **lunghi** mustacchi, **due** pistole, **piccolo** corno **piccolo** (*possibili entrambe*), **degli ampi e gonfi** calzoni, **grande** guardia.

4. 1. libro nuovo, 2. alto funzionario, 3. libero mercato, 4. uomo povero, 5. nuovo libro, 6. vecchi amici, 7. Pover'uomo, 8. vero problema, 9. semplice domanda, 10. bella persona, 11. domanda semplice.

5. 1. disperato appello, 2. grave crisi, 3. brillante azione, 4. duro attacco, 5. ferma risposta, 6. tenera amicizia.

6. 1. popolazione italiana totale, 2. percentuale ufficiale corretta/ corretta percentuale ufficiale (*possibili entrambe*), 3. bellissima ed elegante capitale francese/ bellissima, elegante capitale francese (*possibili entrambe*), 4. prodotto interno lordo, 5. grandi produttori mondiali, 6. bevande calde preferite, 7. Questa nostra nazione, 8. compagnia assicurativa italiana, 9. nostro bel Paese, 10. nostri connazionali spendaccioni.

8 - Le preposizioni

1. *di bella presenza*, di quasi 100 kg, di tutto, d'amore, d'invidia, di freddo, di corsa, di cuore, di lei, Di mese in mese, furia di.

2. temporale: *1*, 13, 17; **di destinazione:** 2; **locativo:** 10, 12; **strumentale, modale:** 3, 4, 9, 11, 143, 15; **limitativo:** 8; **distributivo:** 7; **finale:** 6, 16; **preposizione retta da verbo:** 5, 18.

3. *da due anni*, dal prossimo lunedì, da ragazzo, dalla gioia, da Barcellona, da sua cognata, da diversi anni, da suo marito, da Alghero, dai catalani, da bagno, da trekking.

4. trasformazione: 15; **modo di vestire:** 7; **quantità:** 6, 8; **locativo:** 5; **temporale:** *1*, 10, 13, 14, 15; **preposizione retta da verbo:** 4, 12 (nei garibaldini); **strumentale, modale:** 2, 11, 9; **espressione cristallizzata:** 12 (nei guai); **limitativo:** 3.

5. 1/d, 2/f, 3/e, 4/a, 5/b, 6/g, 7/c.

6. relazione fra cose o persone: 2, 3, 4, 7, 9, 12, 13, 15 (con me), 15 (con mio marito), 16; **relazione causale:** 6; **modo o mezzo:** *1*; **locuzione standardizzata:** 5, 8, 10; **formula di conclusione di una lettera:** 17; **preposizione retta da verbo:** 11, 14, 15 (con la prima pizza).

7. locativo: *1*, 2, 4, 5, 6, 7, 10; **temporale:** 8, 9, 11, 12; **locuzione:** 3.

8. 1. *come - simile a*, 2. distributivo, 3. vantaggio, 4. locuzione, 5. moto attraverso luogo, 6. limitativo, 7. destinazione, 8. locativo, 9. temporale, 10. finale, 11. temporale, 12. preposizione retta da verbo, 13. stare per, 14. moto attraverso luogo, 15. locativo, 16. locuzione, 17. modo, 18. temporale, 19. causale, 20. finale, 21. limitativo, 22. modale.

9. in, fra, in, in, per, all', al.

10. S - A - N - G - I - M - I - G - N - A - N – O.

11. 1. Pippo viene dalla Sicilia, 2. Il Tevere passa da Roma, 3. Sono di Roma, sono nata in centro, 4. Anna è partita ieri da/per Milano, 5. Milano è abbastanza lontana da Roma, 6. Ho passato tutto il pomeriggio in biblioteca, 7. Vado di là, a parlare con Fabio.

12. nel, a, per, Nell', in.

13. *La frase sbagliata è la numero 4. La frase corretta è:* Ursula vive a Roma **da** 4 anni. (Siviglia)

14. nella, Nel, In, a, Sul, del, di.

15. 1. *da* -F, 2. di - V, 3. con - F, 4. con - V, 5. per - V, 6. di - F, 7. da - V, 8. di - F, 9. su - V, 10. di - V, 11. per - V, 12. di - V, 13. in - V.

9 - Il *si* spersonalizzante

1. SI impersonale: *1*, 6, 7, 9, 11, 12, 14; **SI passivante:** 2, 3, 4, 5, 8, 10, 13.

2. 1. *si è professionisti, si può esercitare, la propria*, 2. si è professionisti extracomunitari, ci si deve far riconoscere/si deve farsi riconoscere, si è ottenuto nel proprio Paese, 3. si deve, 4. si lavora, ci si deve rivolgere/si deve rivolgersi, 5. si è avvocati, biologi, psicologi, agenti di cambio, consulenti del lavoro, attuari, tecnici alimentari, si deve, 6. si lavora [...] come architetti, si è paesaggisti, si deve, 7. si fa, ci si deve rivolgere/si deve rivolgersi; 8. si è istruttori di guida, si deve, 9. consiglia, 10. si è lavorato, si deve, 11. si è stati istruttori nautici, maestri di sci, guide alpine o guide speleologiche, ci si deve rivolgere/si deve rivolgersi, 12. Si deve, 13. Si deve.

3. *si collega*, si crede, ci si sente, ci si senta stanchi, ci si continui a sentire affaticati/si continui a sentirsi affaticati, si è depressi, si è affaticati, ci si alza, si prova, si è stanchi, ci si sente più deboli, si affrontano, si è depressi, si è persa, si è stanchi, si sente, si è, si sta, si è stanchi, si soffre, si prende, ci si risveglia, si riesce, si riesce, si crolla, si pensa, si è depressi, si pensa, si è spossati.

4. 1. si sono trasbordati le navi ⇨ si sono trasbordate le navi, 2. si è poi giunto ⇨ si è poi giunti, 3. si sono fatti scivolare ⇨ si sono fatte scivolare.

10 - L'infinito

1. 1/f, 2/e, 3/b, 4/l, 5/h, 6/c, 7/i, 8/d, 9/g, 10/a.

2. a/2, b/6, c/4, d/3, e/5, f/1.

3. *usciva*, raccomandargli, bere, dimenticare, mangiare, sei, pensare/dire, smetterà, accettare, fare, Vivere, avere, sta, salutare, passare, Sarà, dire/pensare.

4. 1. A(d) avere, 2. A fare, 3. per sapere, 4. A(d) essere, 5. per aprire, 6. A parlare.

5. *Risposta aperta.*

6. 1. abbastanza da, 2. anziché, 3. tanto da, 4. modo da, 5. A costo di, 6. neanche, 7. Piuttosto che, 8. oltre a.

7. 1. *Un film* da vedere, 2. *Un giorno* da evitare, 3. *Delle medicine* da prendere, 4. *Un uomo* da dimenticare, 5. *Una macchina* da riparare, 6. *Dei soldi* da cambiare, 7. *Un uomo* da sposare, 8. *Acqua* da bere.

8. 1. *dicono* avermi causato allergia, 2. *dicono* aver fatto il giro del mondo, 3. *trasformazione impossibile*, 4. *ho scoperto* essere appartenuto, 5. *trasformazione impossibile*, 6. *trasformazione impossibile*.

9. 1. *nessuno* che risponde/risponda, 2. *tanti* che hanno votato, 3. *pochi* che credono, 4. *in piazza* che protestavano, 5. *seduti lì* che aspettano, 6. *migliaia* che festeggiavano, 7. *solo in 3* che giocavano, 8. *moltissimi* che andiamo/andremo.

11 - La costruzione *far fare*

1. 1. il cuoco all'apprendista, 2. il manager alla segretaria, 3. la commessa della lavanderia alla cliente, 4. il negoziante alla cliente, 5. il fidanzato alla ragazza, 6. il parrucchiere alla cliente, 7. uno studente ad un altro, 8. il commesso del negozio di dischi al ragazzo.

2. 1/b, 2/d, 3/e, 4/g, 5/a, 6/c, 7/h, 8/f.

3. fa divertire, ha fatto produrre, far analizzare, farli corrispondere, ha fatto lavorare, farci capire, farlo tradurre.

4. *non si fa vedere*, non mi fa dormire, Fammi entrare, non mi far aspettare/non farmi aspettare, fammi entrare, non si fa vedere, mi fai diventare matto, non mi fa dormire.

5. 1/d, 2/a, 3/c, 4/b, 5/f, 6/e.

6. far compiere l'azione a un altro: 1, 2, 7, 10. **frase finale:** 4, 6. **spersonalizzazione del soggetto:** 3, 5, 8, 9.

7. *ha fatto diventare il suo nome*, lo fece prima lavorare, lo lasciò diventare, per far correre i soci, non li lasciava lavorare, fece guidare a Cortese, fece prendere parte la sua scuderia.

8. E - N - Z - O.

12 - La negazione

1. Pleonastico: 3, 5, 6, 9, 13, 17, 19. **Non pleonastico:** 1, 2 , 4, 7, 8, 10, 11, 12, 14, 15, 16, 18.

2. 1. Ieri Schumacher ha guidato molto peggio di quanto (non) avesse fatto l'anno scorso, 2. Due estati fa ci è mancato poco che (non) mi innamorassi, 3. Lo farò senza che nessuno dica niente, 4. (non) Appena arrivo a casa ti telefono, 5. Non ho potuto confermare il volo finché (non) ho saputo che avevo le ferie, 6. Stamani ho dormito finché mia madre (non) mi ha svegliato.

3. 1. non, 2. ∅. 3. non, 4. non, 5. ∅, 6. ∅.

4. 1. Non appena/Appena, 2. Non appena/Appena, 3. a meno che, 4. senza che, 5. più di quanto non, 6. meno di quanto non, 7. a meno che non.

5. 1. a, 2. b, 3. a, 4. a, 5. b, 6. a, 7. a, 8. b, 9. a.

6. 1/a, 2/a, 3/c, 4/c, 5/b, 6/c, 7/c.

13 - Le alterazioni del nome

1. porta, violino, mulino, melone, mattone, terra.

2. 1. tazza, tazzina; 2. alberello, albero; 3. campana, campanellino, campanello; 4. macchinone, macchinina, macchina; 5. porta, portoncino, portone; 6. palla, pallina, pallone; 7. ponte, ponticello; 8. scarpa, scarpina, scarpone.

3. 1. *una giubba corta, una giacca corta sportiva. Deriva da giubba*, 2. biscotto toscano fatto tagliando a fette dei filoncini di biscotto. Deriva da *cantuccio* a sua volta diminutivo di *canto*, che significa *angolo*. 3. tipo di pasta. Deriva da *spago*. 4. un elemento usato per stabilire un contatto elettrico. Deriva da *spina*. 5. un piccolo uccello. Deriva da *uccello*. 6. treno giocattolo o piccolo treno. Deriva da *treno*. 7. osso fine e piccolo. Deriva da *osso*. 8. gioco di poco conto, breve. Deriva da *gioco*. 9. piccolo tacco. Deriva da *tacco*. 10. piccolo strumento a forma di campana e apparecchio elettrico che si suona per farci aprire una porta. Deriva da *campana*. 11. piccola riga, usata specialmente a scuola per tracciare linee dritte. Deriva da *riga*. 12. un piccolo ramo. Deriva da *ramo*. 13. un lavoro difficile, duro, di lunga durata. Deriva da *lavoro*. 14. un libro grosso e pesante. Deriva da *libro*. 15. un brutto fatto, una brutta storia. Deriva da *fatto*. 16. una brutta giornata. Deriva da *giornata*.

4. 1. giacchetta, 2. furgoncino, 3. piedini, 4. cavallino, 5. libretto, 6. graffietto, 7. casetta, 8. tacchetto.

5. 1. omino viene da uomo, 2. baffetti viene da baffi, 3. occhietti viene da occhi, 4. ragazzino viene da ragazzo, 5. giaccone viene da giacca, 6. giacchetta viene da giacca, 7. medagliette viene da medaglie, 8. stellette viene da stelle, 9. manina viene da mano.

6. Falsi alterati: *tacchino*, bambino, mattone, bidello, prigione, limone (Vittorio Emanuele III).

7. 1. pasticcini, 2. palazzotto, 3. cavalletto, 4. fumetti, giornaletto, 5. campanello, 6. pennarelli, 7. balletto, 8. seratina.

8. 1. peperoncino - F *(il peperoncino è più comune nelle ricette meridionali)*, 2. gamberetti - V, 3. fornello - V, 4. formaggino - F *(sulla pizza si mette la mozzarella)*, 5. spaghetti - V, 6. cucinotto - V, 7. risotto - V, 8. cenone - F *(il cenone è di solito organizzato per la vigilia di Natale o per la notte di Capodanno)*, 9. coltellaccio - F *(il coltellaccio lo si usa per tagliare la carne)*, 10. granelli - V.

9.

C		B	A		U	N		G			L	U	
C	C	I	A		N		N		C	A		N	
I			N		D	O	N	N	O	N	E		O
O	D		C		O			L		N	O		
		B	O	T	T	E	G	H	I	N	O		
		N		T		N		N	U		A		
T	E	L	E	F	O	N	I	N	O		E		A	R
T	O		I		R				C		A		
	U		R	U		C	H	E	T	T	O		A
C	C	I	O		C	H		T		L		N	
	C		I		O		I		T	A	L		I
	I		L		O		O			N			
P	A	N	C	I	O	T	T	O		O	T	T	O
	O		T						T				
S	P	I	N	E	L	L	O		C	I	N	O	

10.

sostantivo	falso significato	vero significato
cannone	grande cane	arma bellica con cui si sparano grandi palle di esplosivo
montone	monte alto	maschio della pecora
tacchino	piccolo tacco	animale da fattoria
torrone	grande torre	dolce tipico natalizio
focaccia	brutta foca	un tipo di pane molto saporito
barone	grande baro, cioè giocatore di carte molto disonesto, che non rispetta le regole	titolo nobiliare come *conte*, *marchese*, ecc.
mattone	un grande matto	un blocco che si usa per costruzioni

11. *Le possibilità sono varie. Proponiamo alcune possibili soluzioni:* 1. sughissimo, sugo sugo, signor sugo, sugo coi fiocchi, sugo a regola d'arte, sugo ben fatto, 2. signor hotel, hotel coi fiocchi, hotel a regola d'arte; (vacanza) coi fiocchi, a regola d'arte, ben fatta, 3. macchinissima, signora macchina, macchina coi fiocchi, macchina a regola d'arte, 4. pranzissimo, coi fiocchi, a regola d'arte, ben fatto, 5. freschissima, fresca fresca.

14 - I nomi irregolari

1.

2. *Turi e Tano, i monarchi, vivevano, i turisti, amano, delle oasi,* i passamontagna, c'erano, delle crisi, le giornaliste, importanti, delle radio, nazionali, parlavano, le università, avevano dovuto, dei rettori, erano, degli analfabeti, due omicidi/omicidii/omicidî, gli ultimi omicidi, Rocco e Gino gli infami, erano stati ancora catturati, le pasticcerie, più belle, erano, le stesse, i caffè, erano cattivi, i babà, avevano, i tiramisù, erano, Oslo o Reykjavík, fossero, delle città, belle, Turi e Tano, i re, decisero, alle loro, spogliarelliste preferite, Petra e Ulla, le tedesche, provarono, i loro amici, Trema e Naik, due/dei pirati belgi, avevano viaggiato, poliglotti, conoscevano, Trema e Naik, erano disponibili, erano, (dei) baccalà, freschi, erano rimasti, gli Dei, Turi e Tano, erano religiosi, credevano, dei loro pianeti protettori, fecero, i chirurghi reali, si occupavano, chiesero a loro, avrebbero dovuto, I chirurghi astrologi, consigliarono, i seguenti stratagemmi, Prendete degli asparagi, dissero, dei cobra, dei chihuaua, Cuoceteli, fatene dei patè, Mangiate, sulle spiagge, del vostro, dei brindisi, Turi e Tano fecero, vederli, compivano, Rocco e Gino gli infami, vennero, catturati, i re, le pasticcerie, ripresero, sfornavano, ai funghi, le Maserati, Turi e Tano andarono, i chirurghi, loro, dissero, cari re.

3. 1/e (Il falò), 2/f (I monologhi), 3/m (Gli psicologi), 4/s (Farmaci), 5/a (Dittonghi), 6/v (I conservatori), 7/l (I lacci), 8/r (Templi), 9/u (Gli euro), 10/n (Le valigie), 11/b (Le sopracciglia), 12/d (Le labbra), 13/h (Zoo), 14/c (I tutù), 15/g (Gli sci), 16/t (Gli spaventapasseri), 17/p (Strisce), 18/i (Amiche), 19/q (Le ciliegie), 20/o (Le moscovite).

4.

R	H	N	R	E	B	P	E	D	I	A	T	R	A
D	O	M	A	N	I	C	H	Q	V	O	M	B	I
F	V	K	H	H	V	S	O	C	I	E	T	À	R
U	C	B	X	X	C	R	O	M	O	S	O	M	A
N	A	T	L	E	T	A	P	I	A	N	E	T	A
G	P	G	R	Z	G	T	G	P	I	S	T	A	O
H	S	I	N	J	W	Z	T	A	P	J	V	J	L
I	I	M	U	R	A	D	I	N	A	M	O	T	I
C	C	L	Y	Y	T	F	O	O	F	C	O	M	Ò
I	O	V	I	R	T	Ù	Y	R	V	Q	C	C	H
D	S	W	Q	Q	R	K	H	A	P	B	I	I	D
A	I	E	S	A	H	Z	A	M	Z	D	S	I	D
U	O	V	A	Q	F	C	C	A	K	G	T	L	K
P	E	D	E	R	A	S	T	A	I	R	I	I	M
G	I	A	N	D	U	I	A	S	S	T	C	O	S

Maschile: cromosoma, funghicida, pianeta, atleta, domani, comò, panorama, pederasta, pediatra, ciglio.
Femminile: atleta, uova, gianduia, pediatra, pista, società, psicosi, cisti, virtù, dinamo, mura.

5. una grande ⇨ **un** grande, eczeme fastidiose ⇨ eczem**i** fastidios**i**, i mascari ⇨ i mascar**a**, i callifugi ⇨ i callifu**ghi**.

6. Maschile: nontiscordardimé, bambù, perché, tè, menù, indù, mercoledì, oblò, scià, aldilà. **Femminile:** pipì, schiavitù, città, gru, indù, solidarietà.

7. platea, palchi, gallerie, ascensori, gru, superficie.

15 - Le parole straniere

1. *black-out (m)*, colf (f), computer (m), telenovela (f), black-out (m), file (m), floppy (m), romance (f), love story (f), sexy (m/f), collant (m), champagne (m), gay (m/f), baby sitter (f), flop (m), raptus (m), fon (m), gang (f).

2. *i*, le *eccentriche*, *battezzate*, gli, lo, *questa nuova*, *eccentriche*, *battezzate*, *dello*, gli, dai/dalle; *dello*, le, i, *dei*, *siciliane*, *dei*, un, *dello*, il, il; *dello*, il, il, una, *Alcuni*; *dello*, la, lo, l', l'.

3.

16 - Il genere dei nomi

1. Maschile: il mento, **Femminile:** la menta.

2. Roberto: cugino, fumatore, farmacista, cameriere, studente, negoziante, nipote, sciatore, re. **Susanna:** infermiera, farmacista, negoziante, nubile, nipote, nonna, strega, principessa, attrice, giocatrice.

3. 1/c, 2/e, 3/h, 4/g, 5/f, 6/i, 7/a, 8/l, 9/b, 10/d.

4.

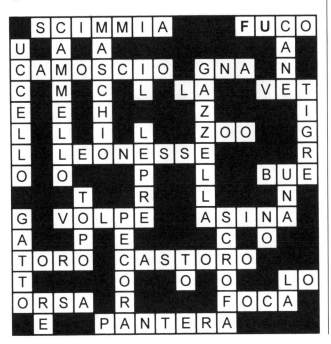

5. *signora Felicini*, parente dell'imperatrice, dentista, psicanalista di corte, custode del parco, amico del figlio, infermiere della suocera, cantante famosa, duca di Forlimpopoli, baronessa di Vattelapesca, governatrice di Tonnellara, pittore di corte, suonatore di arpa, eroina del paese, regina del paese confinante, badessa di Gattamelata, madre dell'imperatrice, prete più anziano della corte, difensore del regno.

6. 1. cuoca, 2. dottoressa, 3. professoressa; 4. regista, 5. accompagnatrice, 6. scrittrice, 7. poetessa, 8. moglie/casalinga/madre.

7. 1. la capitale, 2. un foglio, 3. il porto, 4. il capitale, 5. una foglia, 6. la porta.

8.

17 - I nomi difettivi

1. burro = plurale difettivo, zucchero = zuccheri *(con altro significato)*, tuorli = tuorlo, farina = plurale difettivo *(ma esiste "farine" quando non si intende "farina di grano")*, mandorle = mandorla, maizena = plurale difettivo, sale = sali *(con altro significato)*, albume = albumi, forno = forni, foglio = fogli.

2. cassette di musiche ⇨ cassette di musica, la forbice ⇨ le forbici, le biancherie ⇨ la biancheria, un po' di vivere ⇨ un po' di viveri.

3. Frasi sbagliate: 1, 4, 7, 9.

4. Frase N° 1: ...Tutti i dicembre li passo sulle Dolomiti; frase N° 4: ...rumba, lambada, samba; frase N° 7: ...tutte le mie ferie...; frase N° 9: Ho studiato fisica...

5. 1. roba, 2. le redini, 3. ippica, 4. la galanteria, 5. la matematica, 6. zolfo, 7. un'afa, 8. accozzaglia, 9. la metrica, 10. le vettovaglie, 11. le percosse, 12. i posteri, 13. dell'invidia, 14. la malaria, l'asma, il diabete, 15. manette.

18 - I nomi composti

1. lavastoviglie, asciugamani, aspirapolvere, asciugacapelli, centrotavola, accendigas, 2 attaccapanni, 3 battipanni.

2. 1/f, 2/m, 3/d-r, 4/o, 5/r-d, 6/i, 7/q, 8/c, 9/b, 10/h, 11/n, 12/l, 13/a, 14/e, 15/p, 16/g.

3. Composti con plurale invariabile: la capomafia ➪ le capomafia, la capofamiglia ➪ le capofamiglia, lavastoviglie ➪ lavastoviglie, portaombrelli ➪ portaombrelli, reggicalze ➪ reggicalze, scioglilingua ➪ scioglilingua, parafulmini ➪ parafulmini, cavatappi ➪ cavatappi.
Composti con plurale del primo elemento: capomafia ➪ capimafia, capofamiglia ➪ capifamiglia. **Composti con plurale del secondo elemento:** passaporto ➪ passaporti, francobollo ➪ francobolli, chiaroscuro ➪ chiaroscuri, soprannome ➪ soprannomi, sordomuto ➪ sordomuti. **Composti con plurale di entrambi gli elementi:** *camposanto* ➪ *campisanti*, cassaforte ➪ casseforti, mezzaluna ➪ mezzelune.

4. 1. capisquadra, 2. capostipiti, 3. capoufficio, 4. capoluoghi, 5. capolavori, 6. capifamiglia, 7. capofamiglia, 8. capibastone, 9. capoversi, 10. capibanda, 11. capobanda, 12. caporedattrici, 13. capistazione, 14. capovolte, 15. capocolli.

19 - I verbi pronominali

1. 1. se l'è sbrigata, 2. se l'è cavata, 3. ci vorrà, 4. se la intende, 5. se la sono data, 6. ce l'ha, 7. ci hanno rimesso, 8. ci ha provato, 9. ce la beviamo, 10. smetterla.

2. 1/c, 2/f, 3/h, 4/l, 5/i, 6/d, 7/b, 8/a, 9/g, 10/e.

3. la fa, se ne vanno/se ne sono andati, la ride, se ne sentono, ne ha, ne può, ne sappia, ne viene, la dà, se la prende, hanno giurata, se la sia legata, se ne infischiano, se ne sbattono, spassarsela, ci sai, ne dicano.

4.

20 - I pronomi *io* e *tu*

1. 1. io; 2. Ø; 2. Io; 3. Ø; 4. io; 5. Ø; 6. io; 7. Io; 8. Ø,Ø; 9.Ø.

2. G - A - R - I - B - A - L - D - I.

3. *tu* = *soggetto*, me = non soggetto, te = non soggetto, io = soggetto, te = non soggetto, te = non soggetto, me = non soggetto, te = soggetto, me = non soggetto, me = soggetto, te = non soggetto, te = soggetto, io = soggetto, me = soggetto, Io = soggetto, te = soggetto.

4. 1. tu, 2. te, te, 3. te, 4. te, 5. tu, 6. te.

5. 1. Buon per te, 2. parlare a tu per tu, 3. ci dessimo del tu, 4. Peggio per te, 5. fra te e te, 6. Beato te, 7. fra me e me, 8. il mio io.

21 - Pronomi e particelle

1. *ci* = *con la playstation*, ci = nella playstation, se l' = la playstation per sé, ci = nella playstation, mi = a me, *far*ci = con la playstation, ci = con la playstation, gliene = un calcio al computer, se n'è *fregato* = non si è interessato di questo fatto, se la = si prende la seconda versione.

2. 1/c (me ne), 2/d (Ce ne), 3/f (mi ci), 4/h (Mi ci), 5/g (ti si), 6/a (Mi ci), 7/e (Ci), 8/b (ce lo).

3. 1. ci si, 2. te ne, 3. gli si, 4. ti ci, 5. ci si, 6. gli si, 7. le si.

4. 1. me ne/me lo, 2. ci si, 3. Me ne, 4. gli si, 5. gli si/ci si, 6. te la, 7. la si, 8. gli si, 9. ce l', 10. Mi ci.

5. 1. Vorrei un po' di soldi per comprare un gelato, me li dai? 2. Vorremmo un po' di sale per cucinare la pasta, ce lo dai? 3. Anton vorrebbe un po' di libri per studiare italiano, glieli presti? 4. Vorrei un po' di carta per scrivere una lettera, me la presta? 5. Vorrei un po' di frutta per preparare della marmellata, me ne dà un chilo?, 6. Giulia vorrebbe un po' di diapositive per organizzare una lezione d'arte, gliele presti? 7. Mamma vorrebbe un po' di zucchero per fare la torta, glielo comprate? 8. Vorremmo un po' di spiccioli per pagare il parcheggio, ce li date? 9. Ornella e Franco vorrebbero un po' di informazioni per viaggiare in Islanda, gliele dai?

6. Ve lo, gliela, le si, ce lo, se li, se ne, gliela.

22 - Qualche parola difficile

1. 4, 6, 7.

2. 1. Anzi, 2. anzi, 3. addirittura, 4. Anzi, 5. Addirittura, 6. anzi, 7. Anzi, 8. addirittura.

3. 1. A, 2. R, 3. R, 4. R, 5. R, 6. R.

4. 1. Macché, 2. Macché, 3. mica, 4. mica, 5. Macché, 6. Mica, 7. Macché.

5. 1. Quell'attore non mi piace mica/Mica mi piace quell'attore, 2. Quell'esame non era mica facile/Mica era facile quell'esame, 3. Questo vino non è mica male/Mica (è) male questo vino, 4. Non è mica vero/Mica (è) vero, 5. Lo aveva promesso, invece non ha telefonato mica/invece mica ha telefonato.

6. mica, anzi/macché, Macché, Addirittura, mica, anzi, addirittura.

23 - Il condizionale

1. 1. *desiderio*, 2. desiderio, 3. distacco…, 4. distacco…, 5. desiderio, 6a. richiesta cortese (potrebbe), 6b. affermazione sfumata (pagherei), 7. distacco…, 8. desiderio, 9. affermazione sfumata, 10. affermazione sfumata, 11. affermazione sfumata, 12. consiglio, 13. stupore, 14. desiderio.

2. sistemerei, avevo, ha … interessato, Farei, potrei, farei, hanno, riescono, prenderebbe, sono, Avrei, andrei, Smetterei, comincerei, morirei.

3. *aiuterebbe*, potrebbe, sarebbero, farebbero, avrebbe, si sentirebbe, verrebbe, lascerebbe, farebbe, sarebbe. *Qual è la differenza con il testo originale?* b.

4. 1/h, 2/d, 3/n, 4/o, 5/i, 6/l, 7/p, 8/a, 9/e, 10/c, 11/q, 12/r, 13/f, 14/m, 15/g, 16/b.

5. 1. *andrei a Stromboli.* 2. *lo avrei sgridato più spesso da bambino.* 3. gli chiederei spiegazioni. 4. farei più movimento. 5. ci metterei una patata, che assorbe il sale. 6. ne avrei già comprato uno nuovo. 7. avrei nascosto meglio i tradimenti. 8. non avrei parcheggiato nel posto per i disabili. 9. le darei un colpo di telefono.

24 - Il congiuntivo

1. sia, è, hanno, abbiano, mangia, stiano, si siano evolute/si evolvano, sia, è, sopravvivono, mangi, beve, beve.
2. 1/a, 2/b, 3/b, 4/a, 5/a, 6/b, 7/a, 8/b.
3. 1. perché/affinché, 2. per, 3. perché, 4. Affinché/Perché, 5. acciocché, 6. Per.
4. 1. meno difficile di quello, 2. non tanto, 3. più di quanto, 4. sì che, 5. a seconda che, 6. in modo.
5. 1. *restrittivo*, 2. finale (*ma anche* restrittivo), 3. consecutivo, 4. restrittivo, 5. finale, 6. comparativo, 7. ipotetico, 8. consecutivo (*ma anche* restrittivo), 9. ipotetico, 10. restrittivo, 11. finale, 12. consecutivo (*ma anche* restrittivo), 13. ipotetico, 14. restrittivo (*ma anche* ipotetico).
6. ti sei fatta, hanno dato, siano, sono, sia, lasci, sia, avevo, abbia, vedi, avessi, scappo.
7. voglio, Ho chiesto, finché tu non, ovunque, qualunque, comunque, a meno che tu non.
8. 1/c, 2/a, 3/g, 4/b, 5/e, 6/h, 7/d, 8/i, 9/f.
9. sanno, si aspettano, temono che, perché, Sappiamo, pensato, non ci si aspettava, che, ritengono, che, Pare.

25 - Il gerundio

1. 1/f, 2/b, 3/g, 4/e, 5/c, 6/a, 7/d.
2. 1. …festa con una cassa di Martini, 2. Anche se prendesse lezioni di canto…, 3. …si mangia sempre mentre si guarda/…si mangia sempre e si guarda, 4. …verso casa in maniera zoppicante, 5. Poiché non aveva mangiato niente…, 6. Visto che ho appena comprato…, 7. Anche se ti voglio molto bene…, 8. Poiché non sono mai stata…, 9. Oggi, mentre andavo in ufficio…, 10. …in maniera offensiva.
3. 1. *temporale, modale*; 2. temporale, modale (sforzandosi), temporale, modale (arruffandosi); 3. causale; 4. temporale, modale; 5. modale; 6. modale; 7. temporale, modale (piangendo), temporale, modale (ruzzolandosi); 8. causale; 9. temporale, modale; 10. temporale; 11. causale.
4. 1/f, 2/b, 3/d, 4/c, 5/a, 6/e.
5. 1. Pinocchio uscì di casa cantando e ballando dalla contentezza, 2. Pinocchio si attaccò al campanello e lo suonò pensando "Qualcuno aprirà.", 3. Avendo già visto quel film, Massimo non vuole vederlo un'altra volta, 4. Noi ci siamo conosciuti lavorando alla Microsoft, 5. *Trasformazione con il gerundio non possibile*, 6. *Trasformazione con il gerundio non possibile*, 7. Attraversando la strada ho sentito Paolo che mi chiamava.

26 - Il periodo ipotetico

1. 1. *Eporediese* (1), 2. *Poeta teatino* (1), 3. lecchese (3a), 4. eugubino (2), 5. spezzino (1), 6. parmigiane (3b), 7. astigiano (3b), 8. trapanese (3a), 9. napoletano (3a), 10. pescarese (3b).
2. 1. Se parlassi…, 2. Se avesse lavorato…, 3. Se vai/andrai…, 4. Se cerchi/cercherai…, 5. Se fossimo partiti…, 6. Se vi alzaste…, 7. Se mangi…, 8. Se ascoltasse…, 9. Se avesse conosciuto…, 10. Se abitassi, 11. Se metti/metterai…
3. 1. Se ci giochi troppo…, 2. Se lo avessi incontrato…, 3. Se ti lavi…, 4. Se avessi…, 5. Se avessi avuto…
4. 1/d, 2/f, 3/a, 4/e, 5/b, 6/c.
5. 1. prega!, 2. andrei, 3. chiamerò/chiamo, 4. andremo/andiamo, 5. lascerebbe, 6. sarei comprato/compravo/comprerò, 7. guadagna/ guadagnerà, 8. comprati/ti compri.
6. 1. Se l'avessi riconosciuta l'avrei salutata/Se la riconoscevo la salutavo, 2. Se avessi avuto tempo le avrei telefonato/Se avevo tempo le telefonavo, 3. Se avessi fatto in tempo sarei andato/Se facevo in tempo andavo, 4. Se non fosse tornata alle 3 non l'avrebbero rimproverata/Se non tornava alle 3 non la rimproveravano, 5. Se non avessi messo i funghi non si sarebbero rifiutati/Se non mettevo i funghi non si rifiutavano.

Soluzioni degli esercizi

Alma Edizioni
Italiano per stranieri

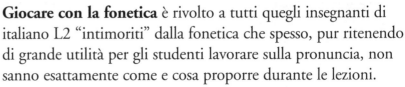

Giocare con la fonetica è rivolto a tutti quegli insegnanti di italiano L2 "intimoriti" dalla fonetica che spesso, pur ritenendo di grande utilità per gli studenti lavorare sulla pronuncia, non sanno esattamente come e cosa proporre durante le lezioni.

Questo testo propone un approccio ludico, dinamico e coinvolgente all'argomento, attraverso una grande quantità di attività, giochi, role-play, esercizi, con istruzioni sullo svolgimento, **materiale fotocopiabile** e agili schede di sintesi teorica.

Il corso è interessante anche per lo studente autodidatta, poiché prevede anche una sezione con esercizi da svolgere a casa o nel laboratorio linguistico. Sono incluse le soluzioni.

Da zero a cento presenta un'ampia gamma di test a punti per valutare la conoscenza della lingua italiana, in relazione ai 6 livelli del Framework (il *Quadro comune europeo di riferimento per le lingue* elaborato dal Consiglio d'Europa), da A1 a C2.

I test, graduati secondo una difficoltà progressiva, permettono allo studente di "mettersi alla prova" in italiano, in una gustosa e motivante sfida con la lingua, e di verificare il proprio livello di conoscenza in modo immediato grazie ai punteggi.

Oltre a esercitare lo studente nell'uso della lingua, i test forniscono numerose informazioni e curiosità sulla storia, la cultura, le abitudini e le tradizioni italiane. Sono incluse le soluzioni.

ALMA EDIZIONI
viale dei Cadorna, 44
50129 Firenze - Italia
tel +39 055476644
fax +39 055473531
alma@almaedizioni.it
www.almaedizioni.it